NATÜRLICHE WEGE ZUM

WOHLBEFINDEN

YOGA · PILATES · MEDITATION · STRESSBEWÄLTIGUNG

Entwurf und Realisation: The Bridgewater Book Company Ltd.

Parragon
Queen Street House
4 Queen Street
Bath BA1 1HE, UK

Übersetzung aus dem Englischen: Isabel Bogdan, Coesfeld
Redaktion: Ralph H. Fischer und Sonja Leyers, Köln
Satz: Regine Ermert, Köln
Koordination: Antje Seidel, Köln

ISBN 1-40541-418-9

Printed in Indonesia

HINWEIS

Die Informationen in diesem Buch verstehen sich nicht als Ersatz für den Rat eines Arztes. Wer krank ist oder ärztliche Betreuung benötigt, sollte nicht mit den im Buch beschriebenen Übungen beginnen, bevor er den Rat eines kompetenten Arztes oder Heilpraktikers eingeholt hat.

Inhalt

Vorwort

Wir alle sind heute den unterschiedlichsten Belastungen ausgesetzt – in physischer, mentaler, emotionaler und spiritueller Hinsicht. Dieses Buch stellt Ihnen vier Methoden vor, mit deren Hilfe Sie entspannen und Ihr Leben in vollen Zügen genießen können. Befreien Sie sich von den Zwängen eines schädlichen Lebensstils und entdecken Sie, wie Sie mit wenig Mühe und der Konzentration auf Ihr Wohlergehen ihre Vitalität erhöhen, Gelassenheit finden und jeden Tag voll auskosten können.

Sie sollten die vier Kapitel dieses Buchs gleichsam als jeweils eigenständige Module verstehen, die sich gegenseitig ergänzen. Sie bieten Ihnen umfassende praktische Anleitungen, die Ihnen helfen, mit dem Druck des modernen Lebens auf natürliche Weise umzugehen, damit Sie gesund und vital bleiben und inneren Frieden finden.

Wenn Sie sich ein Gesamtbild dieser vier Wege zur Gesundheit gemacht haben, können Sie sich aus dem großen Angebot Ihren ganz persönlichen Übungskanon zusammenstellen, der in Ihren Alltag und zu Ihrem Lebensstil passt.

Die Pilates-Methode vereint Übungen, mit denen Sie Form und Tonus Ihrer Muskulatur optimieren können; sie sorgen zudem für eine korrekte Atmung und Körperhaltung sowie für mentale Konzentration und Fokussierung. Bei regelmäßiger Ausübung werden sich Ihr Gleichgewichtssinn, Ihre Körperbeherrschung und Ihre Gelenkigkeit verbessern. Mit

Yoga ist nicht nur gesund für Ihren Körper, sondern macht Sie zudem ausgeglichen, ruhig und zufrieden.

Pilates straffen und formen Sie Ihren Körper auf sanfte Art, ohne überflüssige Muskelpakete aufzubauen.

Yoga kann Ihren Muskeltonus und Ihre inneren Organe kräftigen, Spannungen abbauen, beim Abnehmen helfen und Ihre Knochen stärken. Doch wirkt Yoga nicht allein auf den Körper, es eröffnet Ihnen außerdem einen Weg zur Entspannung, zu mehr Ausgeglichenheit und innerem Frieden.

Die Kontrolle über den Körper kann der Schlüssel zur Kontrolle über den Geist sein. Entspannung und eine „korrekte" Atmung gehören zu den wichtigsten Aspekten des Yoga. Sie helfen, eine positive, gesunde Lebenshaltung zu gewinnen.

Meditation kann ein Weg zu innerem Frieden sein.

Die Meditation ist ein Element des Yoga, besitzt aber auch für sich allein eine immense Bedeutung, und das nicht nur als Entspannungsübung. Unser Kapitel wird Sie überzeugen, wie leicht Sie mit ein paar Meditationsübungen das ziellose Herumwandern oder Springen Ihrer Gedanken in den Griff bekommen, sodass Sie die Dinge weit bewusster so erleben können, wie sie sind. Meditation kann Ihre Konzentrationsfähigkeit und Ihr Selbstbewusstsein fördern und so Ihren Umgang mit dem täglichen Stress erleichtern. Sie sorgt für Entspannung und Gelassenheit, womit sie Ihr körperliches und geistiges Wohlbefinden hebt und Ihnen einen Weg zu innerer Harmonie weist.

Im letzten Kapitel dieses Buches schließlich lernen Sie weitere Methoden kennen, Ihren Alltagsstress zu verringern. Es greift manche Ansätze aus den vorhergehenden Kapiteln auf, verknüpft sie aber mit anderen, sehr praktischen Anregungen. Egal, wie alt oder wie fit Sie sind – Sie können Ihre Lebensqualität verbessern, auch wenn das vielleicht bedeutet, ein paar Dinge anders zu machen als bisher. Gestatten Sie sich die Neugier und das Interesse für Ihr eigenes Wohlbefinden – um sich in jeder Hinsicht rundum wohler zu fühlen.

Pilates

Einleitung

Wir Menschen haben immer wieder nach neuen und besseren Trainingsmöglichkeiten gesucht. Yoga ist in Indien schon seit 4000 Jahren bekannt und das chinesische T'ai Chi Ch'uan seit 2000 Jahren. Die Pilates-Methode wurde im 20. Jahrhundert entwickelt und kombiniert Überliefertes mit modernen Erkenntnissen.

Zu den Olympischen Spielen, die seit dem 8. Jahrhundert v. Chr. bis zum Jahr 393 regelmäßig stattfanden, kamen Sportler aus der ganzen damaligen Welt. 1896 wurde die Idee der Spiele wiederbelebt, und seither wetteifern die internationalen Spitzensportler, an ihnen teilzunehmen. Die Olympischen Spiele sind wieder ein Ereignis von Weltrang. So wie diese alte Tradition werden auch altehrwürdige Trainingsformen heute noch geschätzt. Doch rund um den Globus werden immer wieder neue Methoden entwickelt, den Körper in Form zu bringen, seien es nun Wettkampf-Sportarten wie Fußball, Korbball oder Eishockey oder aber Fitness-Strategien wie Aerobic.

Die Übungen nach der Pilates-Methode helfen, den Körper bewusst und richtig einzusetzen, verbessern damit die Haltung und fördern die Gesundheit.

Ziele von Pilates

Die Pilates-Methode wurde im 20. Jahrhundert entwickelt. Bei regelmäßigem Training hilft sie, eine Harmonie zwischen Körper und Geist herzustellen, weil sie hohe Konzentration und fließende Bewegungen miteinander vereint. Mit den Pilates-Übungen werden unterschiedliche Muskeln trainiert, um den Körper zu straffen; gleichzeitig übt man eine korrekte Atmung, eine gute Körperhaltung und Konzentrationsfähigkeit ein. Gleichgewichtssinn und Körperbeherrschung werden geschult und Muskeln und Gelenke flexibel.

Pilates für jedermann

Die Pilates-Methode für Körper und Geist – kurz auch Pilates genannt – hat von Anfang an viele Menschen in aller Welt, vor allem in den USA, fasziniert. Seit Gregory Peck sich vor etlichen Jahren dafür begeisterte, sind ihm viele Hollywoodstars darin gefolgt. Heute ist Pilates die bevorzugte Trainingsmethode von Prominenten wie dem Tennisspieler Pat Cash oder der Sängerin Madonna. Topmodels, Tänzer und Sportler haben die Vorzüge von Pilates für sich entdeckt. Aber um die Methode zu nutzen, muss man kein Bewegungs-Profi sein. Alle Übungen sind sanft und ganz darauf ausgerichtet, den Körper möglichst wenig zu belasten. Fast jeder, egal wie alt und wie fit, kann sie durchführen. Und ob Sie nun ein Fitness-Freak oder ein Sportmuffel sind: Sie können von Pilates nur profitieren, zumal Sie dazu keinen besonderen Aufwand betreiben müssen – alle Übungen kann man problemlos auch zu Hause absolvieren.

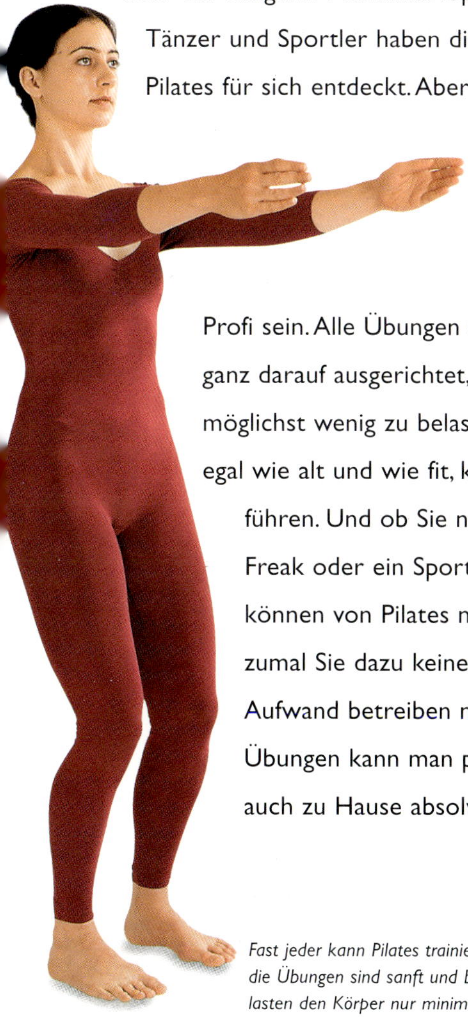

Fast jeder kann Pilates trainieren; die Übungen sind sanft und belasten den Körper nur minimal.

Viele leiden unter Stress und Müdigkeit. Pilates-Übungen können dem entgegenwirken und das Wohlbefinden erheblich steigern.

Für Ihre Gesundheit

Pilates kann erheblich zu Ihrer Gesundheit beitragen. Die vielfach erprobten Übungen sorgen effektiv für einen guten Muskeltonus, einen schlanken Körper und eine straffe Figur – und das ohne dicke Muskelpakete. Sie helfen gegen Stress und Müdigkeit und heben gleichzeitig Ihr Selbstbewusstsein und Wohlbefinden. Sie werden bald nicht nur gesund aussehen, sondern sich auch so fühlen. Und Ihre Bewegungen werden flüssiger verlaufen, denn die Koordination und Flexibilität Ihrer Muskeln verbessert sich spürbar. Ihr Einsatz: etwas Zeit und Zielstrebigkeit.

TEIL 1: GRUNDLAGEN

Was ist Pilates?

Pilates ist eine Trainingsmethode, mit deren Hilfe man Geist und Körper zu kontrollieren lernt. Dabei kommen sanfte, fließende Bewegungen zum Einsatz, die den Körper straffen und dehnen. Sie erhöhen auch die Kraft und Flexibilität der Muskeln und Gelenke. Dabei harmonisiert sich die Beziehung zwischen Körper und Geist.

Pilates wird manchmal als eine Art Yoga mit Geräten beschrieben. Und der Begründer dieser Trainingsmethode, Joseph Pilates, hat sich tatsächlich auch vom Yoga inspirieren lassen. Seine Übungen gestalten sich aber anders. Und was die Geräte angeht: Zwar setzen professionelle Pilates-Studios u. a. Seilzüge und Zugfedern ein, sie sind aber keineswegs nötig, um optimale Fitness und Gesundheit zu erreichen – denn das wesentliche Instrument ist der Körper selbst.

Wenig Zeitaufwand, optimales Ergebnis

Die Pilates-Übungen wollen die Muskeln in möglichst kurzer Zeit so effektiv wie möglich trainieren. Diese Übungen zielen auf den gesamten Körper und sind äußerst wirkungsvoll – Sie müssen also nicht mehrere Stunden am Tag in der Sporthalle verbringen, sondern nur zwei- bis dreimal pro Woche trainieren, anfangs in Einheiten von zehn Minuten, die dann langsam ausgebaut werden.

Die Übungen wirken auf den Körper in seiner Gesamtheit statt nur auf bestimmte Körperregionen oder Muskelgruppen.

Den Körper formen

Die Möglichkeit, mit Pilates-Übungen den Körper positiv zu modellieren, hat im Laufe der Jahre Menschen aus allen Gesellschaftsschichten fasziniert. Und sicherlich kann ein diszipliniertes Training Ihre äußere Erscheinung in gewisser Weise verbessern – bedenken Sie aber, dass jeder Mensch seine individuelle und charakteristische Gestalt hat. Man trainiert immer nur mit dem, was vorhanden ist, und sollte nicht das Ziel verfolgen, ein völlig anderer zu werden. Die Tafel unten zeigt drei figurale Grundtypen: den ektomorphen, den mesomorphen und den endomorphen Typ. Mit diesen Körperformen bringt man auch bestimmte charakteristische Persönlichkeitseigenschaften in Verbindung, die unten ebenfalls kurz aufgelistet sind.

Körperformen

Körpertyp	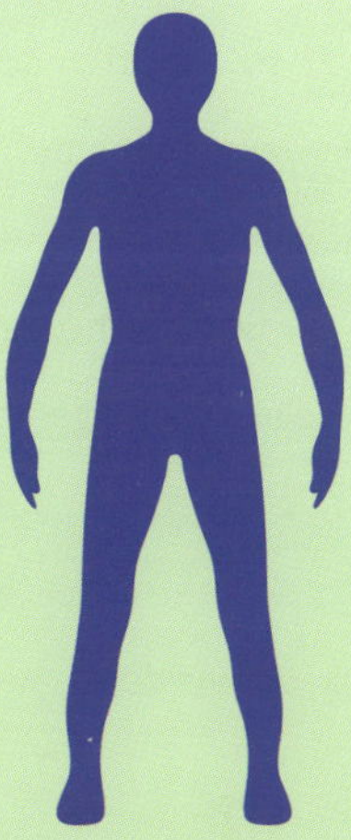 Ektomorph	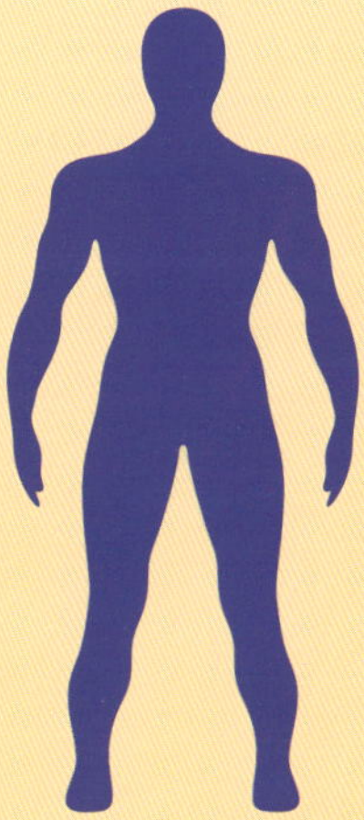 Mesomorph	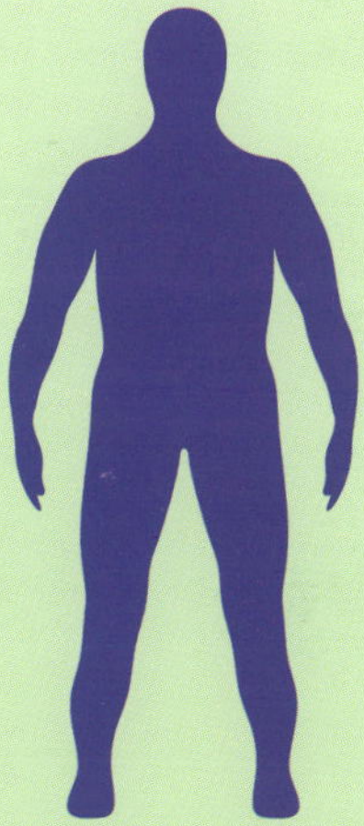 Endomorph
Körperbau	Leicht und zierlich; oft groß und schlank, mit langen Gliedmaßen.	Athletisch oder muskulös; Brustkorb, Gliedmaßen und Muskeln sind ausgeprägt.	Schwer oder rundlich; hat möglicherweise Übergewicht.
Andere Merkmale	Wird für aufgeweckt, gehemmt und intellektuell gehalten.	Wird eine Tendenz zur Aggression zugesprochen; mesomorphe Typen tun sich häufig in den unterschiedlichsten Sportarten hervor.	Wird für friedfertig, entspannt und hedonistisch gehalten.

Geschichte und Entwicklung von Pilates

Joseph Hubertus Pilates, 1880 bei Düsseldorf geboren, litt als Kind unter Rachitis und anderen Krankheiten und wuchs mit dem festen Willen auf, seinen schwächlichen Körper zu stärken. Zum Krankenpfleger ausgebildet, entwickelte er im Ersten Weltkrieg, als er mit Verwundeten und Kranken zu tun hatte, seine Methode.

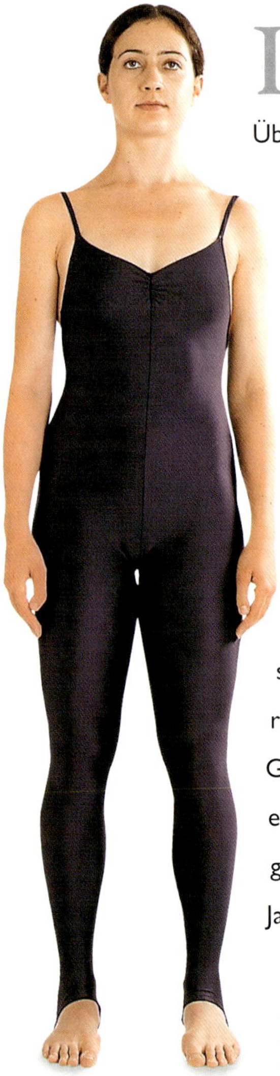

In den 1920er-Jahren konzipierte Pilates eine Reihe von Übungen mit verschiedenen selbst entworfenen Geräten zur Steigerung körperlicher Effektivität – darunter beispielsweise Übungen, die ein Patient ohne weiteres im Bett durchführen konnte. Dazu brachte er am Bett Metallfedern an, die die Effektivität der Übungen steigerten. Pilates stellte schnell fest, dass die Patienten rascher genasen, wenn sie diese Geräte benutzten. Sie waren die ersten von zahlreichen Übungsgeräten, die er im Laufe der Jahre entwickelte.

Balanceübungen sind für Pilates unverzichtbar – einige können Sie im Stehen jederzeit und überall durchführen.

Nach dem Krieg

Nach dem Ersten Weltkrieg ging Pilates nach Amerika und eröffnete ein Fitnessstudio in New York. Seine Techniken erregten bald die Aufmerksamkeit wohlhabender und einflussreicher Leute. Er entwickelte und perfektionierte seine Methoden im Laufe seines Lebens stetig weiter. Zwar nutzen sie oft Geräte, aber ursprünglich war das System für das Training auf der Matte gedacht und ebenso effektiv wie die späteren Übungen mit Geräten. Die Grundprinzipien sind rhythmisches Atmen, aufrechte Haltung, fließende, weiche Bewegungen und Konzentration.

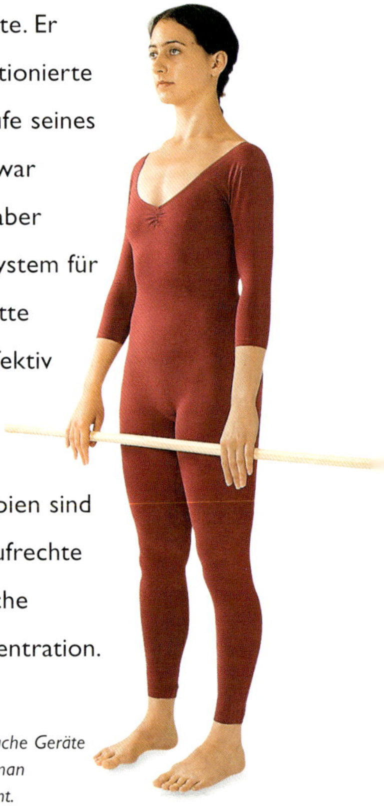

Manche Übungen erfordern einfache Geräte wie Besenstiele, mit deren Hilfe man korrekte Bewegungsabläufe erlernt.

In allen Pilates-Übungen wird der mentale Aspekt berücksichtigt; er trägt wesentlich zum Erfolg der Methode bei.

Pilates heute

Ursprünglich bestand Pilates aus 34 Bewegungsübungen, aber im Laufe der Zeit haben die verschiedensten Fachleute und Lehrer diese effektiven Techniken vielfach modifiziert. Daher gibt es heute nicht nur ein einziges verbindliches System: Die Pilates-Praxis wurde über Jahrzehnte hinweg durch viele neue Ideen bereichert und fortentwickelt, sodass der ursprüngliche Bewegungskanon durch zahlreiche neue Übungen erweitert wurde. Sie folgen aber alle den Grundprinzipien, die schon die Originalübungen auszeichneten.

Einer der besonderen Vorzüge von Pilates ist die Flexibilität der Methode. Wenn man das System verstanden hat, lassen sich die Bewegungen problemlos auf andere Situationen übertragen. Viele Sportler etwa setzen Pilates ein, um in ihrer Disziplin weiterzukommen. Die Übungen trainieren Gleichgewichtssinn, Koordination und Eleganz der Bewegung, Ausdauer und Gelenkigkeit. Daher finden Pilates-Techniken häufig Aufnahme in professionelle Trainingspläne, aber auch Tänzer, Schauspieler, Physiotherapeuten und Krankengymnasten arbeiten mit Pilates.

Gehen Sie bei allen Pilates-Übungen nur so weit, wie es Ihr Körper ohne Unbehagen mitmacht.

Warum Pilates?

Die Pilates-Methode bietet Ihnen ein komplettes Trainingsangebot für den ganzen Körper. Dabei werden nicht nur die wichtigsten Muskelgruppen trainiert, sondern auch die seltener beanspruchten. Ihr Körper wird perfekt in Form gebracht, zugleich eröffnet sich Ihnen Ihr wahres Fitness-Potenzial – und das in jedem Alter.

Positive Effekte

Bei regelmäßigem Training kann Pilates enorm positive Auswirkungen haben. Zusätzlich zu einem verbesserten Selbstvertrauen und Wohlbefinden können Sie mit den Übungen Folgendes erreichen:

- **Besseres Gleichgewichtsgefühl:** Die Übungen schulen Ihr Verständnis für Ihren Körper und sein Muskelsystem. Körpersymmetrie sowie Gleichgewicht und Widerstand jeder Bewegung werden Ihnen bewusster.
- **Weniger Stress:** Pilates hilft beim Entspannen, ebenso wie bei der Verarbeitung der biochemischen Auswirkungen von Stress, etwa von überschüssigem Adrenalin im Blut.
- **Verbesserte Verdauung:** Pilates kann den Tonus der Magenmuskulatur verbessern. Da der Verdauungsprozess unter Stress oder Anspannung leidet, wird er durch die stressabbauenden Übungen unterstützt.
- **Höhere Sauerstoffaufnahme:** Hiermit werden alle Körpersysteme gestärkt und Konzentrationsfähigkeit, Geisteskraft, Energiehaushalt und Muskulatur gefördert.
- **Bessere Durchblutung:** Pilates stärkt den Kreislauf und sorgt für einen verbesserten Transport von Nährstoffen und Sauerstoff sowie für die Entgiftung.
- **Schönere Haut:** Durch die Verbesserung der kardiovaskulären Funktionen werden Abfallprodukte besser abtransportiert – die Haut wird reiner.
- **Stabileres Immunsystem:** Pilates trainiert die Muskeln und unterstützt damit die Zirkulation von Lymphe im Körper. Die in ihr enthaltenen weißen Blutkörperchen bekämpfen Krankheitserreger.
- **Schönere Körperformen:** Ihr Körper wird schlanker und straffer.
- **Mehr Kraft und Koordination:** Die Übungen schulen Koordination, Kraft und Gleichgewicht. Sie bewegen sich leichter und eleganter.

Damit die Pilates-Übungen möglichst effektiv wirken, müssen Sie zunächst Ihren Körper korrekt ausrichten.

Tipp

Die besten Fitnessprogramme sind die, die Gelenkigkeit, Kraft und Ausdauer gleichermaßen trainieren. Pilates baut Kraft auf, macht gelenkig und schult die Körperbeherrschung. Um auch Ihre Ausdauer zu trainieren, sollten Sie die Pilates-Übungen möglichst mit einem kardiovaskulären Training wie Aerobic kombinieren.

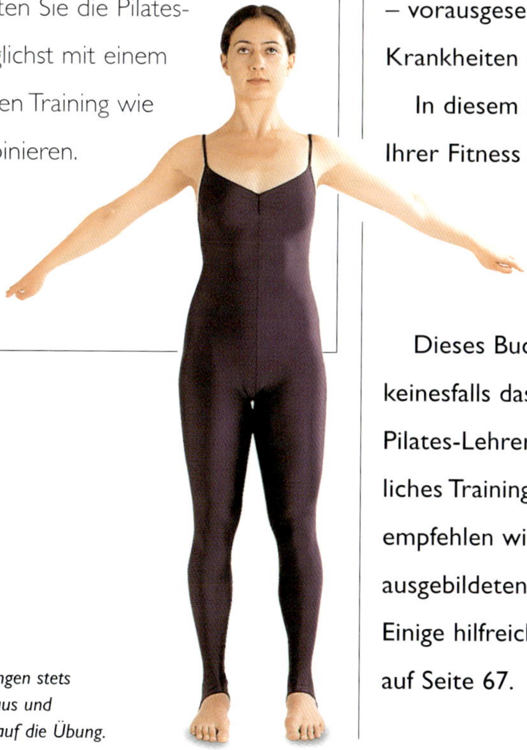

Führen Sie die Bewegungen stets langsam und fließend aus und konzentrieren Sie sich auf die Übung.

Die Pilates-Methode erlernen

Dieses Kapitel bietet eine allgemeine Einführung in die Übungsmethode nach Pilates und ist für alle gedacht, die einige der wichtigsten Übungen kennen lernen möchten – vorausgesetzt, Sie leiden nicht unter akuten Krankheiten oder Verletzungen.

In diesem Fall oder wenn Sie Zweifel an Ihrer Fitness oder an der Pilates-Methode generell hegen, ziehen Sie zunächst ihren Arzt oder Therapeuten zu Rate.

Dieses Buch will und kann natürlich keinesfalls das Training mit einem ausgebildeten Pilates-Lehrer ersetzen. Falls Sie Ihr persönliches Training weiter intensivieren wollen, empfehlen wir Ihnen darum, Kurse mit ausgebildeten Pilates-Lehrern zu besuchen. Einige hilfreiche Adressen dazu finden Sie auf Seite 67.

Wie Pilates wirkt

Pilates wirkt sehr effektiv auf den gesamten Körper. In kurzer Zeit ermöglichen die Übungen Ihnen, auch Ihre alltäglichen körperlichen Aufgaben effizienter zu bewältigen, etwa das Tragen von Lasten, Gartenarbeit oder Möbelrücken. Zugleich werden Sie bemerken, dass das Training Sie geschmeidiger und gelenkiger macht.

Emotionen

Nicht nur auf der körperlichen Ebene kann das Training nach Pilates gesundheitsfördernd wirken, sondern auch auf der emotionalen. Es kann Ihr Selbstbewusstsein stärken, Ihr allgemeines Wohlbefinden erhöhen, Ihren Stresspegel niedrig halten und Sie entspannen.

In lebensbedrohlichen Situationen oder anderen Momenten, die großen Stress auslösen, reagiert der Körper mit der so genannten Cannonschen Notfallreaktion. Er stellt sich auf die Bedrohung ein, indem er Adrenalin ausschüttet, Puls, Stoffwechsel und Atemfrequenz erhöht sowie Kortisol und andere Hormone freisetzt. Alle Funktionen, die nicht unmittelbar lebenswichtig sind, werden heruntergefahren, darunter das Immunsystem und die Verdauung.

Dieser Mechanismus half unseren Vorfahren bei der Flucht vor Raubtieren, da er kurzfristig große Kraftreserven mobilisiert. Der Stress wurde dabei durch die physische Anstrengung des Fliehens oder Kämpfens abgebaut. Sobald

Wo Pilates ansetzt

Das Pilates-Training wirkt positiv auf folgende Bereiche ein:

- Emotionen
- Gewebe
- Nerven
- Muskeln
- Knochen

Durch die Pilates-Methode lernt man, mit der Zwerchfellmuskulatur zu atmen.

die unmittelbare Gefahr vorüber und gemeistert ist, nimmt der Körper seine normalen Funktionen wieder auf.

Heute können wir Stress nicht immer mit körperlicher Anstrengung abbauen. Daher bleiben die biochemischen Stressstoffe im Körper, verbrauchen Energie und hemmen die Verdauung und das Immunsystem. Pilates hilft beim Abbau der Stressstoffe und sorgt dafür, dass der Körper normal funktioniert. Der Atem entspannt sich, der Puls wird gleichmäßiger, und der Stoffwechsel arbeitet kontinuierlicher. Wir verdauen auch besser und sind weniger anfällig für Erkältungen. Und wer entspannt ist, fühlt sich einfach wohler.

Gewebe

Pilates strafft das Bindegewebe, das wichtige Teile des Körpers schützt und stützt, zum Beispiel die Knochen, Sehnen und Muskeln. Regelmäßiges Pilates-Training kann nach einiger Zeit das Bindegewebe stärken und zugleich die Bewegungskoordination optimieren sowie Verletzungsgefahren verringern.

Nerven

Gehirn und Rückenmark sind die wichtigsten Teile des Nervensystems, eines riesigen Netzwerks aus Zellen, die Informationen aus allen Körperteilen übermitteln und damit die Aktivitäten des Körpers koordinieren und kontrollieren. Nervenimpulse vom und zum Gehirn sagen uns, wie wir uns fühlen. Die Pilates-Methode sorgt für Harmonie zwischen körperlicher Entspannung und Anspannung und damit für einen fließenden Informationsaustausch zwischen den Nervenzellen.

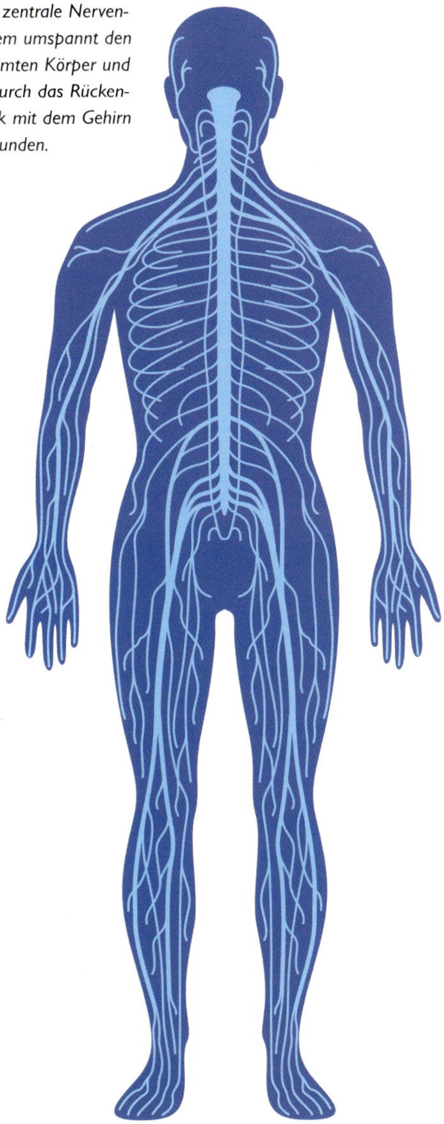

Das zentrale Nervensystem umspannt den gesamten Körper und ist durch das Rückenmark mit dem Gehirn verbunden.

Muskeln

Unser Körper verfügt über 650 Muskeln, die eine Menge Bewegungsarbeit verrichten. Sie erlauben uns, zu sitzen und zu stehen, und sie kontrollieren die wichtigsten Körperfunktionen. Das Herz zum Beispiel ist ein großer Muskel, der Blut durch den Körper pumpt. Magen und Darm sind ebenfalls Muskeln und für die Verdauung zuständig. Die Übungen nach Pilates straffen und kräftigen diese Muskeln, sodass sie effektiver und harmonischer arbeiten können. Nur einen einzigen Muskel oder eine einzige Muskelgruppe isoliert zu trainieren widerspricht den Grundsätzen der Pilates-Methode – sie trainiert den ganzen Körper und macht ihn dadurch insgesamt fit für den Alltag. Das Trainieren eines einzelnen Muskels kann sogar anderen Muskeln schaden, denn Muskeln wirken oft in Paaren oder Gruppen zusammen. Hier ein Überblick über Namen und Lage einiger wichtiger Muskeln:

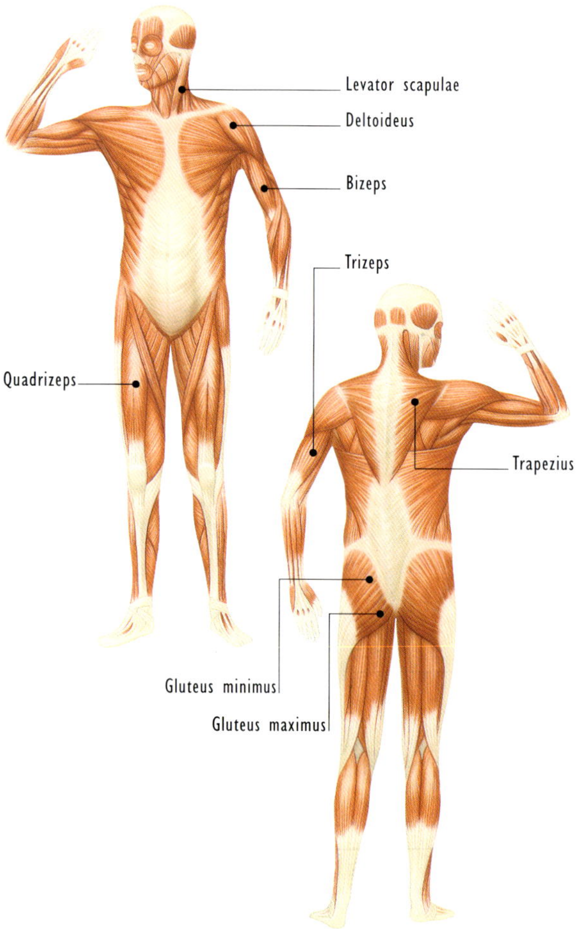

Muskeln

Muskel	Körperregion
Bizeps	Vorderseite des Oberarms
Deltoideus	Auf dem Schultergelenk
Gluteus minimus	Muskelpaar oberhalb des fleischigen Teils des Gesäßes
Gluteus maximus	Muskelpaar im hinteren Bereich des Gesäßes
Levator scapulae	Seitlich und hinten am Hals
Quadrizeps	Vorderseite Oberschenkel
Trapezius	Flacher, dreieckiger Rückenmuskel hinten an Hals und Schulter
Trizeps	Rückseite des Oberarms

Knochengerüst

Ein Ziel von Pilates ist es, das Knochengerüst in eine natürliche und richtige Position zu bringen. Mit regelmäßigem Training können Sie Ihre Körperhaltung und -beherrschung verbessern. Die Übungen stabilisieren den Körper so, dass Bewegungen effektiver und harmonischer durchgeführt werden können. Regelmäßiges Training kann auch Ihre Gelenke beweglicher machen, sodass Ihre Knochen reibungsfrei zusammenwirken – hilfreich auch bei fortgeschrittenem Alter, denn dank einer verbesserten Mobilität können Sie auch weit länger aktiv bleiben.

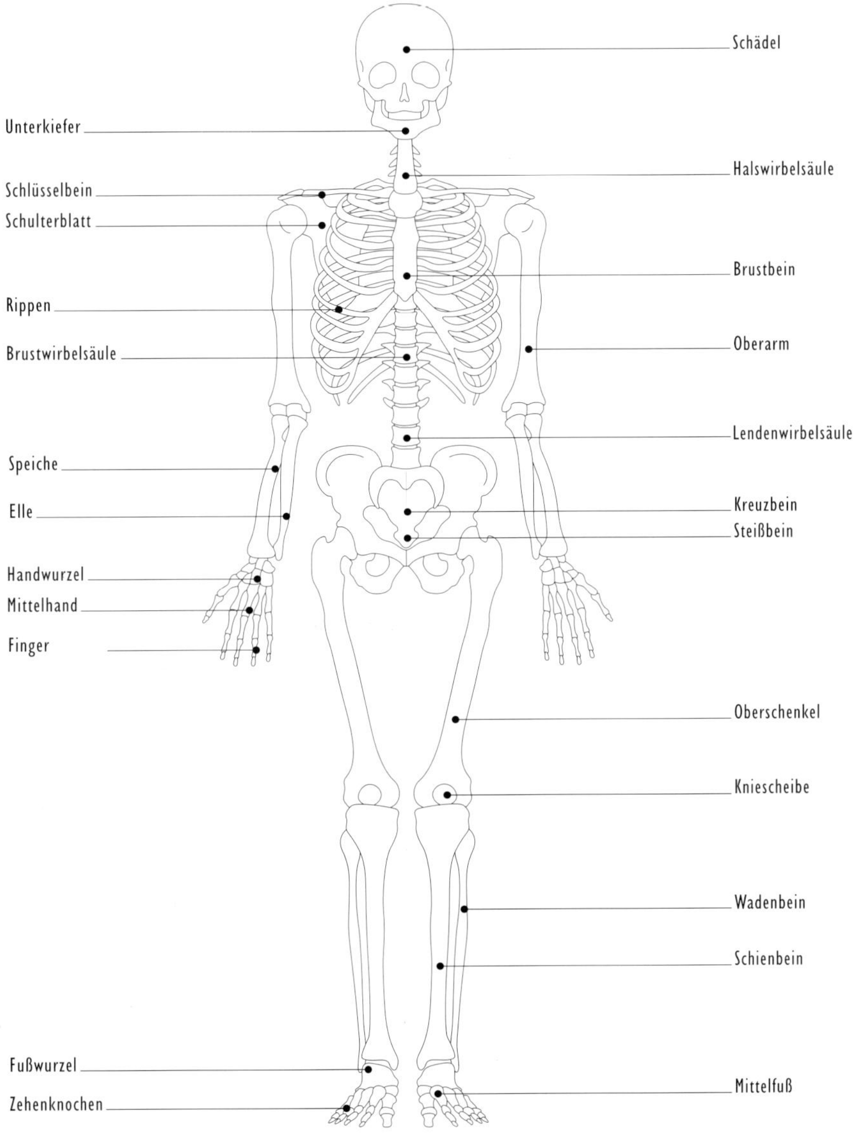

TEIL 2: VORBEREITUNG

Ausrüstung, Umgebung und Sicherheit

Joseph Pilates entwickelte zwar eine ganze Reihe raffinierter Geräte zur Unterstützung seiner Übungen, und in speziellen Trainingsprogrammen können mit diesen Geräten zweifelsohne großartige Ergebnisse erzielt werden. Dennoch benötigen Sie für Ihr alltägliches Pilates-Training keine besondere Ausrüstung und Umgebung.

Wo man trainiert

Ein Pilates-Studio in Ihrer Nähe kann von Vorteil sein, ist aber nicht notwendig. Sie können Pilates auch problemlos zu Hause trainieren. Für die Übungen benötigen Sie keine speziellen Geräte, sondern lediglich eine bequeme und sichere Umgebung. Zum Schutz Ihrer Wirbelsäule sollten Sie die Bodenübungen auf einem dicken Teppich oder einer Decke durchführen. Wenn Sie bereits über eine gute Sportmatte verfügen, ist das natürlich optimal.

Der Übungsraum sollte so warm sein, dass Ihre Muskeln entspannt bleiben. Allerdings sollten Sie nicht in direkter Sonne oder in der unmittelbaren Nähe einer Wärmequelle trainieren, da sich Ihr Körper dadurch zu stark erhitzen könnte. Der Übungsraum sollte gut gelüftet und im Trainingsbereich frei von allen Hindernissen sein.

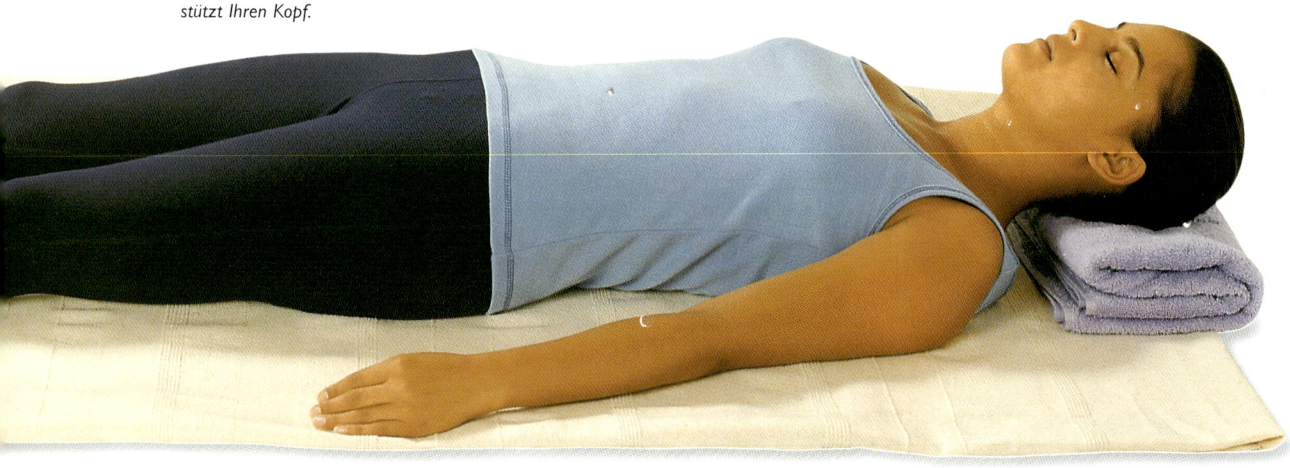

Eine Matte schützt die Wirbelsäule und hält Sie bei Bodenübungen warm. Ein Handtuch stützt Ihren Kopf.

Kleidung

Gymnastikanzüge, Turnhosen und -hemden sind für das Training ideal, weil Sie während der Übungen Ihre Muskeln beobachten können. Wer keine Sportkleidung besitzt, sollte darauf achten, dass die Kleidung bequem und locker ist, vor allem in der Taille sollte sie Bewegungsfreiheit erlauben. Am gesündesten ist atmungsaktive Kleidung aus Baumwolle, da sie während der Übungen kühl hält. Sie können entweder barfuß oder in Turnschuhen trainieren. Legen Sie auf jeden Fall Uhren und Schmuck ab.

Zeit

Sie können die Pilates-Übungen zu jeder Tageszeit durchführen bzw. wann immer Sie möchten. Mancher trainiert am liebsten morgens vor dem Frühstück, ein anderer lieber mittags oder abends. Wichtig: Trainieren Sie nicht unmittelbar nach dem Essen oder wenn Sie sich müde oder unwohl fühlen. Eine Trainingseinheit kann fünf Minuten dauern oder eine Stunde. Sie können einmal am Tag vielleicht 15–30 Minuten lang trainieren oder Ihr Training auf mehrere kürzere Einheiten am Tag verteilen. Wofür auch immer Sie sich entscheiden, wichtig ist, dass Sie regelmäßig trainieren und sich genügend Zeit lassen. Wenn Sie nur fünf oder zehn Minuten erübrigen können, achten Sie mehr auf die Qualität als auf die Quantität des Trainings, absolvieren Sie also wenige Übungen langsam, aber intensiv. Erliegen Sie nicht der Versuchung, Übungen zu beschleunigen, um sie häufiger wiederholen zu können. Wollen Sie in kurzer Zeit Ergebnisse erzielen, sollten Sie mindestens viermal pro Woche je 15 Minuten trainieren. Mit kleineren Übungseinheiten in Arbeitspausen können Sie gut Stress abbauen und sich entspannen.

Einer der Vorzüge der Pilates-Methode ist ihre Flexibilität – man kann überall und jederzeit trainieren.

Sicherheit

Egal, ob Sie nur fünf Minuten trainieren wollen oder eine Stunde, in jedem Fall müssen Sie sich vorher gut aufwärmen, um Verletzungen zu vermeiden. Denn wenn Muskeln kalt sind, sind sie angespannt und damit sehr verletzungsanfällig. Ein paar Minuten zügiges Gehen auf der Stelle oder draußen wärmt den Körper ausreichend auf. Sie können aber auch spezielle Aufwärmübungen machen.

Wenn Sie verletzt oder krank sind oder nicht genau wissen, ob sich die Pilates-Übungen für Sie eignen, holen Sie sich kompetenten medizinischen Rat ein, bevor Sie mit dem Training beginnen. Falls Sie schwanger sind, sollten Sie Pilates nur nach Rücksprache mit dem behandelnden Arzt und unter Anleitung eines ausgebildeten Pilates-Lehrers durchführen.

Einige Übungen können in seltenen Fällen Menstruationsbeschwerden verstärken; im Zweifelsfall pausieren Sie mit dem Training während der Blutung. Auch im Anschluss an eine Krankheit, ob nun eine Erkältung oder eine Mandelentzündung, sollten Sie mit den Übungen noch mindestens zwei Wochen nach Abklingen der Symptome aussetzen.

Vor jeder Pilates-Einheit müssen Sie sich aufwärmen, um Verletzungen der kalten und angespannten Muskeln vorzubeugen.

Weitere Sicherheitstipps

Trinken Sie viel Wasser – mindestens 1,5 bis 2 Liter am Tag. Damit verhindern Sie, dass Sie während der Übungen dehydrieren. Zu wenig Wasser im Körper kann Symptome wie Übelkeit, Kopfschmerzen und Erschöpfung hervorrufen. Durch ausreichende Wasserzufuhr werden Gifte und Abfallprodukte aus dem Körper gespült, und Sie fühlen sich frisch und voller Energie für die Übungseinheit.

Einige der Übungen mögen Ihnen zunächst allzu simpel erscheinen, aber häufig spürt man die Auswirkungen erst am folgenden Tag.

Ausreichende Wasserzufuhr ist unentbehrlich für die Gesundheit und spendet Energie.

Wasser spült Gifte aus dem Körper; Wassermangel kann zu Kopfschmerzen Übelkeit und Erschöpfung führen.

Also beginnen Sie langsam, zwingen Sie sich nicht zu Höchstleistungen und überanstrengen Sie sich nicht. Wenn Muskeln oder Gelenke zu schmerzen beginnen, haben Sie Ihren Körper überfordert. Nehmen Sie sich also Zeit für die Übungen und versuchen Sie, nicht zu viel auf einmal zu erreichen. Es gibt keine Eile und keinen Druck.

Bleiben Sie nach Abschluss des Trainings noch ein paar Minuten in Bewegung, sei es, dass Sie nur ein bisschen aufräumen oder von einem Zimmer ins nächste wandern. Ihr Körper findet dadurch langsam und verträglich in seinen gewohnten Rhythmus zurück.

Geist und Körper

Einer der wichtigsten Unterschiede zwischen Pilates und anderen Übungsmethoden liegt darin, dass Pilates bei den Körperübungen auf die Kraft des Geistes setzt. Dieser „Mind-Body-Ansatz" hat im Fitnessbereich ein Spektrum neuer Möglichkeiten eröffnet, um im Zusammenwirken von Körper und Geist einen harmonischen und konzentrierten Trainigsrahmen zu schaffen.

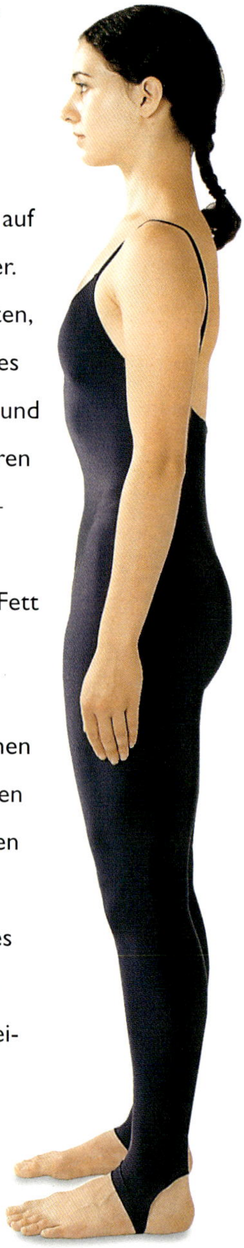

Ziele setzen

Bevor Sie mit den Übungen beginnen, machen Sie sich bewusst, worauf Sie mit dem Training abzielen. Wenn Sie Ihren Körper straffen möchten, um das Beste aus Ihrer natürlichen Figur zu machen, können Sie das mit Pilates bewirken – am Ende mögen Sie größer wirken, schlanker und geschmeidiger. Oder Sie verbessern Ihre Haltung, bauen Muskelkraft auf und werden dabei gelenkiger. Wenn Sie abnehmen möchten, kann das Training nach Pilates Ihren Körper verschlanken und modellieren, aber Sie verlieren dadurch nicht an Gewicht – dafür müssen Sie ihre Ernährung umstellen und ein Fett verbrennendes Training hinzufügen.

Bevor Sie anfangen, nehmen Sie sich also Zeit und machen sich bewusst, was Sie mit den Pilates-Übungen erreichen möchten. Behalten Sie dieses Ziel während der Übungen stets vor Augen – dann erreichen Sie es umso schneller.

Konzentrieren sich sich und machen Sie sich klar, was sie mit dem Training erreichen möchten.

Sie können durch die Pilates-Methode eine schlankere Figur bekommen, aber zum Abnehmen müssen Sie auch Ihre Ernährung umstellen.

Die Kraft der Visualisierung

Der Geist hat eine große Kraft, körperliche Veränderungen zu bewirken. Das liegt daran, dass der Körper nicht zwischen Visualisiertem und Wirklichkeit unterscheiden kann. Wenn wir uns beispielsweise sehr intensiv und realistisch eine Stress-Situation vorstellen, antwortet der Körper mit der Cannonschen Notfallreaktion (Seite 16), dabei werden Adrenalin und Hormone ausgeschüttet und Vorgänge wie die Verdauung unterbrochen. Entsprechend reagiert der Körper, wenn wir uns eine sehr angenehme Situation vor Augen führen, also visualisieren: Er schüttet „Glückshormone", z. B. Endorphine, aus.

Die Kraft der Visualisierung kann auch Ihr Training effektiv unterstützen. Für den Anfang reicht es schon, wenn Sie sich vorstellen, was Sie mit Pilates erreichen möchten – damit manifestieren Sie diesen Wunsch schon körperlich, was auch Ihrer Motivation zugute kommt. Visualisierung erleichtert daneben auch die korrekte Durchführung der Übungen. Wenn Sie sich etwa vorstellen, dass Ihr Kreuz im Boden verankert ist oder dass Sie Ihren Bauchnabel an Ihre Wirbelsäule heranziehen, können Sie die richtigen Muskeln genauer ausmachen und die Bewegungen korrekt ausführen.

Ein positives Ziel zu visualisieren, kann es wahr werden lassen. Richten Sie darum Ihre Gedanken beim Training darauf.

Visualisierung anzuwenden kostet nichts. Setzen Sie sie so oft wie möglich ein, um ihre Trainingsergebnisse zu optimieren.

Stellen Sie sich vor, ihren Bauchnabel in Richtung Wirbelsäule zu ziehen – so können Sie die richtigen Muskeln isoliert trainieren.

Die richtige Atmung

Richtiges Atmen ist wichtig, damit genügend lebensnotwendiger Sauerstoff in die Lunge gelangt: Er reinigt das Blut und liefert dem ganzen Körper Energie. Als Säuglinge atmen wir noch automatisch richtig, später aber entwickeln viele Menschen schlechte oder falsche Atemgewohnheiten. Mit ein wenig Geduld und Übung kann man das korrekte Atmen aber wieder erlernen.

Vorzüge einer richtigen Atmung

Der Atem ist das Elixier des Lebens, und es hat große Vorteile, das korrekte Amten zu erlernen, denn Sauerstoff kann

- das Blut reinigen,
- dem Körper Energie zuführen,
- wertvolle Nährstoffe an die wichtigen Punkte des Gewebes transportieren,
- Organe und Muskeln mit Energie versorgen,
- ein Training effektiver machen,
- sanfte Bewegungen erleichtern,
- klarere Gedanken ermöglichen und
- die allgemeine Körperbeherrschung verbessern.

Die Bedeutung rhythmischen Atmens

Beim Einatmen nehmen die Lungen Sauerstoff auf. Atmen lässt außerdem das Blut im Körper zirkulieren. Beim Ausatmen werden verbrauchte Luft und Gase wie Kohlendioxyd ausgestoßen. Hält man bei einer körperlichen Anstrengung die Luft an, bleibt das Kohlendioxyd in der Lunge und schwächt die Muskeln. Unrhythmische Atmung kann auch den Blutdruck erhöhen, Verkrampfungen auslösen und Energie verschwenden. Atmen Sie darum während der Übungen gleichmäßig und kontinuierlich.

Gleichmäßiges Atmen kann stärken und beleben.

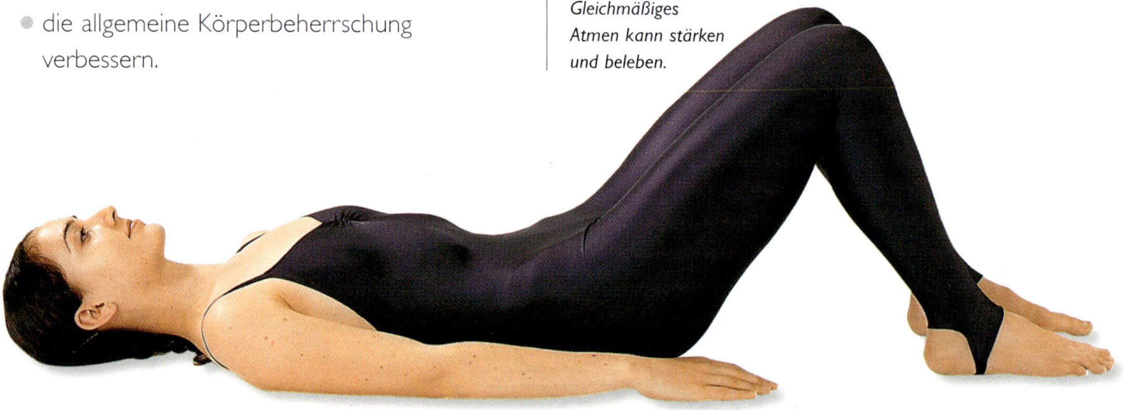

Flaches Atmen

Viele Menschen atmen nicht tief genug, sondern nur in den oberen Teil des Brustkorbs. Dabei gelangt nicht genug Sauerstoff in die Tiefen der Lunge. Um sie ganz zu füllen, ist es nötig, tief einzuatmen – so kann sie genügend Sauerstoff zur Energieversorgung und Reinigung des Körpers aufnehmen.

Bei den Übungen nach Pilates atmen Sie tief nach hinten und in die Seiten des Brustkorb hinein.

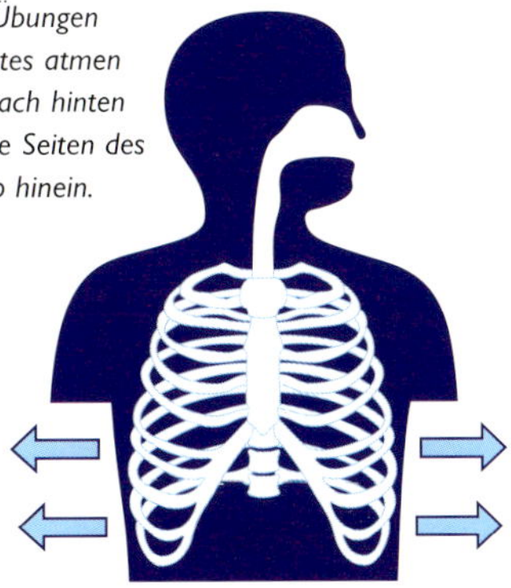

Bauchatmung

Bei der oft empfohlenen Bauchatmung kann viel Luft aufgenommen und wieder ausgestoßen werden, aber für Pilates-Übungen eignet sie sich nicht.

Die Pilates-Atmung kann die Lunge vollständig füllen, ohne die Bauchmuskeln zu entspannen.

Korrekte Atmung nach Pilates

Joseph Pilates hielt eine starke und feste Bauchmuskulatur für das Kernstück seiner Übungsmethode, da sie dem gesamten Körper jene Stabilität verleiht, die für die Übungen erforderlich ist. Um die Bauchpartie zu kräftigen, muss man jedoch die Bauchmuskeln zusammenziehen und wieder entspannen. Die Bauchatmung schien ihm dafür im Rahmen seines Trainings ungeeignet. Als ideal hingegen stellte sich die so genannte seitliche Brustkorbatmung (Thorakalatmung) oder Pilates-Atmung heraus, bei der man tief in den Rücken und seitlich in die unteren Rippen atmet. Beim Einatmen dehnt sich der Brustkorb nach hinten und zu den Seiten und zieht sich beim Ausatmen entsprechend wieder zusammen. Dabei bleibt der Bauch angespannt, ohne eine tiefe Atmung zu beeinträchtigen.

Pilates-Atmung

Mit dieser Übung können Sie die Pilates-Atmung trainieren. Sie ist nicht schwierig, aber wenn Sie bisher anders atmen, werden Sie sich daran gewöhnen müssen. Sie benötigen für die Übung ein langes Stück Stoff, einen Schal oder ein Handtuch, das Sie sich von hinten um die Taille schlingen. Es wird Ihnen helfen, die Bewegungen korrekt auszuführen. Wenn Sie die Pilates-Atmung schließlich beherrschen, benötigen Sie dieses Hilfsmittel nicht mehr.

1

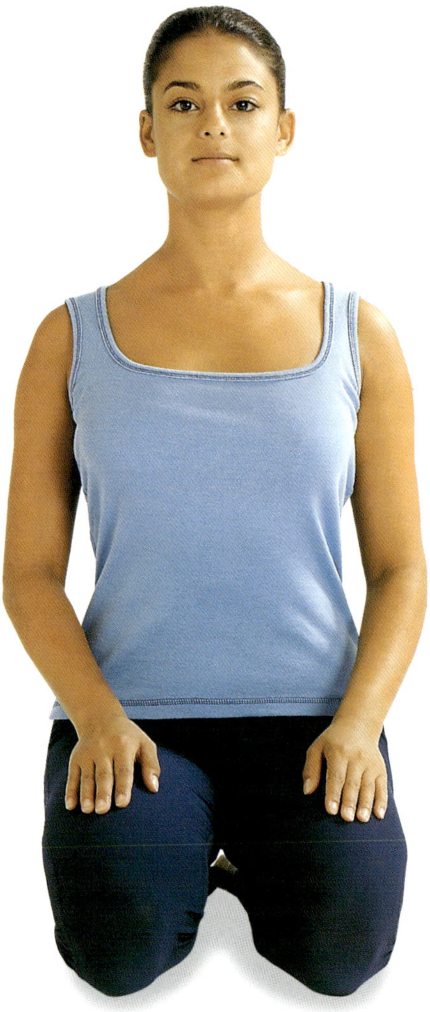

Knien Sie sich auf den Boden. Die Zehen berühren sich dabei, die Fersen streben auseinander. Setzen Sie sich mit dem Gesäß auf die Fersen. Sie können sich auch gerade auf einen Stuhl setzen. Lehnen Sie sich dabei aber nicht an, sondern sitzen Sie aufrecht.

2

Legen Sie das Tuch von hinten um den Rücken, sodass Sie die Enden vorne festhalten können. Es sollte um die Taille liegen, am unteren Ende des Brustkorbs. Halten Sie die Schultern unten und die Ellbogen locker, sodass Sie etwas Bewegungsfreiheit haben.

Tipp

Atmen Sie immer im Augenblick der Anstrengung aus. Atmen Sie gleichmäßig und halten Sie nicht die Luft an.

Vorsicht

Wenn Ihnen während der Übung unwohl oder schwindelig wird, brechen Sie sie sofort ab und atmen Sie normal weiter.

3

Spannen Sie das Tuch, indem Sie Ihre Hände vorne zusammenführen. Ihre Hände können sich dabei ruhig überkreuzen, wenn Sie damit einen festen Halt gewinnen. Ziehen Sie das Tuch jedoch nicht so fest, dass es Sie einengt oder unbequem wird.

4

Atmen Sie langsam tief ein: Ihr Brustkorb drückt hinten und seitlich gegen das Tuch. Lassen Sie das Tuch leicht locker: Beim Ausatmen zieht sich Ihr Brustkorb hinten und seitlich zusammen. Atmen Sie nun ganz aus. 8–10-mal wiederholen, dann entspannen.

Den Körper zentrieren

Joseph Pilates hielt die Region von den Bauchmuskeln bis zum Gesäß für das Zentrum unseres Körpers. Stellen Sie es sich als ein Band vor, das sich rund um den Körper zieht. Pilates nannte es das „Powerhouse" und konzipierte seine Übungen so, dass alle Energie und alle Anstrengung von diesem Zentrum des Körpers ausstrahlen.

Pilates war nicht der Einzige, der den Bauch für die zentrale Quelle aller körperlichen Kraft hielt. Auch in vielen fernöstlichen Philosophien geht man davon aus, dass die Quelle von Gesundheit, Energie und Kraft gerade hier sitzt. Insbesondere für chinesische Lehren, wie die Traditionelle Chinesische Medizin (TCM), T'ai Chi Ch'uan und Kung Fu, befindet sich die Lebensenergie Chi im Bauch, dem T'an Tien. Bei Bewegungen wie Boxhieben etwa wird Energie aus dem Bauch in die Arme transportiert, um dort die benötigte Kraft zur Verfügung zu stellen. Auch die kräftigen Tritte im Kung Fu beziehen ihre Energie aus dem Bauch- und Hüftbereich.

Wie im Pilates-System geht man auch im T'ai Chi Ch'uan davon aus, dass der Bauch das Zentrum für alle Bewegung und Energie ist.

Was das Powerhouse des Körpers leistet

Stellen Sie sich das Powerhouse als Zentrum des Körpers vor, das alle Energie und sämtliche Bewegungen hervorbringt. Ein starkes Powerhouse ist also das A und O – es kann beispielsweise

- Ihre Wirbelsäule stützen,
- Ihr Körperzentrum stabilisieren,
- Ihren Gleichgewichtssinn verbessern,
- Ihre Körperbeherrschung steigern und für elegante, fließende Bewegungen sorgen,
- Ihr unteres Rückgrat schützen,
- Ihre Bauch- und Beckenbodenmuskeln kräftigen und
- Ihren Körper insgesamt stärken.

Das Powerhouse kräftigen

Die folgende Übung dient der Kräftigung des Powerhouse. Sie können sie im Stehen, Sitzen oder Liegen durchführen.

Anmerkung

Wenn Sie diese Übung beherrschen, können Sie die Pilates-Atmung (Seite 28) von einem festen Körperzentrum aus vollziehen.

1

Sorgen Sie dafür, dass Ihre Kleidung locker sitzt und Sie nicht einengt, vor allem um die Taille – Sie sollen sich wohl fühlen.

2

Konzentrieren Sie sich auf Ihren Bauchnabel. Ziehen Sie ihn mit Ihren Bauchmuskeln zur Wirbelsäule hin ein und halten Sie ihn dort. Atmen Sie dabei gleichmäßig weiter. Falls Sie nicht tief genug Luft holen können, benutzen Sie die falschen Muskeln. Versuchen Sie es erneut.

3

Wenn Sie die richtigen Muskeln gefunden haben, können Sie gleichzeitig den Beckenboden anspannen. Dazu ziehen Sie ihn bei eingezogenem Bauchnabel hoch. Halten Sie beide so lange wie möglich so und lassen Sie sie dann gleichzeitig los. Denken Sie daran, die ganze Zeit gleichmäßig weiterzuatmen.

4

Wenn Sie diese Bewegungen beherrschen, halten Sie die Anspannung so lange wie möglich an. Sie können dabei ein wenig nachgeben, aber nicht ganz lockerlassen. Ziel ist es, die Spannung lange zu halten und dabei ruhig weiter zu atmen. Als Richtschnur ziehen Sie den Nabel nur ein Viertel der Strecke ein. Auch den Beckenboden spannen Sie nur ein wenig an, bis Sie die Position immer etwas länger halten können.

Die richtige Haltung

Eine gute Körperhaltung ist im Alltag sehr wichtig. Sie kann unsere Gesundheit und unsere Körperfunktionen beeinflussen, Auswirkungen auf unser Verhalten, unsere Bewegungen sowie unser Gleichgewicht haben, und auch darauf, wie wir auf andere wirken. Sie kann sogar auf unsere Stimmungen und Gefühle Einfluss nehmen.

Viele Menschen achten kaum auf ihre Körperhaltung, bis sie Rückenschmerzen oder andere gesundheitliche Probleme bekommen. Mit etwas Geduld lassen sich die meisten Haltungsfehler beseitigen. Hier einige Probleme, für die sie verantwortlich sein können:

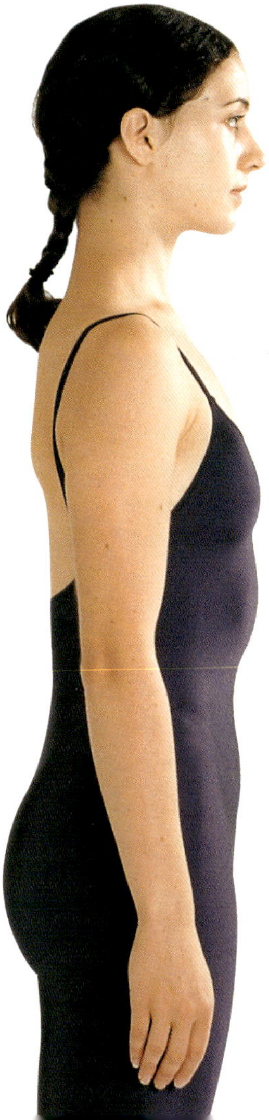

- schlechte Durchblutung
- Nacken- und Rückenschmerzen
- Verspannungen und Zerrungen
- Anspannung und Stress
- Kopfschmerzen
- Erschöpfung
- Verdauungsprobleme
- geringe Muskelbewegung
- eingeschränkte Balance und Koordination
- Schwäche
- Gelenkschmerzen

Unsere Haltung und unser Körper

Tägliche Gewohnheiten und Lebensumstände führen dazu, bestimmte Körperhaltungen einzunehmen. Wenn man aber nicht weiß, dass eine bestimmte Haltung schädlich ist, benutzt man sie auch weiter und gewöhnt sie sich an. Im Laufe der Zeit passt sich der Körper diesen Haltungen an: Wenn man immer krumm sitzt oder steht, übernimmt er irgendwann diese Vorgabe, oder er fängt die Belastung bestimmter Körperteile dadurch auf, dass er andere umso stärker ausbildet. So werden zum Beispiel die Schultern rund oder der Bauch schiebt sich hervor. Dann wird es irgendwann unbequem, gerade zu sitzen oder zu stehen, denn der Körper ist in die falsche Ausrichtung bereits hineingewachsen.

Viele Menschen gewöhnen sich schon als Kinder und Jugendliche eine falsche Haltung an. Wenn sie nicht rechtzeitig korrigiert wird, kann das später vielfältige Beschwerden und Schmerzen verursachen.

Die gesunde Wirbelsäule ist im unteren Rückenbereich sanft nach innen geschwungen, oben nach außen und am Hals wieder leicht nach innen.

Bei einem Hohlkreuz schiebt sich der untere Teil des Rückens zu weit nach vorne, was zu einer korrespondierenden Verkrümmung im oberen Rückenbereich führt.

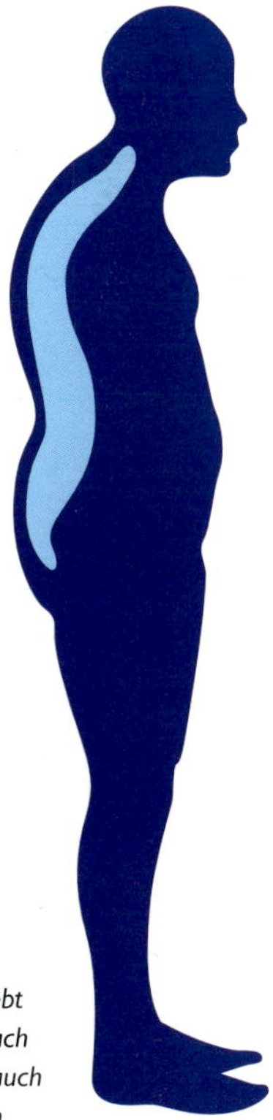

Bei einem Rundrücken schiebt sich die Brustwirbelsäule nach außen, sodass Brust und Bauch zusammengedrückt werden.

Haltungsprobleme und Wirbelsäule

Einer der häufigsten Haltungsfehler ist das Hohlkreuz. Hier sind die Bauchmuskeln so geschwächt, dass der Bauch sich nach vorne schiebt und die Wirbelsäule in ihrem unteren Teil ebenfalls nach vorne zieht. Die Folgen: Die geschwächte Wirbelsäule schmerzt, Bauch und Kopf neigen sich vor, der obere Rücken und der Nacken werden belastet, Kreislauf und Verdauung beeinträchtigt.

Beim Halswirbelsäulensyndrom sind die hinteren Halsmuskeln verkürzt, die vorderen verlängert, und das Kinn wird nach vorn geschoben. Als Folge können sich Gelenkentzündungen wie Arthritis einstellen.

Beim Rundrücken wiederum drückt sich die Brustwirbelsäule stark nach hinten, und ein Buckel entsteht – mit Auswirkungen auf Herz, Atmung und Magen, etwa in Form von Verdauungsproblemen.

Brustwirbelsäulen-Versteifung entsteht durch Muskelverspannungen; bei einer Skoliose ist die Wirbelsäule seitlich verkrümmt, während sich bei einer Viszeroptose die Baucheingeweide senken.

Haltungsfehler und falsche Sitzgewohnheiten können die Wirbelsäule verformen.

Die Korrektur einer falschen Haltung

Es ist nie zu spät, um eine schlechte Körperhaltung zu korrigieren, allerdings erfordert es Geduld und Zeit, ehe man sich an eine gesündere Haltung gewöhnt.

Manche Haltungsschäden können relativ schnell behoben werden, aber bei bestimmten Fehlhaltungen, die sich über viele Jahre hinweg entwickelt haben, benötigt man mehr Zeit und Ausdauer, um sie zu beheben. Die Anstrengung lohnt sich aber in jedem Fall, denn die Vorzüge einer Haltungskorrektur liegen auf der Hand:

- kräftigere Muskeln
- bessere Funktion von Herz und Magen
- Verbesserung von Gleichgewichtssinn und Koordination
- sanftere Bewegungen
- effizienterer Kreislauf durch besseren Transport von Nährstoffen in alle Körpersysteme
- gestärktes Immunsystem zur Abwehr von Krankheiten

Die eigene Haltung überprüfen

Es ist nicht ganz einfach zu prüfen, ob die eigene Körperhaltung korrekt ist. Sehr aufschlussreich ist es, sich fotografieren zu lassen: sowohl im Stehen als auch im Sitzen, und zwar jeweils von der Seite. Täuschen Sie aber die Kamera nicht, sondern nehmen Sie dabei Ihre gewohnte Haltung ein, die Ihnen bequem erscheint. Überprüfen Sie anschließend die Fotos sorgfältig auf Anzeichen für eine Fehlhaltung oder Haltungsschäden. Hier einige besonders offensichtliche Zeichen, auf die Sie achten sollten:

Im Stehen
Oben gerundeter Rücken
Herausgestreckter Bauch
Kopf oder Kinn nach vorne gestreckt
Zusammengesunkene Haltung

Im Sitzen
„Gammeln"
Gerundete Schultern
Zusammengefallener Brustkorb
Unterer Rücken nach außen gebogen, Bauch zusammengepresst

Sie können Ihren Körper aber auch gedanklich „scannen“, während Sie wie gewohnt sitzen oder stehen, zum Beispiel am Schreibtisch oder am Spülbecken. Beginnen Sie beim Kopf und scannen Sie sich bis zu den Füßen; versuchen Sie dabei, alle Muskeln und Gelenke zu spüren. Empfinden Sie irgendwo einen Druck oder eine Zerrung? Haben Sie Schmerzen, sind Sie steif oder fühlen sich ganz allgemein unbehaglich? Dann wissen Sie jetzt, dass Sie Probleme haben. Und wenn Sie zu dem Schluss kommen, dass Ihre Haltung Mängel aufweist (und das ist wahrscheinlich), sollten Sie so schnell wie möglich die Meinung eines Pilates-Lehrers oder Physiotherapeuten einholen, bevor daraus weitere Probleme entstehen.

Auf Fotos können Sie gut Ihre Haltung überprüfen.

Was Pilates erreicht

Pilates kann Ihnen helfen, die für Sie effektivste und bequemste Körperhaltung im Sitzen, Stehen und Liegen zu finden. Mit einer korrekten Haltung können Sie auch die Pilates-Übungen effektiver durchführen, Sie werden weniger schnell ermüden, weil sie die Muskeln und Körpersysteme weniger belasten. Auch das Atmen fällt leichter, Sie fühlen sich erfrischt und belebt. Im Folgenden werden Übungen im Stehen, im Sitzen und im Liegen vorgestellt. Vor jeder Übungseinheit finden Sie genaue Anweisungen, wie Sie die richtige Haltung einnehmen.

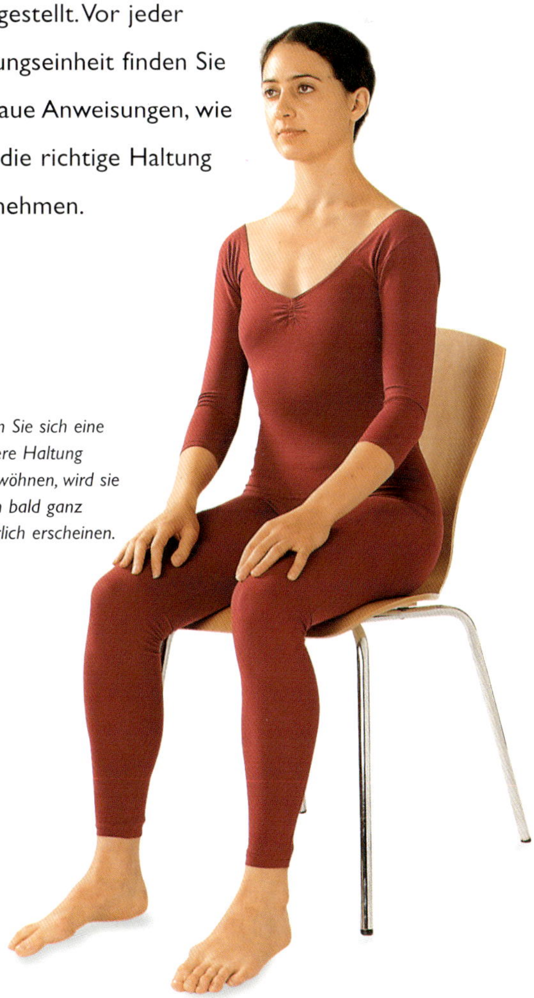

Wenn Sie sich eine bessere Haltung angewöhnen, wird sie Ihnen bald ganz natürlich erscheinen.

Körper und Bewegung

Ein wichtiger Aspekt der Pilates-Methode besteht darin, Bewegungen korrekt und in der richtigen Geschwindigkeit auszuführen, denn nur dann zeigen sie beim Training und im Alltag ihre volle Wirkung, und auch das Verletzungsrisiko wird minimiert.

Entspannung

Wir tendieren zu kurzen, abrupten Bewegungen, die im Vergleich mit denen anderer Säugetiere, beispielsweise Katzen, unelegant wirken. Der Grund liegt darin, dass wir, wenn wir uns bewegen, eher angespannt sind, während sich Katzen entspannt bewegen.

Unangemessene Spannung schränkt unsere Bewegungsfähigkeit ein und macht uns anfällig für Verletzungen. Wer angespannt ist, benötigt mehr Energie, um sich zu bewegen, und wenn man über einen längeren Zeitraum zu viel Energie verbraucht, führt das zu Erschöpfung, gleichzeitig werden alle Körpersysteme unnötig belastet. Wir müssen mit unserer Energie haushalten und dürfen sie nicht unnötig verschwenden. Versuchen Sie daher, alle Bewegungen entspannt anzugehen – kontrollieren Sie Ihren Spannungshaushalt.

Pilates-Bewegungen

Bei Pilates müssen Sie zwischen die Wiederholungen einzelner Übungen keine Pausen einlegen. Vielmehr sollen die Bewegungsabläufe kontinuierlich in die Wiederholungsphasen übergehen. Nur zwischen den einzelnen Übungseinheiten pausiert man.

Wenn Sie die Übungen langsamer durchführen, werden sie schwieriger und effektiver. Hier ein Beispiel:

Mit den Pilates-Übungen können Sie eine gute Koordinationsfähigkeit entwickeln und sich weiche, fließende Bewegungen antrainieren.

Kopfheben

Bleiben Sie während der Übung so entspannt wie möglich. Legen Sie sich auf einen Teppich oder eine dicke Decke, um Ihren Kopf und Ihre Wirbelsäule zu schützen. Verzichten Sie auf diese Übung, wenn Sie Probleme mit der Halswirbelsäule oder Nackenschmerzen haben. Bei richtiger Durchführung werden Sie nach Schritt drei erschöpfter sein als nach Schritt zwei, denn die Hebung des Kopfes ist anstrengender als die Senkung. Mit langsameren Bewegungen wird die Wirkung größer.

1

Legen Sie sich mit angewinkelten Beinen auf den Boden, Ihre Arme liegen zu Ihren Seiten. Kopf und Hals sollen gerade ausgerichtet sein. Unterstützen Sie Ihren Kopf mit einem gefalteten Handtuch.

2

Heben Sie Ihren Kopf 5–6 cm vom Boden und senken Sie ihn langsam wieder. 4-mal wiederholen, sodass Sie den Kopf in 5–8 Sekunden insgesamt 5-mal anheben. Nicht die Luft anhalten und keine ruckartigen Bewegungen machen. Pausieren Sie dann eine Minute.

3

Wiederholen Sie die Übung weitere 5-mal, und zwar jedes Mal langsamer. Dehnen Sie zuletzt die Hebung des Kopfs auf 5 Sekunden aus und senken ihn dann ebenfalls über 5 Sekunden wieder. Atmen Sie beim Anheben aus und beim Senken ein.

TEIL 3: DIE ÜBUNGEN

Vorbereitende Übungen

Es gibt zahlreiche Pilates-Übungen – zu viele, um sie hier alle aufzuführen –, daher beschränken sich die folgenden Seiten auf einige wichtige Grundübungen. Wenn Sie Pilates weiter vertiefen möchten, suchen Sie sich einen Trainer, der ein Übungsprogramm speziell für Ihren Körper und Ihre Möglichkeiten ausarbeitet.

Aufwärmen

Vor jeder körperlichen Übung sollte man sich aufwärmen. Ob Sie nur ein kurzes Zehn-Minuten-Training planen oder ein ausgiebiges Programm absolvieren wollen, vorher müssen Sie sich warm machen. Wenn die Muskeln kalt sind, verspannen sie sich schnell, und das kann zu Verletzungen führen.

Aufwärmmöglichkeiten

Es gibt viele Möglichkeiten, sich aufzuwärmen. Zum Beispiel können Sie einfach ein paar Minuten – draußen oder drinnen – zügig auf der Stelle gehen oder umherlaufen. Sie kurbeln damit Ihren Kreislauf an und bereiten Ihren Körper auf die Übungen vor. Wärmen Sie sich aber keinesfalls künstlich auf, etwa an einer Heizung oder anderen Wärmequellen: Sie überhitzen und schwächen sich damit.

Sie können Ihren Kreislauf auch mit speziellen Übungen in Schwung bringen. Hier ein paar einfache für den Anfang:

Armschwingen

Führen Sie diese Übung sanft und mit langsamen, bewussten Bewegungen durch.

1

Stehen Sie aufrecht, die Füße hüftbreit auseinander, und lassen Sie Ihre Arme hängen. Die Knie nicht durchdrücken.

Tipp

Trinken Sie im Laufe des Tages genug Wasser, damit Sie während der Übungen nicht dehydrieren.

3

Atmen Sie mit angespannten Bauchmuskeln aus und schwingen Sie Ihre Arme an den Knien vorbei nach hinten, dabei krümmen Sie Ihren Rücken. Lassen Sie Ihre Arme nicht einfach fallen; die Bewegung soll langsam, kontrolliert und fließend ablaufen.

2

Heben Sie die Arme langsam an und strecken Sie sie über Ihren Kopf. Spannen Sie gleichzeitig Ihre Bauchmuskeln an und vollziehen Sie die Pilates-Atmung (Seite 28).

4

Einatmen und die Arme wieder über den Kopf heben, dabei den Rücken entrollen, bis Körper und Arme gerade sind. Während der gesamten Bewegung die Bauchmuskeln angespannt lassen. Zwischen den Wiederholungen keine Pausen machen: Jede Bewegung soll fließend in die nächste übergehen. Insgesamt 10-mal wiederholen.

Kleine Kreise

Diese Übung beschleunigt die Herzfrequenz und die Durchblutung. Lassen Sie die Arme nicht fallen; kontrollieren Sie jede Bewegung.

1

Stehen Sie gerade, Ihre Füße schulterbreit auseinander und Ihre Arme an den Seiten. Die Beine sollen gestreckt, aber die Knie nicht durchgedrückt sein. Bauchmuskeln anspannen.

2

Strecken Sie Ihre Arme im Winkel von etwa 45° vom Körper weg und führen Sie sie beim Ausatmen langsam in einem großen Kreis nach vorne und oben bis zum höchsten Punkt.

3

Einatmen, und dabei die kreisförmige Bewegung nach hinten und unten fortsetzen, bis die Arme wieder in der Ausgangsposition ankommen. Kopf und Wirbelsäule gerade lassen, nicht nach vorne oder hinten beugen. Bauchmuskeln stets angespannt lassen, dabei Pilates-Atmung benutzen (Seite 28). Übung 10-mal wiederholen, ohne die Größe der Kreise zu verändern.

Große Kreise

Diese Übung ähnelt der vorigen, die Bewegungen sind jedoch größer. Sie werden ebenfalls langsam und weich ausgeführt.

1

Stehen Sie gerade, die Füße schulterbreit auseinander und die Arme an den Seiten. Auch hier sollen Ihre Beine gestreckt und die Knie nicht durchgedrückt sein. Bei der gesamten Übung die Bauchmuskeln anspannen.

2

Führen Sie beim Ausatmen Ihre Arme in einem großen Kreis nach vorne und oben bis über den Kopf. Bringen Sie beim Einatmen Ihre Hände zusammen und vervollständigen Sie dann den Kreis nach hinten und unten. Kopf und Wirbelsäule bleiben dabei in einer Linie. Den Rumpf nicht beugen. Pilates-Atmung benutzen (Seite 28). Übung 10-mal wiederholen, dabei die Größe der Kreise nicht verändern.

Fortgeschrittene Kreise

Diese Armkreis-Übungen werden in entgegengesetzter Richtung ausgeführt. Man beginnt mit kleinen Kreisbewegungen, die dann größer werden. Auch hier gilt: Die Bewegungen langsam und fließend vollziehen.

1

Stehen Sie gerade, die Füße schulterbreit auseinander und die Arme an den Seiten. Die Beine sollen gestreckt und die Knie nicht durchgedrückt sein. Halten Sie Ihre Bauchmuskeln während der gesamten Übung angespannt.

2

Spreizen Sie Ihre Arme im Winkel von etwa 45° vom Körper ab. Führen Sie beim Ausatmen die Arme langsam in einem großen Bogen nach hinten und oben, bis sie am höchsten Punkt angekommen sind. Atmen Sie nun aus und vervollständigen Sie nach vorne hin den Kreis. Kopf und Wirbelsäule bleiben dabei in einer Linie. Den Rumpf nicht beugen. Pilates-Atmung anwenden (Seite 28).

3

Führen Sie weitere Armkreise aus und bringen Sie dabei jedes Mal, wenn der niedrigste Punkt erreicht ist, Ihre Arme etwas näher an den Körper heran. Lassen Sie sie so lange kreisen, bis sie auf dem niedrigsten Punkt fast Ihren Körper berühren.

4

Die Kreise werden dabei immer größer. Führen Sie alle Bewegungen fließend und kontrolliert durch, lassen Sie Ihre Arme nicht fallen, sondern führen Sie sie langsam und kontrolliert nach unten. Kopf und Wirbelsäule bleiben dabei in einer Linie. Beugen Sie den Rumpf nicht vor oder zurück. Die Bauchmuskulatur während der gesamten Übung angespannt lassen und die Pilates-Atmung anwenden (Seite 28). So lange wiederholen, bis Sie 20 Kreise in der gleichen Größe durchgeführt haben.

Übungen im Stehen

Hier finden Sie Übungen, die im Stehen durchzuführen sind. Um sie korrekt zu handhaben, müssen Sie zunächst einmal das richtige Stehen erlernen. Eine gute Körperhaltung trägt zur Effizienz der Übungen bei und hat Einfluss auf das Erscheinungsbild Ihres Körpers. Schon durch einige kleine Korrekturen Ihrer Haltung können Sie schmaler und schlanker erscheinen.

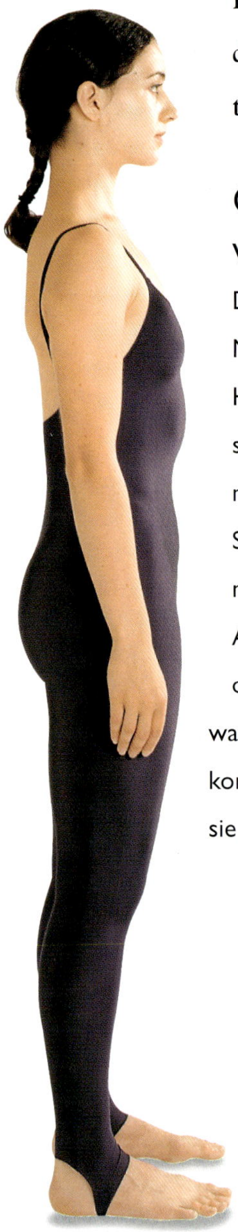

Gute Angewohnheiten

Die effektivste und schnellste Möglichkeit, sich eine gute Haltung anzugewöhnen, besteht darin, sie so oft wie möglich einzuüben. Wo immer Sie stehen und gehen, ob Sie nun Ihre Wohnung putzen, zur Arbeit oder bummeln gehen oder auf Bus oder Bahn warten, sollten Sie sich um eine korrekte Haltung bemühen – bis sie ganz selbstverständlich ist.

Korrektes Stehen nach Pilates

Die richtige Stehhaltung zu finden ist recht einfach. Dagegen bedarf es einiger Zeit und Übung, um schlechte Haltungsgewohnheiten zu erkennen und zu korrigieren.

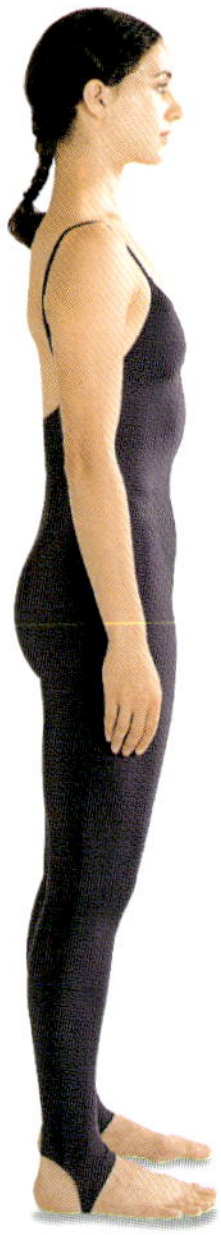

1

Stehen Sie gerade, die Füße sind schulterbreit auseinander. Das Gewicht soll gleichmäßig auf den Füßen lasten; nicht auf die Zehen oder nach hinten auf die Fersen wippen.

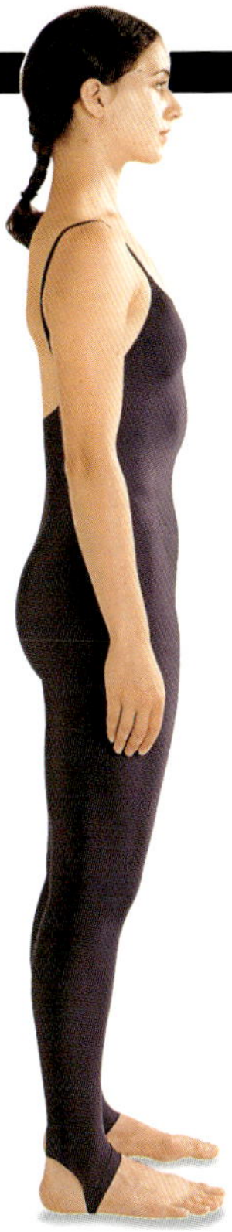

2

Halten Sie die Beine gestreckt, aber drücken Sie die Knie nicht durch. Entspannen Sie bewusst die Muskeln in den Unter- und Oberschenkeln.

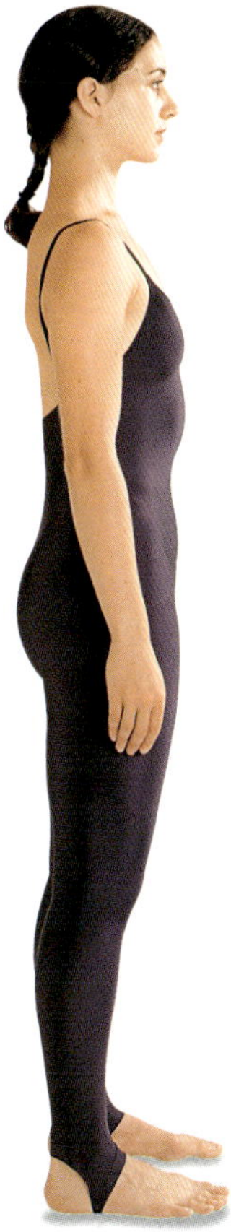

3

Ziehen Sie zur Festigung des Powerhouse den Bauchnabel ein und spannen Sie Ihren Beckenboden um etwa 25 % an (Seite 31). Halten Sie bei allen Übungen in diesem Kapitel diese Spannung.

4

Lassen Sie Ihr Steißbein nach unten fallen, ohne das Becken dabei nach vorne zu schieben. Weiterhin Pilates-Atmung benutzen (Seite 28).

5

Die oberen Rückenmuskeln anziehen und wieder loslassen, um Verspannungen abzubauen. Schultern und Arme hängen lassen.

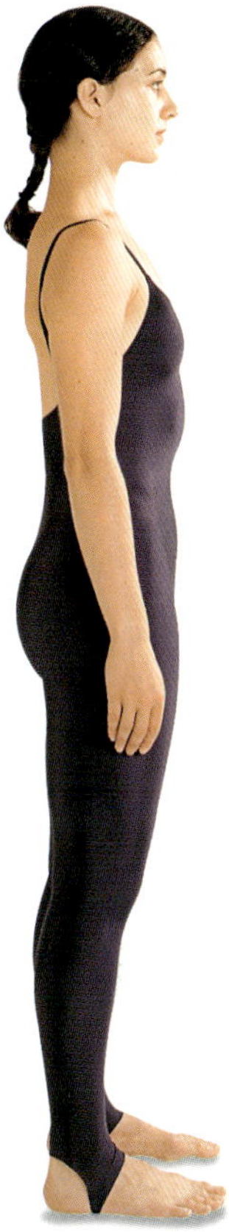

6

Lassen Sie Kopf und Hals in der Mitte ruhen. Um diesen Punkt zu finden, bewegen Sie Ihren Kopf ein wenig hin und her.

7

Konzentrieren Sie sich auf die Rückseite Ihrer Ohren. Stellen Sie sie sich als Magneten vor, die Sie nach oben ziehen. Diese Position so lange wie möglich halten.

Armheben

Diese Übung dient der Haltungskorrektur, indem sie Sie die richtige Lage Ihrer Schulterblätter finden lässt. Zudem trainiert sie die Muskeln Ihrer Oberarme. Sie wird Ihnen vielleicht zu behutsam erscheinen, aber wie alle Pilates-Übungen ist sie sehr effektiv. Achten Sie darauf, dass Ihre Bewegungen stets weich und kontrolliert verlaufen.

Vorsicht

Nicht bei schwachen oder verletzten Schultern ausführen. Im Zweifelsfall einen Arzt oder Physiotherapeuten konsultieren.

1

Stehen Sie gerade, die Füße schulterbreit auseinander. Lasten Sie Ihr Gewicht gleichmäßig auf Ihre Füße, ohne die Knie durchzudrücken. Ziehen Sie Ihren Bauchnabel zur Wirbelsäule und spannen Sie Ihren Beckenboden um etwa 25 % an. Lassen Sie Ihr Steißbein abwärts fallen, ohne das Becken nach vorne zu schieben. Hals und Wirbelsäule sollten eine Linie bilden und Ihre Hände am Oberschenkel anliegen.

2

Atmen Sie aus, heben Sie dabei den rechten Arm und legen Sie Ihre rechte Hand auf Ihre linke Schulter. Der linke Arm liegt noch am Oberschenkel an. Atmen Sie gleichmäßig mit Pilates-Atmung weiter (Seite 28) und halten Sie Ihr Powerhouse, also Bauchmuskulatur und Beckenboden (Seite 31), angespannt.

Tipp

Atmen Sie bei Anspannung stets aus und beim Entspannen immer ein.

3

Einatmen. Beim Ausatmen den linken Arm bis auf Schulterhöhe waagerecht anheben, mit der Handfläche nach oben. Den Arm gestreckt, aber entspannt halten, Ellbogen nicht durchdrücken. Schulterblätter unten halten.

5

Widmen Sie sich nach Beendigung dieser Phase der spiegelbildlichen Übung: Legen Sie nun Ihren linken Arm auf Ihre rechte Schulter und heben und senken Sie dann den rechten Arm ebenfalls 10-mal langsam.

4

Wenn Ihr linker Arm die Höhe Ihrer Schulter erreicht hat, halten Sie diese Position nicht, sondern atmen Sie ein und senken Sie dabei den Arm langsam wieder ab, bis die Handfläche erneut Ihren Oberschenkel berührt. Die Bewegung soll langsam, weich und kontrolliert durchgeführt werden. Wiederholen Sie diese Übung 10-mal, machen Sie dabei zwischen dem Heben und Senken des Arms keine Pausen. Die gesamte Übung stellt eine einzige fließende Bewegungsabfolge dar.

Kniebeugen und Armheben

Diese Übung wirkt entspannend und belebend, da sie Ihren Kreislauf in Schwung bringt. Sie unterstützt Ihr Gleichgewichtsgefühl und schult gleichzeitig Ihre generelle Stabilität und Koordinationsfähigkeit.

Vorsicht

Führen Sie diese Übung nicht mit schwachen oder verletzten Knien oder Schultern aus. Oder konsultieren Sie vorab Ihren Arzt oder Physiotherapeuten.

1

Gerade stehen, die Füße schulterbreit auseinander. Das Gewicht soll gleichmäßig auf den Füßen lasten. Beine gestreckt halten, die Knie nicht durchdrücken. Den Bauchnabel zur Wirbelsäule einziehen und den Beckenboden um etwa 25 % anspannen. Das Steißbein nach unten fallen lassen, ohne das Becken nach vorne zu schieben. Kopf und Wirbelsäule in eine Linie bringen, die Hände an die Oberschenkel legen.

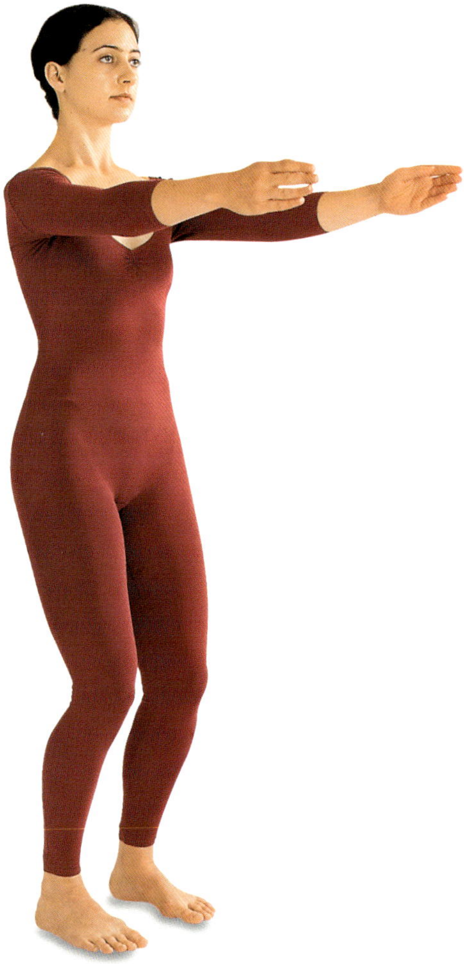

2

Einatmen, dann ausatmen und dabei langsam die Arme bis auf Schulterhöhe vorgestreckt anheben. Die Handflächen zeigen dabei zueinander. Die Arme gerade vorgestreckt halten, die Ellbogen nicht durchdrücken. Gleichzeitig langsam bis auf etwa 45° in die Knie gehen. Das Gewicht gleichmäßig auf die Füße verteilen, nicht nach vorne oder hinten kippen. Pilates-Atmung benutzen (Seite 28).

Tipp

Denken Sie daran, während der gesamten Übung den Bauchnabel zur Wirbelsäule zu ziehen. So schützen Sie Ihren Rücken und Ihre Haltung bleibt korrekt und stabil.

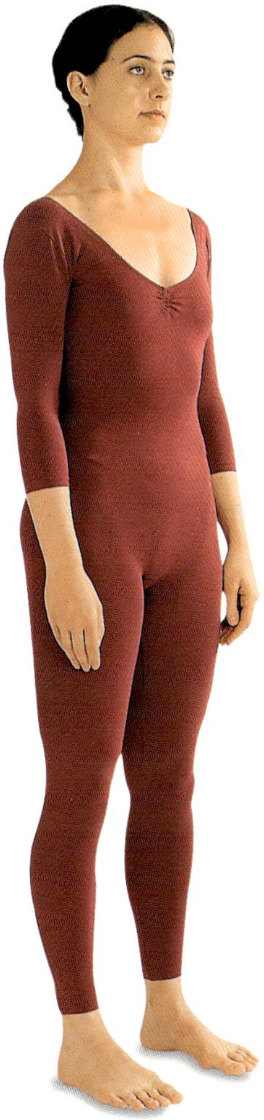

3

Sobald die ausgestreckten Arme auf Schulterhöhe angehoben sind, einatmen und die Arme langsam wieder senken, bis die Handflächen erneut am Oberschenkel liegen. Gleichzeitig die Beine wieder bis zum aufrechten Stand strecken, Knie dabei nicht durchdrücken. Die Bewegung soll langsam, weich und kontrolliert durchgeführt werden.

4

Wiederholen Sie das Heben und Senken der Arme sowie das Beugen und Strecken der Beine 10-mal, ohne Pausen zwischen den einzelnen Wiederholungen einzulegen. Die ganze Übung soll aus einer einzigen kontinuierlichen Bewegung bestehen. Nach den 10 Wiederholungen etwa 1 Minute pausieren.

Brustmuskeln dehnen

Die Dehnung der Brustmuskulatur verbessert Ihre Stabilität und Haltung und sorgt für weiche Bewegungen und deren bessere Koordination. Die Übung dehnt und formt darüber hinaus Brustkorb, Schultern und Oberarme. Sie erfordert ein Seil oder einen langen Schal bzw. einen Besenstiel oder einen anderen leichten Stab. Wenden Sie die Pilates-Atmung (Seite 28) an.

Vorsicht

Diese Übung eignet sich nicht bei einer schwachen oder verletzten Schulter- oder Nackenmuskulatur. Ziehen Sie im Zweifelsfall Ihren Arzt zu Rate.

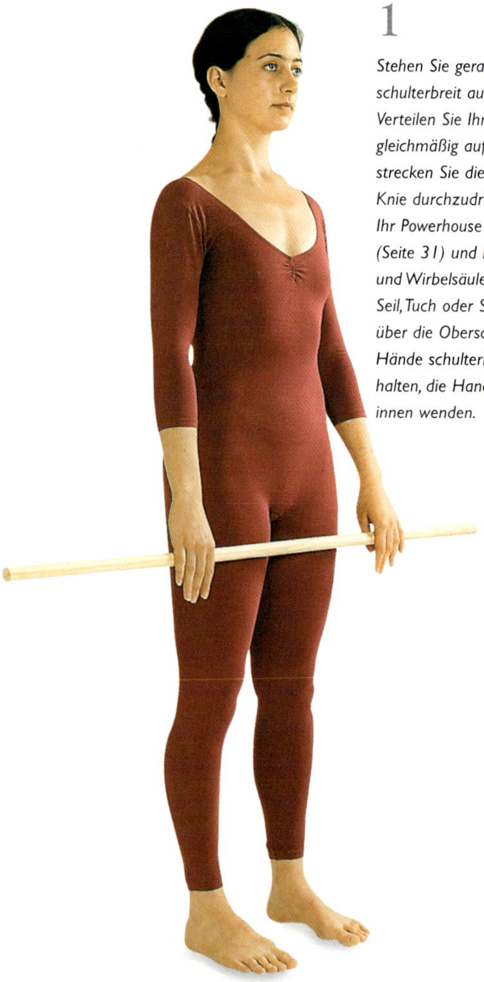

1

Stehen Sie gerade, die Füße schulterbreit auseinander. Verteilen Sie Ihr Gewicht gleichmäßig auf Ihre Füße, strecken Sie die Beine, ohne die Knie durchzudrücken. Halten Sie Ihr Powerhouse angespannt (Seite 31) und bringen Sie Kopf und Wirbelsäule in eine Linie. Seil, Tuch oder Stab vorne quer über die Oberschenkel und die Hände schulterbreit auseinander halten, die Handflächen nach innen wenden.

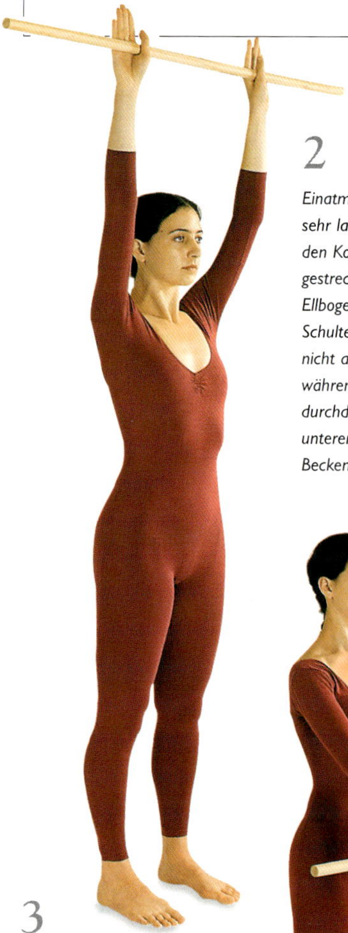

2

Einatmen, dann ausatmen, dabei sehr langsam den Stab bis über den Kopf heben. Die Arme zwar gestreckt lassen, aber die Ellbogen nicht durchdrücken. Schultern nicht heben, aber auch nicht anspannen. Den Rücken während des Anhebens nicht durchdrücken. Zum Schutz des unteren Rückenbereichs den Beckenboden angespannt lassen.

3

Wenn die Arme so weit wie möglich über den Kopf gestreckt sind, einatmen und dann die Arme langsam wieder hinunterführen, bis der Stab erneut die Oberschenkel berührt. Arme nicht fallen lassen; die Bewegung soll langsam, weich und kontrolliert ablaufen. Die Übung 10-mal wiederholen, ohne zwischendurch zu pausieren.

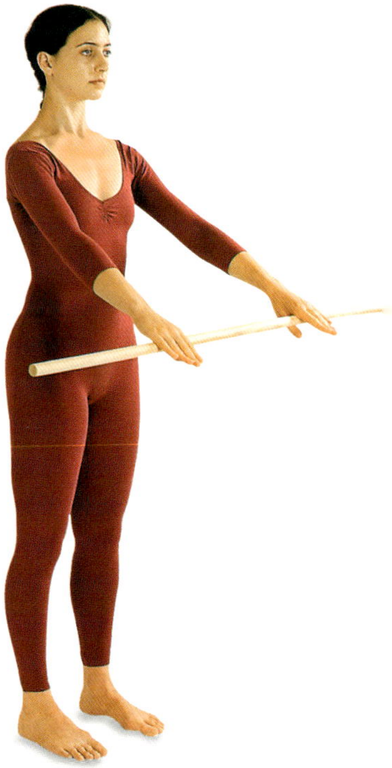

Wirbelsäule entspannen

Diese Übung wirkt ausgezeichnet gegen Verspannungen, verbessert die Durchblutung und hält Ihre Wirbelsäule gelenkig. Sie können Sie am Ende Ihres Trainings wiederholen, denn sie hilft, die im Körper verbliebene Restspannung sanft abzubauen.

1

Stehen Sie gerade, mit dem Rücken an einer Wand, die Füße schulterbreit auseinander. Ihr Gewicht soll gleichmäßig auf Ihren Füßen lasten, strecken Sie Ihre Beine nicht und drücken Sie die Knie nicht durch. Ziehen Sie Ihren Bauchnabel zur Wirbelsäule und spannen Sie Ihren Beckenboden etwa um 25 % an. Lassen Sie Ihr Steißbein nach unten fallen, ohne dabei das Becken vorzuschieben. Bringen Sie Hals und Wirbelsäule in eine Linie. Ihre Schultern sollten möglichst die Wand berühren, sofern das ohne Anstrengung möglich ist. Ihre Fersen stehen nah an der Wand, berühren sie aber nicht – Ihr Körper soll gerade stehen. Die Arme hängen herab, die Hände ruhen am Oberschenkel. Pilates-Atmung benutzen (Seite 28).

Vorsicht

Nicht bei hohem oder niedrigem Blutdruck ausführen. Bei Schmerzen oder Schwindelgefühl brechen Sie die Übung sofort ab.

2

Atmen Sie aus und lassen Sie ganz langsam Ihr Kinn auf Ihr Brustbein sinken. Die Bewegung soll kontrolliert und weich verlaufen, lassen Sie Ihren Kopf nicht einfach fallen. Setzen Sie die Bewegung langsam weiter fort, sodass sich Ihre Schultern von der Wand lösen und Ihr ganzer Körper nach unten abrollt, sich also zunächst in den Schultern, dann in der Taille nach vorne neigt. Rollen Sie sich so weit wie möglich nach unten ab, Ihr Gesäß bleibt dabei an der Wand, Kopf und Arme hängen herunter.

3

Am tiefsten erreichbaren Punkt atmen Sie ein und richten sich langsam wieder auf, dabei rollen Sie Ihren Körper Stück für Stück nach oben ab. Die gesamte Bewegung soll langsam und weich verlaufen. In der Ausgangsposition angekommen, prüfen Sie nochmals Ihre Haltung (Schritt 1). 6-mal wiederholen.

Übungen im Sitzen

Hier lernen Sie einige Übungen kennen, die Sie im Sitzen ausführen. Wieder ist eine gute Haltung die wichtigste Voraussetzung. Wenn Sie die Übungen korrekt ausführen, unterstützen sie die Arbeit Ihrer sämtlichen Körpersysteme, was wiederum Ihrer Gesundheit und Ihrem Wohlbefinden zugute kommt.

Richtig Sitzen

Die richtige Sitzhaltung können Sie jederzeit und an jedem Ort einüben – auch auf Reisen oder bei der Arbeit. Wenn Sie in Ihrem Job Stunden vor dem Computer verbringen oder an einer Kasse sitzen, nutzen Sie diese Zeit, um sich eine gute Haltung anzugewöhnen – denken Sie auch beim Fernsehen, beim Essen im Restaurant oder im Theater daran. So wird eine gute Sitzhaltung bald zur Gewohnheit.

Korrektes Sitzen nach Pilates

Sich eine korrekte Sitzhaltung anzueignen ist nicht schwer, aber schlechte Gewohnheiten wird man nicht sofort los. Für die folgende Übung benötigen Sie einen Stuhl.

Tipp

Drücken Sie Ihren unteren Rücken nicht zu sehr nach vorne noch nach hinten. Überprüfen Sie ihre Haltung mit einem Spiegel.

1

Setzen Sie sich aufrecht hin, nur Ihr unterer Rücken sollte von der Lehne gestützt werden, der obere nicht. Sie sollten gerade, aber nicht kerzengerade sitzen und so, dass es Ihnen angenehm ist.

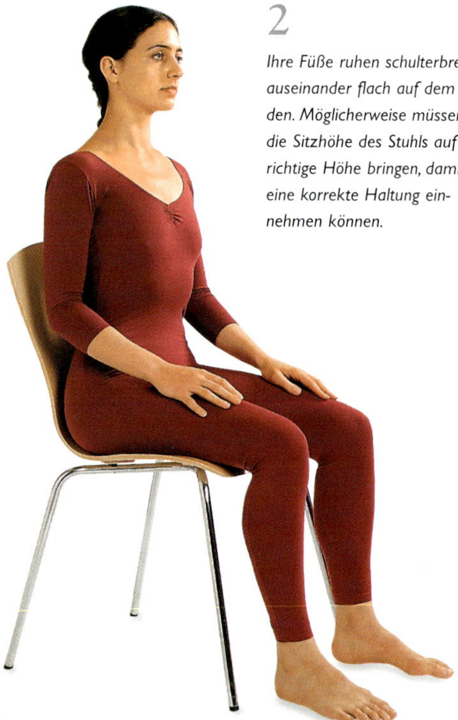

2

Ihre Füße ruhen schulterbreit auseinander flach auf dem Boden. Möglicherweise müssen Sie die Sitzhöhe des Stuhls auf die richtige Höhe bringen, damit Sie eine korrekte Haltung einnehmen können.

3

Halten Sie Ihre Schulterblätter ohne Anspannung unbewegt. Legen Sie Ihre Handflächen auf die Oberschenkel, ohne sich zurückzulehnen. Kopf, Hals und Wirbelsäule sollen eine Linie bilden, der Kopf sitzt in der Mitte. Festigen Sie Ihr Powerhouse, indem Sie den Bauchnabel zur Wirbelsäule ziehen und den Beckenboden um etwa 25 % anspannen.

Seitliches Dehnen

Diese Übung macht Ihren unteren Rücken beweglich und Ihre Taille straff. Sie benötigen dafür einen Stuhl mit gerader Lehne.

Vorsicht

Unterlassen Sie diese Übung, wenn Sie Probleme mit Rücken oder Schultern haben.

1

Setzen Sie sich rittlings aufrecht auf den Stuhl, ohne sich vor- oder zurückzulehnen. Legen Sie Ihre Hände auf die Stuhllehne, Ihre Arme bleiben entspannt und Ihre Füße stehen flach auf dem Boden. Ziehen Sie den Bauchnabel zur Wirbelsäule und spannen Sie Ihren Beckenboden um etwa 25 % an. Atmen Sie dabei gleichmäßig nach Pilates (Seite 28).

2

Atmen Sie aus, strecken Sie den linken Arm nach links und heben Sie ihn mit der Handfläche nach unten zunächst auf Schulterhöhe, dann bis über den Kopf an, jetzt die Handfläche nach innen gewendet. Senken Sie dabei die rechte Schulter nach unten und beugen Sie sich leicht nach rechts.

3

Sie spüren die Dehnung in der linken Seite. Wenn Sie nicht weiterkommen, atmen Sie ein und kehren Sie langsam wieder in die Ausgangsposition zurück. Mit dem anderen Arm wiederholen. Die Übung 10-mal durchführen.

Tipp

Machen Sie zwischen den Übungsphasen keine Pausen, denn die Bewegungen sollen fließend und weich ineinander übergehen.

Wirbelsäule drehen

Diese sanfte Übung fördert die Elastizität Ihrer Wirbelsäule, vor allem im unteren Rückenbereich. Sie benötigen dafür einen Hocker oder einen Stuhl ohne Armlehnen.

Vorsicht

Nicht durchführen bei Problemen im unteren Rücken- oder Nackenbereich!

1

Sitzen Sie aufrecht auf einem Stuhl, die Füße schulterbreit auseinander flach auf dem Boden. Ihre Hände ruhen auf den Oberschenkeln. Ziehen Sie den Bauchnabel zur Wirbelsäule und spannen Sie den Beckenboden um 25 % an. Atmen Sie gleichmäßig nach Pilates (Seite 28).

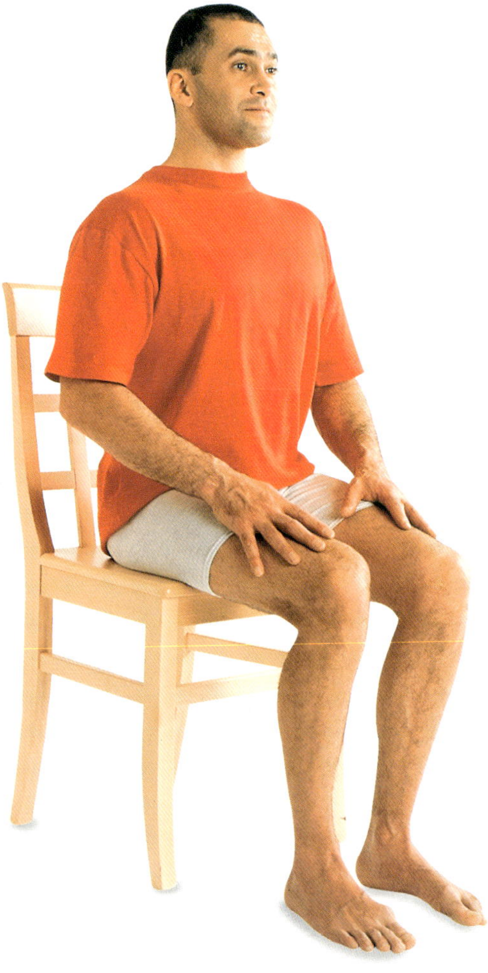

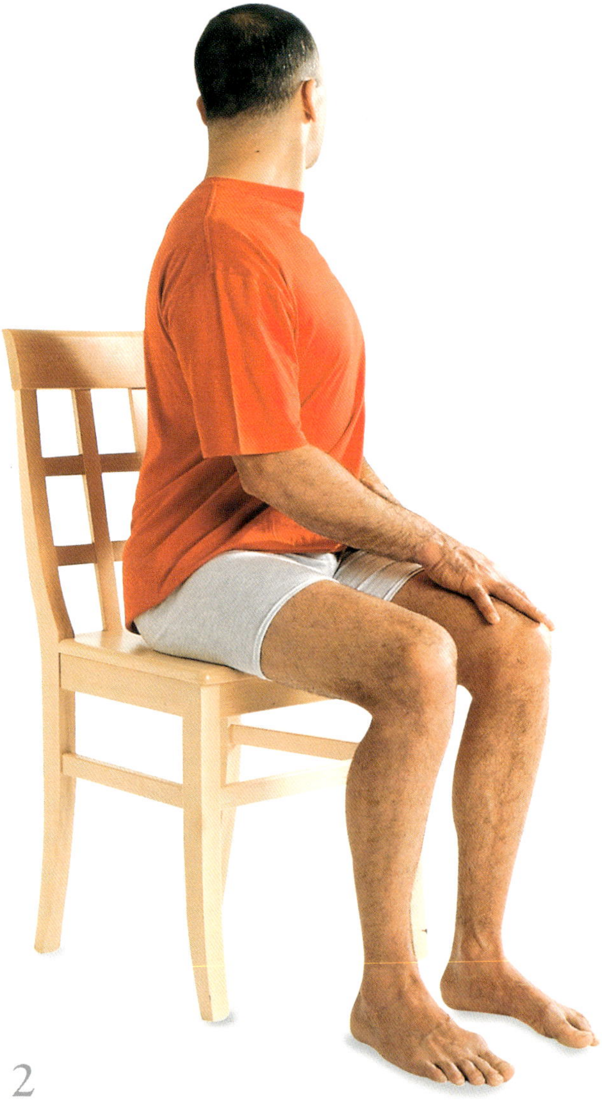

2

Atmen Sie aus und drehen Sie dabei ganz langsam den Kopf nach links, bis Sie über Ihre linke Schulter schauen. Mit der Kopfbewegung drehen Sie zugleich die Wirbelsäule. Legen Sie Ihre rechte Hand neben Ihre linke Hand auf das linke Bein.

3

Wenn Sie sich so weit gedreht haben, wie es Ihnen bequem möglich ist, atmen Sie ein und drehen sich dann langsam zurück. Beginnen Sie dabei mit dem Kopf und lassen Sie Ihre Wirbelsäule folgen. Bringen Sie gleichzeitig Ihre rechte Hand wieder in die Ausgangsposition zurück. Sie sitzen jetzt wieder gerade.

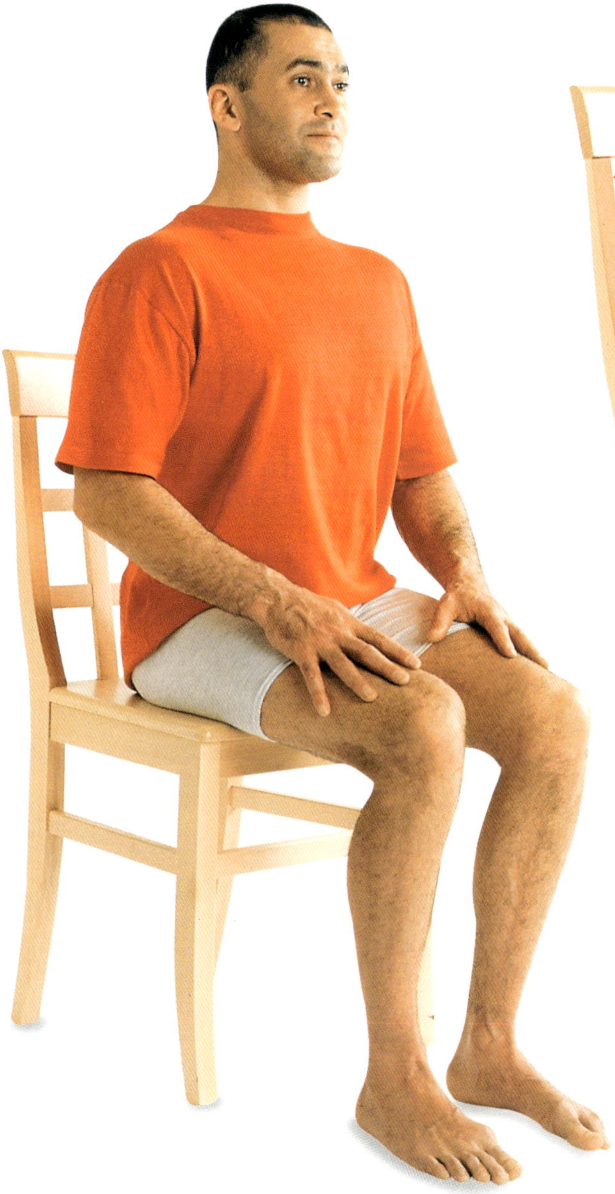

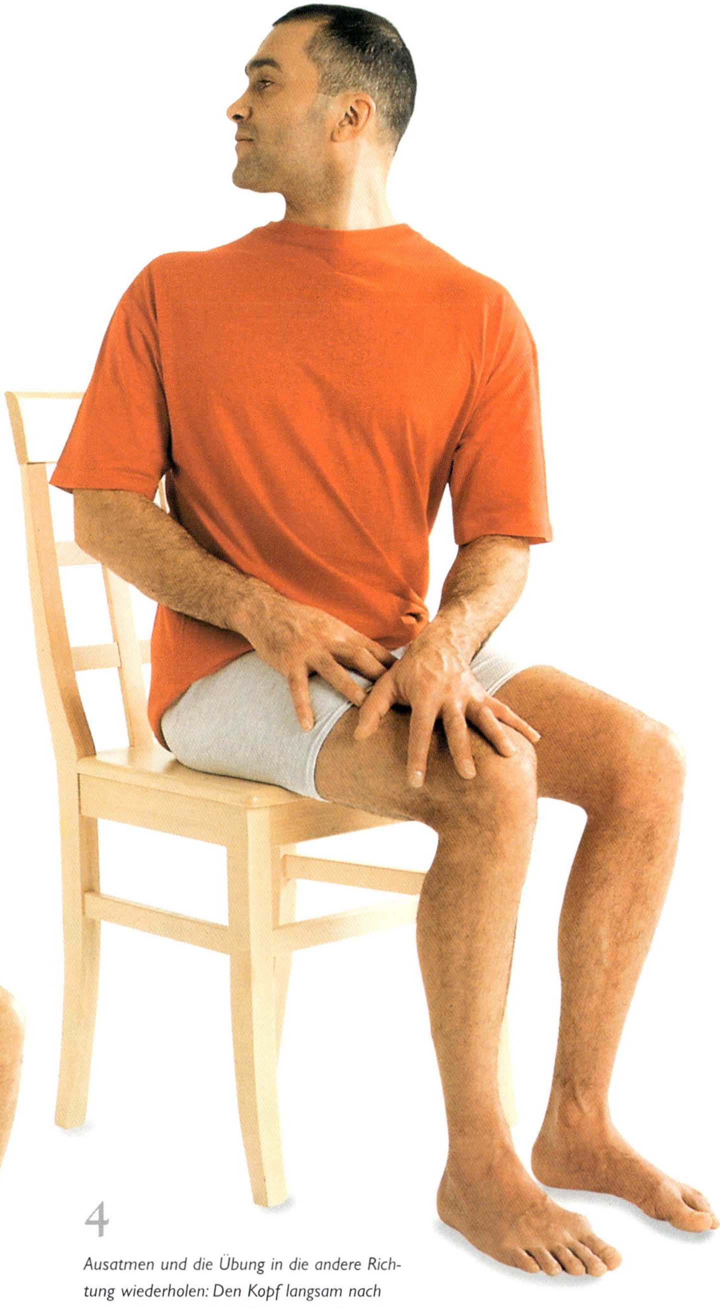

4

Ausatmen und die Übung in die andere Richtung wiederholen: Den Kopf langsam nach rechts drehen und die Wirbelsäule folgen lassen. Die linke Hand auf das rechte Bein legen. Am Scheitelpunkt der Drehung einatmen und langsam zurückdrehen, bis Sie wieder nach vorne schauen und die linke Hand erneut auf Ihrem linken Oberschenkel liegt. Die Übung 10-mal nach jeder Seite hin wiederholen.

Übungen im Liegen

Die meisten Pilates-Übungen werden auf der Bodenmatte durchgeführt. Hier finden Sie lediglich eine kleine Auswahl der wichtigsten Bodenübungen. Wenn Sie an einem umfassenderen Training interessiert sind, sollten Sie einen qualifizierten Pilates-Trainer in Ihrer Nähe ausfindig machen. Nachdem Sie die folgenden Übungen ausgeführt haben, beenden Sie Ihr Training mit der erneuten Drehung der Wirbelsäule (Seite 52–53), um mögliche verbliebene Spannungen abzubauen.

Ausrüstung

Diese Übungen erfordern keine besondere Ausrüstung, aber Sie sollten sie zum Schutz Ihrer Wirbelsäule auf einem dicken Teppich oder einer Decke durchführen. Wenn Sie einmal schwierigere Übungen angehen wollen, kann sich die Anschaffung einer Turnmatte durchaus lohnen, aber Sie benötigen sie nicht unbedingt. Außerdem brauchen Sie ein paar kleine Kissen oder Handtücher.

Die richtige Haltung

Die korrekte Körperhaltung einzunehmen und zu halten ist für Bodenübungen ebenso wichtig wie für solche im Stehen und Sitzen. Die richtige Haltung optimiert alle Körpersysteme, sodass die Übungen so effizient wie möglich wirken können. Bei allen Mattenübungen müssen sich Wirbelsäule und Becken in einer „Neutral-Stellung" befinden; auf der folgenden Seite lernen Sie diese Position kennen.

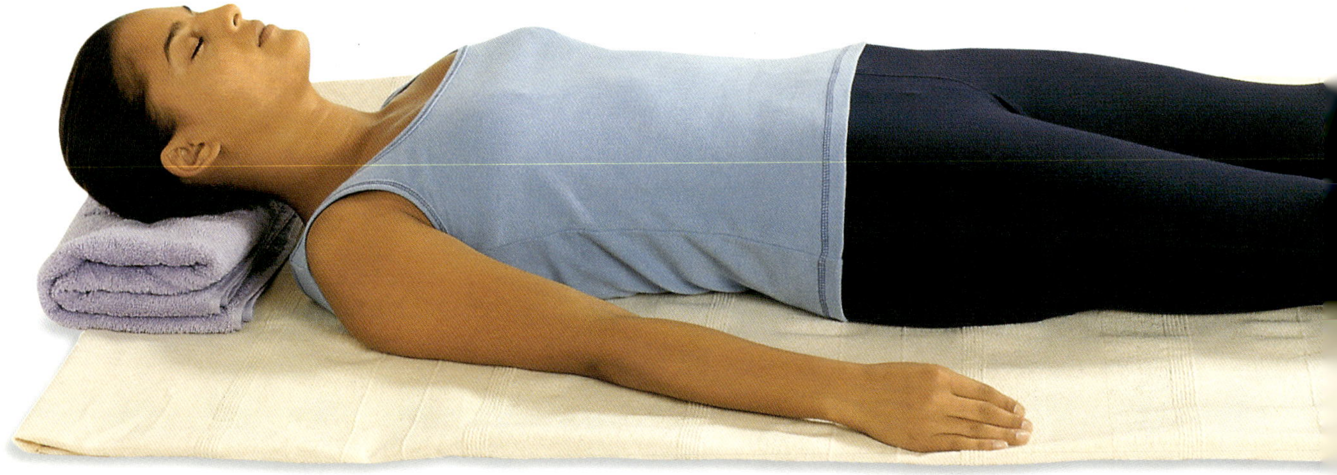

Neutral-Stellung von Wirbelsäule und Becken

Mit dieser Übung finden Sie die entspannendste Position für Ihre Wirbelsäule und Ihr Becken – Voraussetzung für alle Bodenübungen. Stützen Sie Ihren Kopf mit einem Kissen oder einem gefalteten Handtuch.

Vorsicht

Wenn sich bei dieser Übung Schmerzen in Ihrem unteren Rücken einstellen oder Sie sich unwohl fühlen, brechen Sie sie sofort ab und sprechen Sie möglichst bald mit Ihrem Arzt oder Physiotherapeuten.

1

Legen Sie sich auf den Rücken und betten Sie Ihren Kopf auf Kissen oder Handtuch. Die Knie anwinkeln und die Füße mit 25 cm Abstand auf den Boden setzen. Die Handflächen liegen flach auf dem Boden, die Arme seitlich des Körpers.

2

Ziehen Sie den Bauchnabel ein und spannen Sie Ihren Beckenboden um etwa 25 % an. Atmen Sie gleichmäßig nach Pilates (Seite 28). Drücken Sie Ihren unteren Rücken vorsichtig so weit wie möglich gegen den Boden. Entspannen Sie und lassen Sie Ihren Rücken selbst eine bequeme Position finden.

3

Bilden Sie ein Hohlkreuz und drücken Sie dazu den unteren Rücken hoch. Dabei weder das Gesäß, noch den oberen Rücken vom Boden heben. Am höchsten Punkt entspannen und den Rücken langsam wieder zu Boden sinken lassen. Die Neutral-Stellung von Wirbelsäule und Becken liegt zwischen diesen beiden Positionen, Sie sollten Ihre Hand zwischen Kreuz und Boden schieben können, ohne den Rumpf anzuheben. Lassen Sie Ihre Bauchmuskulatur angespannt. Diese Neutral-Stellung der Wirbelsäule und des Beckens sollten Sie während sämtlicher Bodenübungen einnehmen.

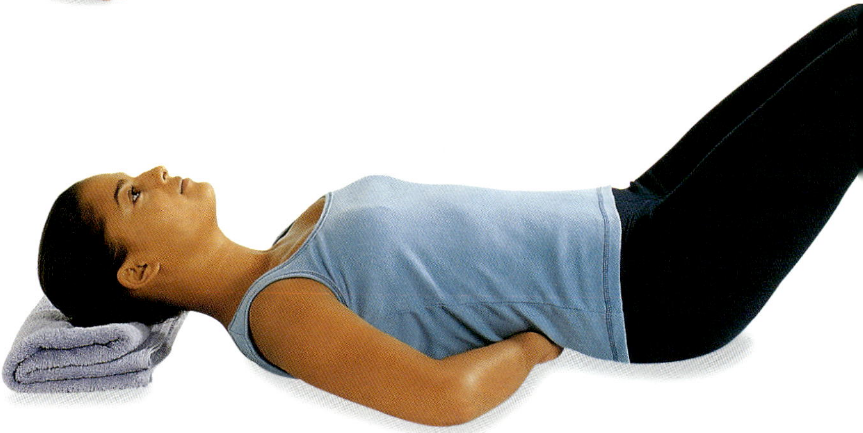

Lendenwirbelsäule drehen

Diese Übung macht Ihre Wirbelsäule flexibler und stärkt und festigt Ihr Powerhouse. Sie benötigen für diese Übung ein kleines Kissen oder Handtuch, auf das Sie den Kopf legen.

Vorsicht

Drehen Sie Ihren Rücken nicht zu stark und lassen Sie Ihre Bauchmuskeln dabei stets angespannt.

1

Legen Sie sich auf den Rücken und betten Sie Ihren Kopf auf ein Kissen oder ein Handtuch. Winkeln Sie die Beine an und stellen Sie Ihre Füße mit 25 cm Abstand auf den Boden. Strecken Sie die Arme im 90°-Winkel vom Körper weg, die Handflächen zeigen nach oben. Drücken Sie die Ellbogen nicht durch.

2

Ziehen Sie Ihren Bauchnabel zur Wirbelsäule und spannen Sie Ihren Beckenboden an. Halten Sie die Spannung einen Moment und verringern Sie sie dann auf etwa 25 %. Atmen Sie gleichmäßig nach Pilates weiter (Seite 28). Wirbelsäule und Becken liegen in der Neutral-Stellung (Seite 55).

3

Atmen Sie aus und drehen Sie Ihren Kopf langsam nach rechts, bis die rechte Wange auf Kissen oder Handtuch liegt. Wenden Sie gleichzeitig die Knie langsam nach links zum Boden hin. Gehen Sie dabei so weit es Ihnen möglich ist, ohne dass es Ihnen Unbehagen bereitet.

4

Atmen Sie ein und bringen Sie Ihre Knie wieder nach oben in die Ausgangsposition. Drehen Sie gleichzeitig Ihren Kopf zurück, sodass Sie wieder zur Decke schauen.

5

Atmen Sie aus und drehen Sie Ihren Kopf langsam nach links, bis die linke Wange auf dem Kissen oder Handtuch liegt. Drehen Sie gleichzeitig sehr langsam Ihre Knie nach rechts zum Boden hin, so weit das ohne Unbehagen geht.

6

Einatmen und die Knie wieder in die Ausgangsposition bringen, gleichzeitig den Kopf wieder hochdrehen, bis Sie zur Decke schauen. Wiederholen Sie die Übung auf jeder Seite 10-mal.

Tipp

Achten Sie darauf, dass Ihre Knie nicht einfach zu Boden fallen. Senken Sie sie vielmehr so langsam wie möglich.

Brustmuskeln dehnen

Diese Übung dehnt Ihre Brust- und Nackenmuskulatur und strafft den oberen Rücken und die Wirbelsäule. Sie benötigen dazu zwei kleine Kissen oder gefaltete Handtücher.

Vorsicht

Die Übung nicht mit schwachem oder verletztem Rücken oder Nacken ausführen.

1

Auf den Rücken legen, den Kopf auf Kissen oder Handtuch betten. Beine anwinkeln, die Füße in 25-cm-Abstand auf den Boden stellen. Ein Kissen zwischen die Knie klemmen und festhalten. Die Arme mit den Handflächen nach oben seitlich ausstrecken.

2

Ziehen Sie Ihren Bauchnabel zur Wirbelsäule und spannen Sie Ihren Beckenboden um 25 % an. Halten Sie die Spannung einen Moment und lassen Sie dann leicht nach. Atmen Sie gleichmäßig nach Pilates (Seite 28). Wirbelsäule und Becken liegen in Neutral-Position (Seite 55).

3

Ausatmen, dabei langsam den ganzen Körper nach rechts drehen, bis Ihre rechte Wange auf dem Kissen oder Handtuch und Ihr rechtes Knie auf dem Boden liegt. Langsam den linken Arm anheben und nach rechts auf den rechten Arm legen. Die Arme sollen gestreckt, aber die Ellbogen nicht durchgedrückt sein. Sie liegen jetzt mit angewinkelten Knien auf der rechten Seite.

4

Atmen Sie ein, heben Sie langsam den linken Arm und bringen ihn in einer Linie mit der linken Schulter zur linken Seite. Wenden Sie Ihren Kopf nach links, um die Dehnung zu maximieren, die Knie bleiben dabei aber auf der rechten Seite. Die Dehnung streckt Ihren Oberkörper von der Taille an aufwärts. Ausatmen und den linken Arm wieder anheben, auf die rechte Seite führen und auf den rechten Arm legen. Gleichzeitig den Kopf wieder nach rechts drehen. Sie liegen jetzt wieder mit angewinkelten Knien auf der rechten Seite. Wiederholen Sie diese Übungsphase insgesamt 10-mal.

Tipp

Arme und Knie nicht einfach fallen lassen, sondern so langsam wie möglich senken, damit die Übung möglichst effektiv wirkt.

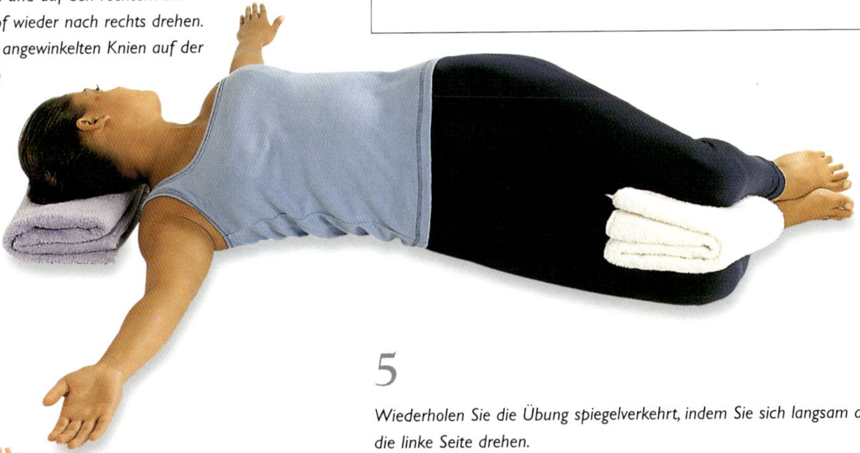

5

Wiederholen Sie die Übung spiegelverkehrt, indem Sie sich langsam auf die linke Seite drehen.

6

Einatmen, langsam den rechten Arm heben und ihn in einer Linie mit der rechten Schulter zur Seite legen. Den Kopf dabei nach rechts drehen, um die Dehnung zu maximieren, aber die Knie auf der linken Seite lassen. Ausatmen und den rechten Arm wieder anheben, zur linken Seite führen und auf den linken Arm legen. Zugleich den Kopf nach links drehen. Sie liegen jetzt wieder mit angewinkelten Knien auf der linken Seite. Wiederholen Sie die Übung auch auf dieser Seite 10-mal.

Rückenschwimmen

Diese Übung verbessert die Koordination Ihrer Muskeln und dehnt Arme, Beine und Bauch. Sie benötigen wieder ein kleines Kissen oder ein gefaltetes Handtuch.

1

Legen Sie sich auf den Rücken und betten Sie Ihren Kopf auf ein Kissen oder Handtuch. Winkeln Sie Ihre Knie an und stellen Sie Ihre Füße im Abstand von 25 cm flach auf den Boden. Die Arme liegen mit den Handflächen zum Boden seitlich Ihres Körpers.

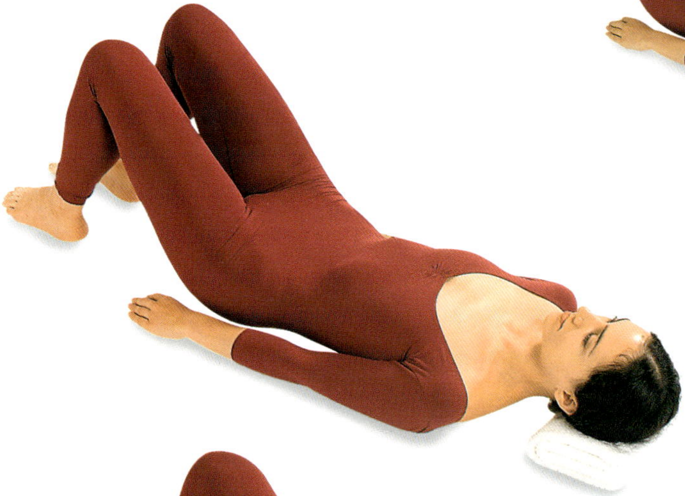

2

Ziehen Sie Ihren Bauchnabel zur Wirbelsäule und spannen Sie Ihren Beckenboden für einen Moment an. Dann verringern Sie die Spannung auf etwa 25 %. Atmen Sie gleichmäßig nach Pilates (Seite 28). Wirbelsäule und Becken befinden sich in der Neutral-Position (Seite 55).

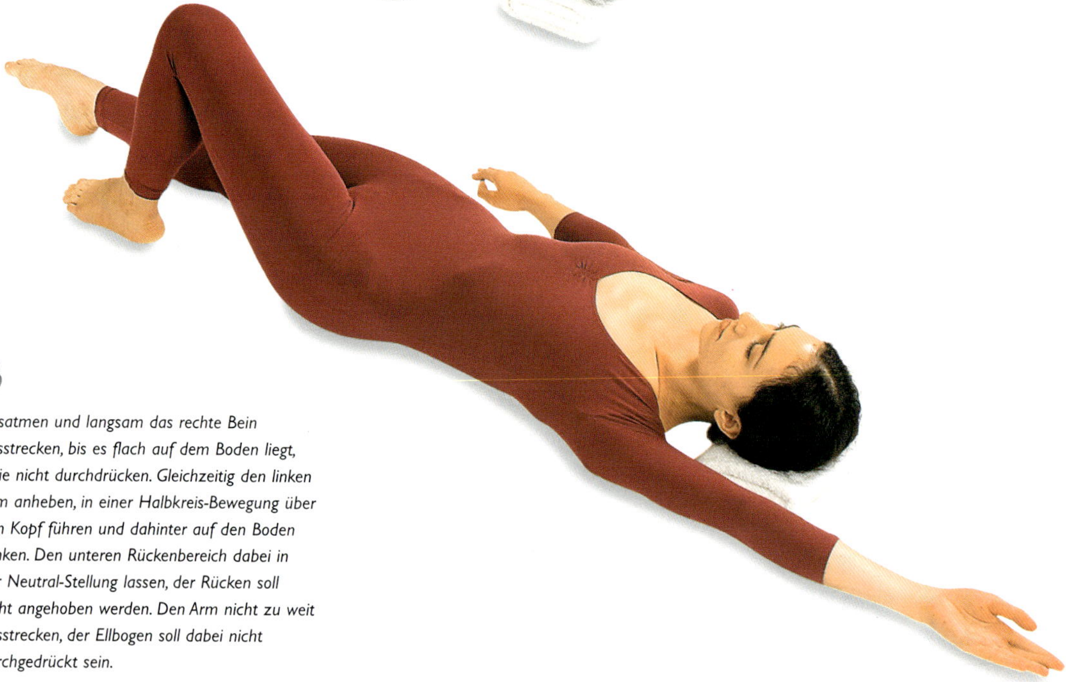

3

Ausatmen und langsam das rechte Bein ausstrecken, bis es flach auf dem Boden liegt, Knie nicht durchdrücken. Gleichzeitig den linken Arm anheben, in einer Halbkreis-Bewegung über den Kopf führen und dahinter auf den Boden senken. Den unteren Rückenbereich dabei in der Neutral-Stellung lassen, der Rücken soll nicht angehoben werden. Den Arm nicht zu weit ausstrecken, der Ellbogen soll dabei nicht durchgedrückt sein.

4

Wenn Ihr Arm so weit ausgestreckt ist, wie es Ihnen bequem möglich ist, atmen Sie ein und führen Ihren Arm langsam im Halbkreis zurück, bis er wieder mit der Handfläche nach unten seitlich Ihres Körpers liegt. Bringen Sie gleichzeitig Ihr rechtes Bein mit angewinkeltem Knie und dem Fuß flach auf dem Boden zurück in die Ausgangsposition.

Tipp

Bewegen Sie Ihren Kopf nicht seitwärts, sondern halten Sie ihn gerade und schauen Sie während der Übung zur Decke.

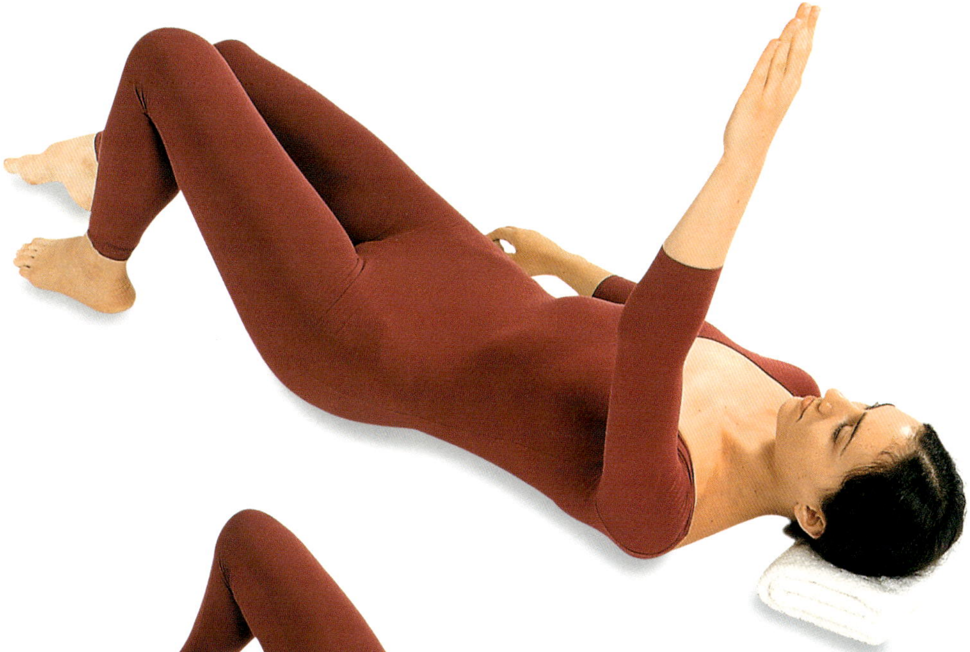

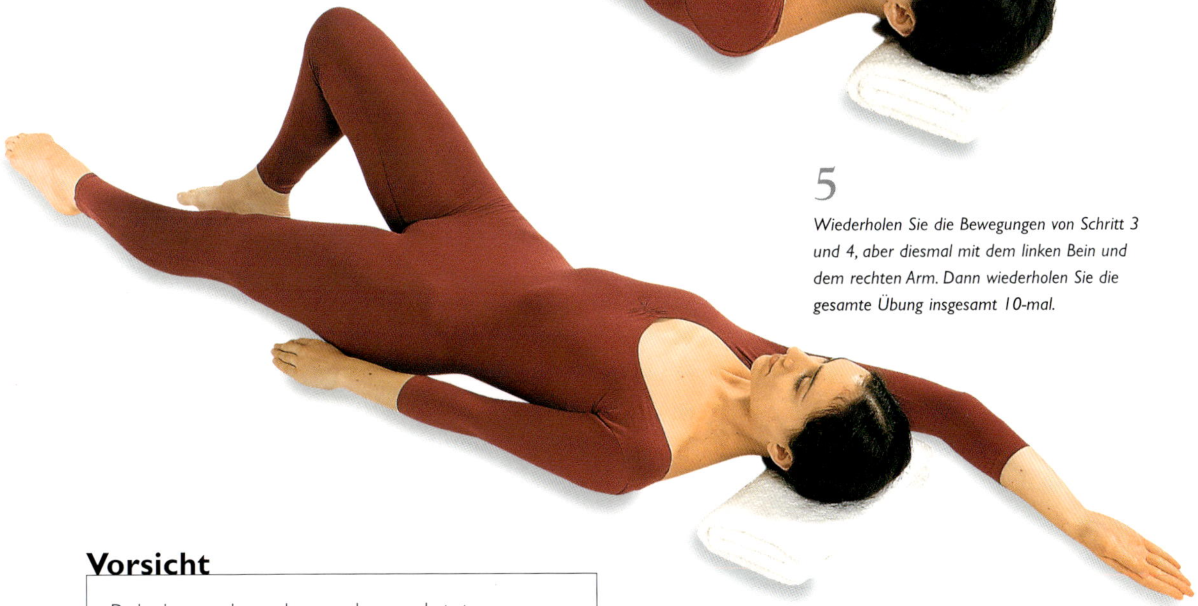

5

Wiederholen Sie die Bewegungen von Schritt 3 und 4, aber diesmal mit dem linken Bein und dem rechten Arm. Dann wiederholen Sie die gesamte Übung insgesamt 10-mal.

Vorsicht

Bei einer schwachen oder verletzten Lendenwirbelsäule nicht durchführen!

Hüfte und Oberschenkel straffen

Diese Übung dehnt und strafft Ihren Quadrizeps, den Oberschenkelstrecker. Sie fördert Ihre Gelenkigkeit und kräftigt Ihre vordere Hüfte. Hilfsmittel: kleines Kissen oder Handtuch.

1

Legen Sie sich auf Ihre linke Seite auf den Boden und strecken Sie Ihren linken Arm unter dem Kopf nach oben aus, wobei die Handfläche auf dem Boden bleibt. Legen Sie ein Kissen oder Handtuch auf Ihren Oberarm und betten Sie Ihren Kopf darauf. Der rechte Arm ruht nun auf Schulterhöhe vor Ihrem Körper, die Handfläche auf dem Boden. Winkeln Sie Ihre Beine um etwa 45° an.

2

Ziehen Sie Ihren Bauchnabel zur Wirbelsäule ein und spannen Sie den Beckenboden für einen Moment an. Verringern Sie die Spannung dann auf etwa 25 %. Atmen Sie gleichmäßig nach Pilates weiter (Seite 28).

3

Atmen Sie aus und greifen Sie mit der rechten Hand langsam nach dem rechten Fuß. Atmen Sie ein, sobald Sie den Fuß packen. Beim Ausatmen nun langsam und vorsichtig den Fuß so weit zum Gesäß ziehen, wie es Ihnen problemlos möglich ist. Die Bewegung soll langsam und weich durchgeführt werden, also nicht ruckartig am Fuß ziehen!

Vorsicht

Wenn sich bei dieser Übung Schmerzen im Oberschenkel, an der Hüfte oder am Knie einstellen, brechen Sie sie sofort ab.

4

Einatmen, langsam die Spannung reduzieren und das Bein wieder in seine Ausgangsposition bringen. Wiederholen Sie diese Übungsphase 10-mal, atmen Sie beim Anziehen jeweils aus.

5

Wiederholen Sie die Übung spiegelverkehrt weitere 10-mal, diesmal auf der rechten Seite liegend und das linke Bein mit der linken Hand dehnend.

Tipp

Halten Sie während der Übung Ihre Bauchmuskeln angespannt. Biegen Sie den Rücken nicht durch und drehen Sie nicht den Kopf.

GLOSSAR

Adrenalin
Ein Hormon, das von den Nebennieren produziert wird und den Körper auf die Cannonsche Notfallreaktion vorbereitet. Es hat verschiedene Auswirkungen auf Muskeln, Durchblutung und den Zuckerstoffwechsel.

Ausrichten
In eine gerade Linie bringen (Wirbelsäule, Hals, Kopf).

Bizeps
Muskeln vorne im Oberarm und auf der Rückseite des Oberschenkels.

Brustwirbelsäulen-Versteifung
Haltungsfehler, bei dem sich durch Muskelverspannungen die Brustwirbelsäule versteift. Daraus entstehen Schmerzen in den Armen und Spannung im Brustbereich.

Cannonsche Notfallreaktion
Ein Prozess, der den Körper auf große körperliche Anstrengung vorbereitet. Er wird bei extremem Stress ausgelöst und begegnet der unmittelbaren Bedrohung durch die Ausschüttung von Adrenalin und anderen Hormonen. Herzschlag, Stoffwechsel und Atemfrequenz beschleunigen sich, andere Körperfunktionen, die nicht unmittelbar zum Überleben notwendig sind – zum Beispiel das Immunsystem und die Verdauung – werden sofort heruntergefahren.

Ch'i
Die Lebensenergie, die der chinesischen Tradition zufolge alles durchdringt, Belebtes und Unbelebtes.

Cortisol
Ein Steroidhormon, das in den Nebennierenrinden produziert wird und für Stressbewältigung und Kohlenhydrat-Stoffwechsel zuständig ist.

Delta-Muskel
Dreieckiger Muskel über den Schultergelenken, hebt die Arme seitlich an.

Ektomorph
Einer der drei Körpertypen – die beiden anderen sind endomorph und mesomorph. Ektomorphe Typen sind meist leicht und zierlich, oft groß und schlank mit langen Gliedmaßen und werden für aufgeweckt, gehemmt und intellektuell gehalten.

Endomorph

Einer der drei Körpertypen. Endomorphe Typen sind eher rundlich und schwer und haben häufig mit Übergewicht zu kämpfen. Sie werden für friedfertig, entspannt und hedonistisch gehalten.

Endorphine

„Glückshormone" im Gehirn, die auch schmerzstillende Wirkung haben. Sie sind für angenehme Gefühle verantwortlich.

Gluteus maximus

Muskelpaar im hinteren Teil des Gesäßes; großer Gesäßmuskel.

Gluteus minimus

Muskelpaar oberhalb des fleischigen Teils des Gesäßes; kleiner Gesäßmuskel.

Halswirbelsäulensyndrom

Haltungsfehler der Wirbelsäule im Nackenbereich. Die hinteren Halsmuskeln ziehen sich zusammen, die vorderen werden überdehnt. Das Kinn wird dadurch nach vorne geschoben. Die Gelenke können sich entzünden, es entsteht zum Beispiel Arthritis.

Hohlkreuz

Haltungsfehler der Wirbelsäule, geht mit geschwächter Bauchmuskulatur und hervorgeschobenem Bauch bei nach vorne verkrümmter Lendenwirbelsäule einher.

Hohlrücken

Haltungsschaden, bei dem die Brustwirbelsäule verdreht und die Muskeln und Bänder geschwächt sind.

Kohlendioxid

Farbloses Gas, das beim Stoffwechsel im Gewebe produziert, vom Blut in die Lungen transportiert und dann ausgeatmet wird.

Leukozyten

Weiße Blutkörperchen, die den Körper vor schädlichen Substanzen und Krankheiten schützen.

Levator scapulae, Schulterheber

Muskel seitlich und hinten am Hals.

Lymphe

Die Flüssigkeit im Lymphsystem. Die Lymphe enthält Leukozyten (weiße Blutkörperchen), die eine wichtige Rolle bei der Bekämpfung von Krankheiten spielen.

Mesomorph

Einer der drei Körpertypen. Mesomorphe Typen sind athletisch oder muskulös; sie gelten manchmal als aggressiv, sind dabei oft sehr sportlich.

Pilates-Atmung, seitliche Brustkorbatmung

Auch Thorakalatmung oder Flankenatmung. Bei dieser Atemtechnik wird nach hinten und seitlich in den Brustkorb geatmet; beim Einatmen dehnt sich der rückwärtige und seitliche Brustkorb und zieht sich beim Ausatmen wieder zusammen. Dadurch kann man die Bauchmuskulatur angespannt halten, ohne die Atmung einzuschränken.

Powerhouse

Nach Pilates der Bereich um die Körpermitte herum, von den Bauchmuskeln bis zum Gesäß. Pilates geht davon aus, dass alle Körperenergie aus dem Powerhouse stammt.

Quadrizeps
Oberschenkelmuskel.

Rachitis
Kinderkrankheit, bei der die Knochen nicht hart werden, sondern weich bleiben und dadurch missgebildet werden. Rachitis wird durch Vitamin-D-Mangel hervorgerufen.

Rundrücken
Haltungsfehler, bei dem sich der obere Teil des Rückens nach außen krümmt und einen Buckel bildet.

T'ai Chi Ch'uan
Ein umfassendes System fließender Bewegungsabläufe, die auf Körper, Geist und Seele einwirken; es wird in China bereits seit 2000 Jahren praktiziert.

T'an Tien
Das chinesische Wort für den Speicher der Lebensenergie Ch'i in der Bauchregion.

Traditionelle Chinesische Medizin
TCM ist ein altes chinesisches Heilverfahren, das seine Diagnosen eher nach Symptommustern stellt als nach festgelegten Krankheitsbildern. Zu den Behandlungsformen gehören Anwendungen mit chinesischen Kräutern und Akupunktur.

Trapezius, Trapezmuskel
Flacher, dreieckiger Rückenmuskel hinten an Hals und Schulter.

Trizeps
Muskel an der Rückseite des Oberarms.

Viszeroptose
Senkung der Baucheingeweide. Haltungsfehler, der zu einem schwachen, aufgedunsenen Bauch führt und den Kreislauf beeinträchtigt.

Yoga
Eine Schule hinduistischer Philosophie, in der körperliche und geistige Techniken für eine ganzheitliche Gesundheit eingesetzt werden. Es gibt unterschiedliche Formen von Yoga; die bekannteste ist das Hatha Yoga, in dem körperliche Übungen für das allgemeine Wohlbefinden sorgen. In Indien wird Yoga bereits seit 4000 Jahren praktiziert.

Zentrieren
Der Körper wird zentriert, indem das Powerhouse (die Region von den Bauchmuskeln bis hin zum Gesäß rings um die Körpermitte) gefestigt und stabilisiert wird.

Yoga

Einleitung

In diesem Kapitel können Sie die altehrwürdige Lehre des Yoga für sich entdecken und damit einen großen Schritt auf dem Weg zu Ihrer Selbstverwirklichung zurücklegen. Viele, die Yoga zunächst als Fitnessprogramm zu schätzen lernten, zogen später auch großen Gewinn aus der Philosophie, auf der es basiert.

Die Wirkung von Yoga geht weit über einfache körperliche Fitness hinaus. Es will Körper und Geist miteinander verbinden; denn wenn der Körper aus dem Lot geraten ist, kann der Geist seine Kontrollfunktion nicht mehr erfüllen. Den Körper zu entspannen, zu reinigen und zu heilen, verschafft dem Geist Ausgeglichenheit und Harmonie und sorgt damit für Gesundheit, Glück und Erfüllung. Man kann lernen, sich von den negativen Konditionierungen der Vergangenheit zu befreien, um sich bewusster zu werden, wie sehr der emotionale Gehalt der aktuellen Gedanken die künftige Wirklichkeit prägt. Was also zunächst wie ein neues Fitnessprogramm daherkommt, kann Sie unversehens zu einem besseren Verständnis dessen führen, woher Sie sowie Ihre Defizite und Schwächen kommen – und Ihnen damit einen Weg zu einem sehr viel gesünderen und erfüllenderen Lebensstil eröffnen.

Das Ziel von Yoga besteht darin, Körper, Geist und Seele in Einklang zu bringen.

Yoga kann Ihre Wirklichkeit gestalten und dadurch eine positive Zukunft für Sie entwerfen – nach Ansicht der Weisen pulsiert die kosmische Energie gerade jetzt, zu Beginn des Wassermannzeitalters, immer schneller, und wir sollten einen Gang herunterschalten. Noch nie war es so wichtig wie heute, das Gleichgewicht der Natur wiederherzustellen und uns selbst zu heilen.

In Indien wird Yoga seit tausenden von Jahren praktiziert, und die beeindruckende natürliche Schönheit etwa von Kerala bildet eine herrliche Kulisse, um sich der eigenen Selbstverwirklichung zu widmen.

Auf einer sehr viel bodenständigeren Ebene ist Yoga aber auch eine einfache, unkomplizierte und angenehme Möglichkeit, die eigene Gesundheit und Kraft zu stärken.

Besonders im Okzident schätzt man Yoga vor allem als einen Weg zu physischem und psychischem Wohlbefinden. Es wirkt sich positiv auf eine ganze Reihe gesundheitlicher Probleme aus, zum Beispiel auf erhöhten Blutdruck.

Schon einige Yoga-Übungen am Tag reinigen Körper und Geist und bringen Ihnen tiefe Entspannung. Das hebt Ihr Selbstwertgefühl, weil innere Gelassenheit die Sorgen Ihres Alltags zerstreuen wird.

Die tiefe Atmung und die körperlichen Übungen im Yoga lindern eine ganze Reihe von Beschwerden, wie Gelenk- und Muskelschmerzen, Angstzustände, Stress, Haltungsschäden und Verdauungsprobleme.

Voraussetzung dafür ist nur Ihr Wille zu einer positiven Veränderung, auf die Sie sich ein wenig einlassen müssen. Und sobald Sie Yoga eine Weile praktiziert haben, werden Sie feststellen, dass es Folgendes bewirkt:

- einen ausgeglicheneren Gefühlshaushalt
- bessere Fitness
- klarere Gedanken
- größere Gelassenheit
- eine positive, gesunde Weltsicht

TEIL I: HINTERGRUND

Warum Yoga?

Wenn Sie Entspannung, Ausgeglichenheit, Ruhe und inneren Frieden suchen, können Sie das mit Yoga finden. Wenn Sie Ihre brachliegenden geistigen Potenziale entdecken möchten, kann Yoga Ihnen dabei helfen. Nebenher stärkt es Ihre Gesundheit, Ihre Muskeln und inneren Organe, baut Spannungen ab und kräftigt Ihre Knochen.

Yoga für alle

Vergessen Sie Ihre Kondition. Vergessen Sie Ihr Alter. Und vergessen Sie Ihr Vorwissen über Yoga. Jeder kann Yoga praktizieren, es ist eine konkurrenzfreie, sehr persönliche und angenehme Trainingsmethode, die zu erstaunlichen Ergebnissen führen kann. Beginnen Sie einfach und bestimmen Sie selbst das Tempo Ihres Vorgehens. Und ob Sie nun bei Null anfangen oder schon über Yoga-Erfahrung verfügen: Sie werden bald die positiven Auswirkungen bemerken. Ihr Einsatz: etwas Engagement, Zeit und Mühe.

Ein Yoga-Kurs kann Sie motivieren. Wichtig dabei ist, dass Sie Ihren Körper respektieren und seinem Rhythmus folgen, statt sich mit anderen Kursteilnehmern zu vergleichen.

Yoga: Kunst, Wissenschaft und Philosophie

Man nimmt an, dass sich die „höchste Wissenschaft vom Leben" – Yoga nämlich – den großen indischen Gelehrten vor drei- oder viertausend Jahren erschloss. Dieser ungeheure Wissensfundus steht nun Ihrer Gesundheit und Selbstverwirklichung zur Verfügung.

Wir gehen meist davon aus, dass Krankheiten, Belastungen und Zwietracht zum Leben gehören. Diese negative Konditionierung hält uns davon ab, unser wahres Potenzial zu entdecken. Vielmehr werden diese negativen

Die Einheit aller Dinge

„Yoga" bedeutet „Vereinigung" von Körper, Geist und Seele, aber auch Vereinigung mit der kosmischen Schöpfungskraft – die „Einheit aller Dinge" also.

Gedanken in unserem Körper gespeichert und verursachen dort Blockaden, die unser gesundheitliches Gleichgewicht stören. Selbst das Altern unseres Körpers wird zum Großteil durch Stress, schlechte Ernährung, Umweltgifte und schädliche Sonnenstrahlung beschleunigt. Indem man seinen Leib mental reinigt und physisch geschmeidig macht, kann man den Verfall der Zellen verlangsamen.

Yoga bietet ein sanftes Gegengewicht zum Alltagsstress und kann Ihnen innere Gelassenheit verschaffen.

Yoga heute

In unserer schnelllebigen Zeit voller Veränderungen, technischer Fortschritte und finanzieller Belastungen wenden sich immer mehr Menschen den Lehren des Yoga zu. Wissenschaftliche Studien belegen, dass regelmäßige Yoga-Übungen Probleme mit der Atmung, der Verdauung und dem Blutdruck vermindern, Stress und Spannungen abbauen und Arthritis und Arteriosklerose lindern können. Eine Langzeit-Untersuchung bewies eine eklatante Zunahme des Lungenvolumens, einen entspannteren Umgang mit Stress, außerdem Gewichtsabnahme und bessere Cholesterin- und Blutzuckerwerte.

Ausgeglichen mit Hatha-Yoga

Es gibt viele verschiedene Yoga-Methoden. Bei uns ist Hatha-Yoga am beliebtesten, es konzentriert sich auf den Körper als Weg zur Selbstverwirklichung. Hatha zufolge ist die Kontrolle über den Körper der Schlüssel zur Kontrolle über den Geist.

Yoga als Fitnessprogramm kann wahre Wunder vollbringen: Es sorgt für Ausgeglichenheit, schärft Ihren Intellekt und bringt Ihnen Seelenfrieden. Dass Hatha-Yoga auch bei uns so beliebt ist, hat sicher damit zu tun, dass bei dieser Schule das Gewicht auf körperlichen Übungen liegt – man muss keine besondere Nähe zu Spiritualität mitbringen, um Hatha-Yoga zu praktizieren. Beginnen Sie einfach mit den Übungen – den Asanas – und lassen Sie sich überraschen, wohin sie Sie führen. Wer seinen Geist für die Yoga-Philosophie öffnet, dem eröffnen sich auch ganz neue Lebensperspektiven. Altlasten werden über Bord geworfen und Blockaden aufgebrochen, sodass Ihre Energie frei strömen kann. Mit ein wenig Geduld, Disziplin und Übung werden Sie bald bemerken, wie Sie sich verändern.

Die körperlichen Yoga-Übungen helfen, Ihren Körper zu öffnen. Dadurch wird auch Ihr Geist flexibler und verschließt sich nicht.

Ha (Sonne) Tha (Mond)

Hatha-Yoga will die gegensätzlichen Kräfte des Körpers ausbalancieren, etwa die männliche Energie (Sonne) mit der weiblichen (Mond), links und rechts, einatmen und ausatmen, Freude und Trauer etc. Das bringt den Körper in ein natürliches Gleichgewicht. Auf Vorwärtsbeugen folgt also Rückwärtsbeugen, auf Kontraktion folgt Dehnung, auf Übungen im Stehen folgen solche in Bewegung und auf Schritte nach links Schritte nach rechts.

Die fünf Prinzipien des Yoga

1 Entspannung

Beruhigt Ihren Körper und Geist und lockert die Spannung in den Muskeln. Entspannung nach Anspannung löst Blockaden und ermöglicht so einen ungehinderten Energiefluss im Körper.

2 Übungen – Asanas

Die Übungen (Asanas) dehnen und straffen sämtliche Muskeln und kräftigen Knochen und Bänder. Sie regen den Kreislauf an und machen Wirbelsäule, Muskeln und Gelenke flexibel – und sie heben Ihre Stimmung, da sie die Ausschüttung von Endorphinen, „Glückshormonen", fördern.

3 Atmung – Pranayama

Atemtechniken – die Pranayamas – erhöhen Ihr Lungenvolumen, sodass Sie tiefer atmen können. Sie kräftigen die inneren Organe, erhöhen die geistige Kontrolle und damit auch die Fähigkeit zur Entspannung.

4 Gesunde Ernährung

Eine ausgewogene und nahrhafte Ernährung kurbelt das Immunsystem an und sorgt somit für Gesundheit und Gelassenheit. Ihr Körper wird weniger anfällig für Krankheiten und Sie fühlen sich wohl und gesund.

5 Positives Denken und Meditation

Positives Denken ist eines der wichtigsten Yoga-Prinzipien – es „reinigt" Ihre Gedanken, und Sie werden zuversichtlicher. Die Meditation schließlich führt zur echten Selbstverwirklichung – dem eigentlichen Ziel von Yoga.

Entscheidung für einen gesünderen Lebensstil

Sich für einen gesünderen Lebensstil zu entscheiden erfordert zunächst einmal Selbstdisziplin. Vor allem muss man sich die Zeit für regelmäßige Übungen nehmen. Sehen Sie sie aber nicht als einen zusätzlichen Termin im vollen Kalender – sie helfen Ihnen, alles gelassener anzugehen, tief Luft zu holen und sich zu entspannen.

Yoga steigert nicht nur Ihr Wohlbefinden, sondern baut auch Ihren Alltagsstress deutlich ab – und sobald Sie diese heilsamen Wirkungen einmal verspüren, werden Sie die für die Übungen erforderliche Disziplin nicht mehr als lästig empfinden. Ihr Geist wird Yoga schnell als Bestandteil Ihres täglichen Lebens akzeptieren, als eine natürliche und angenehme Selbstverständlichkeit – für die Sie dann auch nicht mehr nach einem Termin suchen müssen. Denn mit konzentriertem Geist, gesundem Puls und Blutdruck, entspannter Muskulatur und gleichmäßigem Atem schaffen Sie täglich mehr denn je. Je häufiger Sie sich zentrieren und ausbalancieren, umso belastbarer und erfolgreicher werden Sie – bald wird es Ihnen eher schwer fallen, die Zeit für Ihre Yoga-Übungen *nicht* zu finden. Was Sie dann noch brauchen, sind Ruhe, Frieden und Stehvermögen. Gleichgültig, wie schlecht Ihre Kondition zu Anfang sein mag: Die Steigerung Ihrer Vitalität wird Ihren Alltag bereichern.

Wenn Sie Yoga in Ihren Tagesablauf einbauen, werden Sie die Vorteile schnell zu schätzen lernen.

Pläne schmieden

Je mehr Sie über die Yoga-Philosophie wissen, desto besser können Sie einschätzen, was sie für Sie bedeuten kann; darum ist es hilfreich, sich zunächst ein wenig über Yoga zu informieren. Anschließend können Sie dann Ihr persönliches Wissen in Ihr individuelles

Trainingsprogramm einfließen lassen. Es ist sicher vorteilhaft, Yoga anfangs unter fachkundiger Anleitung zu betreiben, dabei finden Sie Anworten auf Ihre Fragen und Hilfe bei der Feinarbeit an den Übungen. Empfehlenswert ist ein wöchentlicher Kurs als Basis für eine oder zwei halbstündige Übungseinheiten, die Sie pro Woche zu Hause durchführen. Das Wichtigste ist regelmäßiges Üben. Halten Sie sich an Ihren Plan, und die positiven Wirkungen werden sich rasch einstellen. Wichtig aber auch: Ein bisschen Yoga ist besser als gar kein Yoga. Jeder Mensch ist anders, und nicht jede Übung eignet sich für jeden. Testen Sie also getrost eine Weile die verschiedenen Lehrmethoden, bis Sie einen Weg gefunden haben, der Sie rundum überzeugt.

Richtlinien für das Yoga-Training

- Trainieren Sie an einem ruhigen und ungestörten Ort. Schalten Sie Telefon und Handy aus und legen Sie Ihre Uhr ab.
- Benutzen Sie eine rutschfeste Unterlage, die so groß ist, dass Sie bequem darauf liegen können.
- Üben Sie barfuß in bequemer und leichter Kleidung.
- Trainieren Sie nie mit vollem Magen. Nach einer umfangreichen Mahlzeit sollten Sie bis zu vier, nach einem Snack zwei Stunden damit warten.
- Entfernen Sie Kontaktlinsen und binden Sie Ihre Haare hoch.
- Ist der Raum zu kalt, heizen Sie ihn auf. Wenn Sie fortgeschrittener sind, können Sie genug eigene Körperwärme produzieren.
- Bestimmen Sie Tempo und Intensität Ihrer Übungen selbst. Beim Yoga geht es nicht um Wettbewerb.
- Vor jeder Übungseinheit müssen Sie sich aufwärmen. Ihre Muskeln müssen für die komplizierten Dehnübungen weich sein.
- Zwingen Sie sich nicht in die Positionen. Gehen Sie nur so weit, wie es Ihnen angenehm ist, atmen Sie dabei in die entsprechenden Muskeln hinein und halten Sie die Position einige Atemzüge lang. Mit etwas Übung werden Ihnen die Asanas langsam immer selbstverständlicher, und dann kommt plötzlich der Durchbruch.

TEIL 2: DIE PRAXIS

Vom Unbewussten zum Bewussten

Yoga geht davon aus, dass ein universeller Geist alles Geschehen im Kosmos mit unendlicher Intelligenz gestaltet und alle Fasern der Existenz durchdringt. Unser Körper und all unsere Wahrnehmungen sind nur Transformationen dieses uns unbewussten, unsichtbaren Universalgeistes.

Im Schöpfungsprozess offenbart sich das Göttliche. Das Universum ist reines Bewusstsein (Energie) in Bewegung. Wenn wir unser eigenes Selbst als Ausdruck dieser universellen Energie begreifen, wird uns die Unbegrenztheit unserer Möglichkeiten bewusst.

Was ist Prana?

Prana ist die Energie, die die gesamte Schöpfung belebt, gleichsam ihr Lebensodem. Wir haben durch unseren Atem, der durch unseren Körper fließt, an diesem Lebensstrom teil. Yoga-Übungen helfen, mehr Prana aufzunehmen und zu speichern, sodass wir uns stärker mit der „Einheit aller Dinge“ verbunden fühlen.

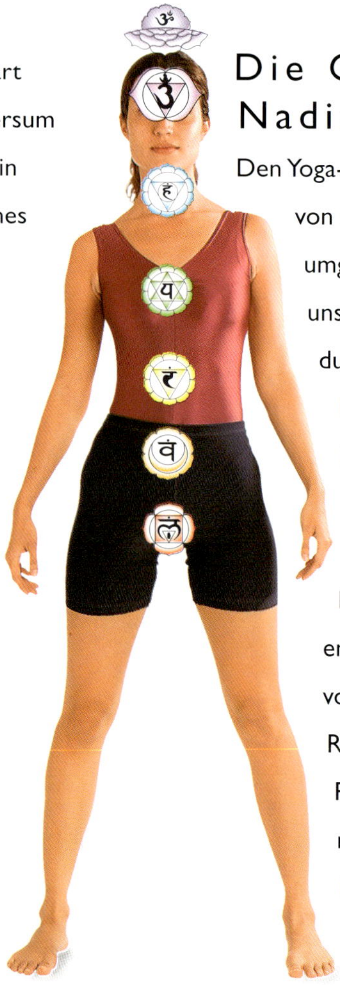

Die sieben Chakras verbinden den physischen mit dem feinstofflichen Körper.

Die Chakras und Nadis

Den Yoga-Weisen zufolge ist unser Körper von feinstofflichen Energiekörpern umgeben und durchdrungen. So wie unser physischer Körper von Nerven durchzogen wird, verfügen auch die Energiekörper über Energiebahnen, die Nadis. Es gibt 72 000 Nadis, die wichtigsten sind Sushumna, Ida und Pingala. Der Sushumna-Nadi verläuft entlang der Wirbelsäule, Ida-Nadi vom Steißbein quer durch den Rumpf zum linken Nasenloch und Pingala-Nadi vom Steißbein zum rechten Nasenloch. Ida- und Pingala-Nadi überkreuzen sich mehrfach; an diesen Kreuzungspunkten liegen die Chakras.

Die sieben Chakras der Energiekörper

In den Energiekörpern befinden sich sieben wichtige Chakras (Energieräder), in denen mehrere Nadis zusammentreffen. Sechs Chakras liegen entlang des Sushumna-Nadi, der der Wirbelsäule folgt, das siebte am Scheitelpunkt des Kopfes. Ihre Energie verfeinert sich beim Aufstieg von unten nach oben.

Sahasrara – das Scheitelchakra
absorbiert violette Strahlung und ist das spirituelle Zentrum der Weisheit. Das Öffnen dieses Chakras durch Meditation kann zu Selbstverwirklichung und Erleuchtung führen.

Ajna – das Hypophysen- oder Stirnchakra,
das „dritte Auge" mit der Farbe Indigo, liegt etwas erhöht zwischen den Augenbrauen. Hier treffen bewusstes und unbewusstes Wissen aufeinander. Öffnet man es, stellt man den Kontakt zu den intuitiven und psychischen Kräften her.

Vishuddha – das Halschakra
liegt zwischen Halsgrube und Kehlkopf. Es beeinflusst das Drüsensystem und die Ausdrucksfähigkeit. Blockaden dieses Chakras führen zu Schwierigkeiten in der Selbstdarstellung. Es hat die Farbe Blau.

Anahata – das Herzchakra
befindet sich als Mittelpunkt der Energiekörper in Höhe des Herzens, als Zentrum der wahren Liebe. Ihm ist die Farbe Grün zugeordnet.

Manipura – das Nabel- oder Solarplexuschakra
ist unser Kraftzentrum und unterstützt unsere Ausbalancierung. Verbunden mit dem Verdauungssystem, gilt es als Zentrum der Heilung. Seine Farbe ist Gelb.

Swadhisthana – das Sexual- oder Sakralchakra
liegt etwas oberhalb der Geschlechtsorgane. Es absorbiert orangefarbenes Licht und wirkt auf Sexualität und Emotionen. Ist der Energiefluss hier blockiert, kann das zu Problemen in diesen Bereichen führen.

Muladhara – das Wurzelchakra
am unteren Ende der Wirbelsäule absorbiert rote Strahlung. Es regelt unsere Überlebens- und Anpassungsfähigkeit und stabilisiert uns. Ein gestörter Energiefluss hier führt zu Angst vor Veränderungen.

Die Yoga-Atmung

Die Yoga-Atmung – Pranayama – belebt Ihren Körper, sorgt für Ihre emotionale Ausgeglichenheit und klärt Ihren Geist. Die folgenden Atemübungen werden im Sitzen durchgeführt, wobei Wirbelsäule, Hals und Kopf eine Linie bilden sollen. Das Prana kann so leichter fließen und die Lungen können sich ganz ausdehnen.

Die Vollatmung

1

Setzen Sie sich im Schneidersitz auf ein Kissen. Legen Sie eine Hand auf den Brustkorb, die andere auf den Bauch. Der Rücken ist gerade, das Kinn parallel zum Boden, und die Schultern sind entspannt.

2

Atmen Sie langsam mit geschlossenem Mund durch die Nase ein und spüren Sie, wie sich erst Ihr Bauch, dann der untere Brustkorb weitet und die Luft schließlich Ihren gesamten Brustraum füllt.

3

Beim Ausatmen entweicht zuerst die Luft aus der unteren Lunge, dann aus den Flanken und zuletzt aus dem Brustraum. Füllen Sie Ihre Lungen beim Einatmen ganz und atmen Sie langsam, gleichmäßig und tief.

Atmen für das Leben

Nach der Yoga-Lehre hängt die Lebenserwartung mit der Atemfrequenz zusammen. Die Schildkröte atmet sehr langsam und lebt sehr lange. Kleine Säugetiere wie Ratten atmen sehr schnell und leben wesentlich kürzer. Die Yogis gehen daher davon aus, dass man sein Leben durch langsameres Atmen verlängern kann.

Ujjayi-Atmung – *der Weg zur bewussten Atmung*

Die wichtigste Atmungsform im Yoga ist die Ujjayi-Atmung (Aussprache: Uh-dschai-ji). Uj bedeutet auf Sanskrit „sich ausdehnen“, jayi heißt „Erfolg“ – die Ujjayi-Atmung wird also geübt, um „sich in den Erfolg hinein zu strecken“. Das Besondere daran ist ein tiefer, fast hohler Laut aus der Kehle.

Die Ujjayi-Atmung ist nicht schwer zu erlernen. Sie müssen lediglich beim Einatmen durch die Nase bei geschlossenem Mund die Stimmbänder ein wenig zusammenziehen. Wenn die Luft durch die verengte Epiglottis strömt, vibriert sie hinten in der Kehle. Atmen Sie langsam und tief ein. Beim Ausatmen hören Sie einen kehligen Laut. Die Verengung des Ventils in der Kehle hilft, wenn Ihnen die Atmung vertraut ist, die Sauerstoffaufnahme zu regulieren, während der kehlige Laut Ihre Aufmerksamkeit auf den Atemprozess lenkt.

Wirkung der Ujjayi-Atmung

Die Ujjayi-Atmung beruhigt Ihren Geist und Ihre Nerven und kräftigt Ihren Bauch. Sie ist ein überaus nützliches Hilfsinstrument für alle Lebenslagen, denn sie macht Sie bedächtig und für die Schönheiten des Lebens empfänglich.

Anuloma Viloma – *nasale Wechselatmung*

Diese Atemübung kräftigt das gesamte Atmungssystem und reinigt den Körper von Giften, die sich durch Stress und Umwelteinflüsse ansammeln. Sie sollten die Wechselatmung täglich üben.

1

Setzen Sie sich im Schneidersitz auf den Boden und schließen Sie Ihre Augen.

2

Halten Sie mit dem rechten Daumen Ihr rechtes Nasenloch zu und atmen Sie langsam und sanft durch das linke Nasenloch wieder aus.

3

Halten Sie das rechte Nasenloch weiterhin zu und atmen Sie langsam und sanft durch das linke Nasenloch ein, dabei zählen Sie bis 4. Bleiben Sie konzentriert und atmen Sie langsam und tief.

4

Halten Sie nun mit dem rechten Mittel- oder Ringfinger das linke Nasenloch zu. Beugen Sie Zeige- und Mittelfinger nach innen, sodass sie den Handballen berühren.

5

Halten Sie beide Nasenlöcher zu und halten Sie so lange wie möglich die Luft in der Lunge.

6

Öffnen Sie das rechte Nasenloch und atmen Sie langsam und kontrolliert aus. Zählen Sie dabei bis 4.

7

Atmen Sie durch das rechte Nasenloch ein, halten es dann wieder mit dem Daumen zu, zählen bis 4 und atmen durch das linke Nasenloch wieder aus. Wiederholen Sie die ganze Übung 10-mal.

Kapalabhati

Kapalabhati bedeutet Stirnhöhlenreinigung. Sie dient dazu, den Geist zu klären. Durch heftiges Ausatmen wird verbrauchte Luft aus der unteren Lunge ausgestoßen, wodurch Platz für frischen Sauerstoff ensteht, der das Atemwegssystem reinigt.

1

Setzen Sie sich in den Schneidersitz oder den halben Lotussitz (Seite 108). Wenn Sie gelenkig genug sind, können Sie diese Übung auch im vollen Lotussitz durchführen (Seite 109).

2

Atmen Sie langsam und sanft ein und dann schnell und heftig wieder aus, indem Sie die Bauchmuskeln anspannen und das Zwerchfell nach oben ziehen.

3

Atmen Sie ein und entspannen Sie Ihre Muskeln, sodass die Lungen sich wieder mit Sauerstoff füllen. Dann atmen Sie wieder heftig aus.

4

Wiederholen Sie Schritt 2 etwa 20-mal langsam und gleichmäßig.

5

Danach atmen Sie auf die gleiche Weise weiter, halten aber zwischen Ein- und Ausatmen so lange wie möglich die Luft an. Auch das 20-mal wiederholen. Das Ausatmen soll dabei kurz und aktiv erfolgen; das Einatmen dagegen länger und passiv. Als Richtschnur zählen Sie beim Einatmen bis 8, beim Ausatmen bis 1.

Die Asanas

Asana bedeutet „Stellung, Haltung, Position". Die sanften Bewegungen, die in ein Asana münden, wirken ganzheitlich als Teil eines psycho-physischen Systems, das es uns ermöglichen soll, unser wahres Potenzial zu erkennen. Bei regelmäßiger Übung können die Asanas uns von Angst und negativen Konditionierungen befreien.

Die Asanas werden langsam und meditativ bei tiefer Bauchatmung durchgeführt. Sie kräftigen den Körper so, dass man sie über eine gewisse Zeit halten kann, ohne dass sie unangenehm werden. Die eigentliche Arbeit liegt darin, die Position zu halten. Man soll sich möglichst nicht bewegen, solange das Asana gehalten wird, bewusst in die Übung hineinatmen und sich auf den Rhythmus des eigenen Atems konzentrieren. Körper und Geist bewegen sich dadurch wie von selbst in einen Zustand der Ruhe und Ausgeglichenheit hinein. Sobald Sie sich in einer Position behaglich fühlen, können Sie sich noch ein wenig tiefer hineinbegeben und sich noch weiter strecken.

Es heißt, dass es so viele Yoga-Stellungen wie Lebewesen gibt, aber es genügt, sich auf einige wenige zu konzentrieren. Die Yoga-Praxis verlangt nicht nur, den Körper in eine bestimmte Position zu bringen (viele davon stellen übrigens Tiere dar), man soll sich auch mit den jeweiligen Haltungen

Bewusste Konzentration auf die Atmung hilft, sich in die Asanas hineinzudehnen.

identifizieren. Wenn Sie zum Beispiel das Katzen-Asana üben, stellen Sie sich vor, Sie besäßen die Eigenschaften einer Katze; versuchen Sie also, sich wie eine Katze zu fühlen, machen Sie sich die Beugung Ihres Rückens und die Streckung Ihrer Wirbelsäule bewusst.

Wirkungen der Asanas

Die Körperübungen einer typischen Yoga-Sitzung dehnen, kräftigen und straffen jeden Muskel des Körpers. Die Asanas haben jedoch auch andere positive Folgen. Manche Übungen wirken auf bestimmte Organe, andere regulieren das endokrine System. Das Drehen, Biegen und Dehnen fördert die Flexibilität der Muskeln und Gelenke und massiert die Organe und Drüsen. Darüber hinaus wird der Kreislauf angeregt, sodass die Zellen gut mit Sauerstoff und Nährstoffen versorgt werden. Die wichtigste Funktion der Asanas ist aber die Reinigung und Kräftigung des Nervensystems, insbesondere des Rückenmarkkanals und der Wirbelsäulennerven, denn diese interagieren mit den Prana-Kanälen der Energiekörper. Der Anstieg von Prana schließlich weckt Ihr spirituelles Potenzial.

Wir sind auch darum so wenig vital und gesund, weil unsere Körpersysteme durch Vernachlässigung, zu wenig Anregung, Faulheit und einen ungesunden Lebensstil beeinträchtigt werden. Regelmäßige Asana-Übungen fördern das mentale Wohlbefinden und die körperliche Gesundheit. Die Übungen helfen, Vitalität und Jugendlichkeit zu erhalten, Stress, Niedergeschlagenheit und Bluthochdruck abzubauen, die Konzentrationsfähigkeit zu steigern und die Gefühle auszubalancieren.

Wenn Sie mit Yoga beginnen, werden Sie zunächst die körperlichen Verbesserungen spüren. Aber mit fortschreitender Erfahrung wird sich nach und nach auch das sensationelle Erlebnis frei fließender Prana-Energie einstellen.

Die Kraft des Geistes

Visualisieren Sie eine Position, ehe Sie sie einnehmen. Dann bewegen Sie sich konzentriert und kontrolliert in sie hinein.

Zu Beginn: Atmen Sie langsam und bauen damit nach und nach jene kleinen Veränderungen auf, die sich bei fortschreitender Übung einstellen werden.

Magische Mudras und Mantras

Mudras („Siegel") sind Yoga-Positionen, die dafür sorgen, dass dem Körper keine Energie entweicht. Im engeren Sinne versteht man darunter bestimmte Stellungen der Hände, die man beim Pranayama (Seite 80) und bei der Meditation einnimmt.

Yoga Mudra

Dieses Mudra verbessert entscheidend die Tätigkeit von Leber, Milz, Nieren, Bauchspeicheldrüse, Blase und Gebärmutter. Yoga Mudra löst auch Verstopfungen.

Vorsicht

Führen Sie diese Übung auf keinen Fall während der Schwangerschaft oder bei Problemen im Bauchbereich durch!

1

Knien Sie sich auf den Boden und setzen Sie sich auf die Fersen. Legen Sie die Hände oder Fingerspitzen auf Ihre Fersen und halten Sie Kopf und Rumpf aufrecht, aber entspannt. Atmen Sie aus.

2

Beim Einatmen heben Sie die Hände vorne auf Höhe der Taille und bilde Fäuste mit den Fingern um die Daumen. Legen Sie die Fäuste beiderseits des Bauchnabels an.

3

Atmen Sie aus und senken Sie, ohne das Gesäß zu heben, ihren Kopf langsam zu Boden, bis Ihre Stirn ihn berührt. Halten Sie diese Position 1 Minute bei gleichmäßigem Atem und entspanntem Bauch. Dann zurück in die Ausgangsposition. Ruhen Sie ein wenig auf den Fersen aus.

Weisheit durch Jnana Mudra

Legen Sie im Sitzen die Hände auf die Knie, Handflächen nach oben. Der linke Zeigefinger berührt den linken Daumen in der Mitte, der rechte Zeigefinger die Mitte des rechten Daumens. So öffnen Sie sich für die Harmonie und Schönheit des Lebens.

Aswini Mudra

Kräftigt die Beckenbodenmuskulatur, die die Blase und das Rektum kontrolliert – beginnen Sie mit 30 Sekunden und enden Sie bei 5 Minuten. Im Knien, Stehen, Sitzen oder Liegen auszuführen.

1

Legen Sie sich mit angewinkelten Beinen auf den Rücken. Atmen Sie etwa 20 Sekunden lang gleichmäßig. Dann spannen Sie den Schließmuskel am Darmausgang an, zählen bis 5 und atmen gleichmäßig weiter, um dann erneut zu entspannen. 6-mal wiederholen. Frauen sollten gleichzeitig Ihre Vaginalmuskulatur anspannen.

2

Ziehen Sie den Schließmuskel und die gesamte Beckenbodenmuskulatur nach innen und oben. 3 Sekunden lang halten, dabei gleichmäßig weiteratmen, dann entspannen. 30 Sekunden lang wiederholen.

Das heilige Om Mudra

Legen Sie im Sitzen die Hände auf die Knie, Handflächen nach oben. Die Spitzen der beiden Daumen berühren die Spitzen der beiden Zeigefinger. Die entstehenden Ringe stellen den kosmischen Kreislauf dar.

Mantras

Mantra-Laute erzeugen durch ihre Frequenzen Resonanzen im Körper und setzen damit Energien frei. Das Singen von Mantras beruhigt den Geist, macht die Sinne wach und stimuliert die Chakras. Durch Wiederholung können Mantras den Geist bei seinem Streben nach Erleuchtung unterstützen.

Yoga-Mantras

- Das höchste Mantra ist OM. Die Yogis gehen davon aus, dass das Universum mit diesem Laut geschaffen wurde. Er bedeutet „alles, was existiert" – Unendlichkeit und Ewigkeit.
- Auch der natürliche Klang des Atems, SOHAM, ist ein Mantra. Es heißt „ich bin, was ich bin", und symbolisiert die Unbegrenztheit des Göttlichen.
- Das Mantra OM NAMAH SIVAYA (ausgesprochen OM NAMAH SCHIVAYA) hilft, das Ego zu überwinden, das den Weg zur Selbstverwirklichung blockiert.

Sich fallen lassen – entspannen

Das Leben in der modernen Welt ist äußerst stressig. Wir leiden unter Reizüberflutung, finanziellen Schwierigkeiten, Gefährdung des Arbeitsplatzes, Überarbeitung und ständiger Kontrolle und sorgen uns um die Zukunft. Oft übernehmen wir uns dabei, mit dem Tempo des 21. Jahrhunderts Schritt zu halten.

Durch diesen allgegenwärtigen Druck sind wir psychisch und physisch angespannt. Wir beißen die Zähne zusammen, runzeln die Stirn, halten die Luft an und spannen die Muskeln. Diese ständige Verspannung kostet Energie und macht müde. Die Folge: Rückenschmerzen, Kopfschmerzen, Verdauungsstörungen, Herzprobleme und eine Reihe weiterer stressbedingter Krankheiten.

Wir müssen lernen loszulassen, auszuatmen und zu entspannen. Die Kunst der totalen Entspannung wird Sie merklich bereichern.

Entspannung ist ein ganz wichtiger Bestandteil des Yoga. Aber vielen Menschen fällt es schwer, sich zu entspannen, weil sie es nie gelernt haben. Um Ihren Geist zu fokussieren und Ihren Körper zu entspannen, legen Sie sich hin oder setzen sich mit aufrechtem Oberkörper und geradem Nacken hin. Nun können das neuroelektrische System und der Kreislauf effizient arbeiten.

Anspannung führt zu Muskelkontraktionen, diese wiederum verkürzen die Muskeln und schaffen damit eine Energieblockade in Ihrem Körper. Wenn Sie die Spannung bewusst lockern, werden Sie feststellen, dass Sie sich mental und physisch weiten und öffnen. Von Natur aus sind wir eigentlich entspannt, und je vertrauter Ihnen Entspanntheit wird, umso heilsamer wird sie auch in Ihrem Alltag wirken. Sie werden besser wahrnehmen, in welchen Situationen und Umständen Sie dazu neigen, sich zu verspannen und einzukapseln, und Sie werden nicht länger dem Wohlwollen Ihrer Umwelt ausgeliefert sein wollen.

Selbst im Liegen sind wir oft noch angespannt. Machen Sie es sich so bequem wie möglich – ein gefaltetes Handtuch unter dem Kopf hilft gegen Verspannung im Nacken. Lassen Sie sich vom Boden tragen.

Wenn Ihr Körper entspannt ist, entspannt sich auch Ihr Geist, denn durch bewusstes Atmen lassen Sie all Ihre Voreingenommenheiten, Ängste und Sorgen los. Langsames und tiefes Atmen macht Sie ruhig und zentriert. Entspannen Sie sich und genießen Sie dabei das tiefe Gefühl der Hingabe.

Während sich Ihr Körper entspannt, können Sie bestimmte Veränderungen beobachten – z. B. wird Ihr Puls langsamer. Entspannung bringt Körper und Geist ins Gleichgewicht, vermindert Erschöpfung, löst und expediert Giftstoffe und revitalisiert Ihr gesamtes physisches System. Wenn Sie sich in der Stille ganz auf sich konzentrieren, werden Sie Ruhe und Frieden empfinden und sich Ihrer selbst bewusster werden. Außerdem: Ein paar Minuten tiefer Entspannung sind erholsamer als eine ganze Nacht unruhigen Schlafs.

Jede Yoga-Sitzung beginnt mit einer Entspannungsphase. Der Körper muss aber auch zwischen den Asanas Pausen machen, um sich zu regenerieren und den Geist auf die nächste Übung vorzubereiten.

Savasana – die Totenstellung

Diese Position ist eines der wichtigsten Asanas überhaupt, denn erst wenn man ganz entspannt ist, kann die Energie frei durch den Körper fließen. Die Entspannung ist eine der einfachsten und anspruchsvollsten Übungen: Man legt sich auf den Boden und entspannt. Der wahre Frieden kommt von innen, das Ziel ist es, uns so zu entspannen, dass der Geist freigesetzt wird und die Energie ungehindert fließen kann.

Yoga liegt das Ziel zugrunde, das eigene Selbst mit dem Absoluten zu vereinigen, also das „ICH BIN“ im unendlichen und ewigen „JETZT“ zu verankern und damit zur Erleuchtung zu gelangen. In der Totenstellung können wir so tief entspannen, dass der Körper unwichtig wie ein Leichnam wird – denn erst wenn wir den Tod verstehen, können wir anfangen, das Leben zu begreifen. Dazu müssen wir unsere Aufmerksamkeit nach innen richten, denn die Reise zum Selbst beginnt im eigenen Inneren. Wenn Sie Savasana beherrschen, beherrschen Sie Ihren Geist.

Innere Ruhe finden

Lassen Sie los! Lassen Sie alle Sorgen des Tages fallen und gestatten Sie sich, in die friedvolle Tiefe Ihrer inneren Stille zu sinken. Indem man Körper und Geist entspannt, wächst die positive Wirkung der Asanas.

1

Der Raum muss warm genug sein. Legen Sie sich bequem auf den Rücken und schließen Sie die Augen.

2

Drehen Sie die Beine nach innen und außen und lassen Sie Ihre Füße dann locker nach außen fallen; sie sollten etwa 60 cm voneinander entfernt sein. Oberschenkel, Knie und Zehen sind nach außen gedreht. Zuletzt die Arme kurz nach innen drehen und dann im 45°-Winkel zum Körper nach außen fallen lassen. Die Handflächen zeigen nach oben.

3

Drehen Sie den Kopf vorsichtig von einer Seite zur anderen und dann wieder in die Mitte. Sie sollten nun symmetrisch daliegen.

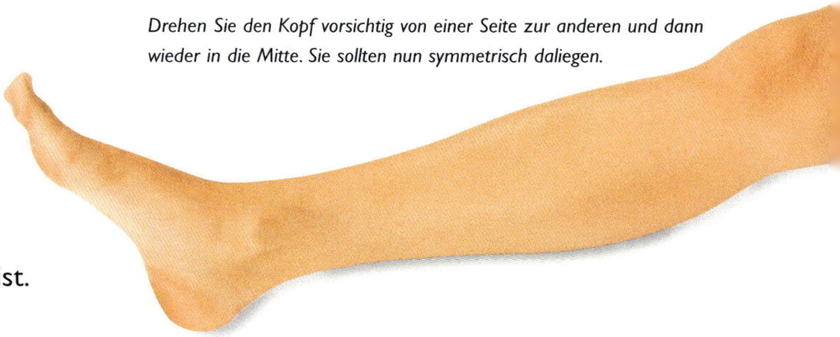

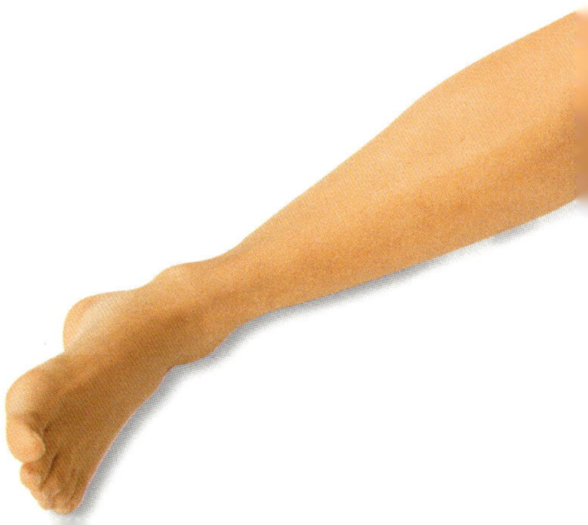

4

Entspannen Sie die Füße. Lenken Sie nun Ihre Aufmerksamkeit auf die Waden und entspannen sie ebenso wie die Oberschenkel und die Hüfte. Lassen Sie das Gesäß in den Boden sinken und entspannen Sie den unteren Rücken und den Bauch, den mittleren und oberen Rücken und die Brust. Sie spüren, wie die Spannung aus den Schultern zu Boden fällt. Jetzt entspannen Sie Arme, Hände und Hals. Ihre Augen liegen locker in den Höhlen und Ihre Gesichts- und Kopfmuskeln werden weich.

5

Prüfen Sie Ihren Körper mental auf verbliebene Spannungen; entdecken Sie einen angespannten Muskel, spannen Sie ihn zuerst kurz an und lassen ihn dann locker. Scannen Sie so Ihren ganzen Körper auf Verspannungen. Ziel ist, mit dem Boden zu verschmelzen.

6

Atmen Sie in den Bauch. Mit jedem Ausatmen spüren Sie, wie das Gewicht Ihres Körpers tiefer in den Boden sinkt. Fokussieren Sie Ihre Aufmerksamkeit, indem Sie dem Geräusch Ihres Atems lauschen. Genießen Sie es, dass das Gewicht Ihres Körpers vollständig vom Boden getragen wird.

7

Wenn Ihre Gedanken zu wandern beginnen, holen Sie sie vorsichtig zurück, indem Sie sich ganz auf den langsamen Rhythmus Ihres Atems konzentrieren. Einatmen, Ausatmen und Atempause sollen etwa gleich lang ausfallen. Die Pause schließt sich dem Ausatmen an.

8

Bleiben Sie 5 Minuten in der Totenstellung. Dann atmen Sie tief ein und strecken sich mit dem ganzen Körper. Winkeln Sie die Beine an, rollen Sie sich auf die rechte Seite und richten sich dann zum Sitzen auf.

Die abschließende Stellung

Beenden Sie jede Yoga-Sitzung mit 10 Minuten Entspannung in der Totenstellung. Beim Yoga geht es darum, in sich zu gehen, um sich selbst zu erfahren.

Aufwärmen

Bevor Sie Ihr Yoga-Programm beginnen, müssen Sie Ihre Muskeln aufwärmen und Ihre Gelenke lockern. Erst dann können Sie mit den Asanas beginnen.

Kopfkreisen

Sie sitzen im Schneidersitz, mit aufrechtem Rücken, entspannt. Langsames Kopfkreisen löst Energieblockaden in Nacken, Schultern und oberem Rücken. Führen Sie diese Übung sehr langsam und vorsichtig aus, und brechen Sie ab, sobald Sie dabei Schmerzen empfinden.

1

Lassen Sie den Kopf einen Moment lang vorn auf die Brust fallen. Dann legen Sie ihn langsam so weit wie möglich in den Nacken. Erfühlen Sie die Dehnung. 5- bis 6-mal wiederholen.

2

Legen Sie das rechte Ohr auf die rechte Schulter. Dort kurz halten. Dann den Kopf in die Mitte bringen und nun das linke Ohr auf die linke Schulter legen. Kopf wieder in die Mitte und die Übung wiederholen.

3

Drehen Sie den Kopf langsam so, dass Sie über Ihre rechte Schulter blicken. Drehen Sie sich so weit wie möglich. Dann wieder zur Mitte und über Ihre linke Schulter schauen. 5- bis 6-mal wiederholen.

4

Lassen Sie das Kinn auf die Brust sinken und den Kopf 2- bis 3-mal im Uhrzeigersinn kreisen. Dann richten Sie ihn wieder auf und lassen ihn nun 2- bis 3-mal gegen den Uhrzeigersinn kreisen.

Schulterkreisen

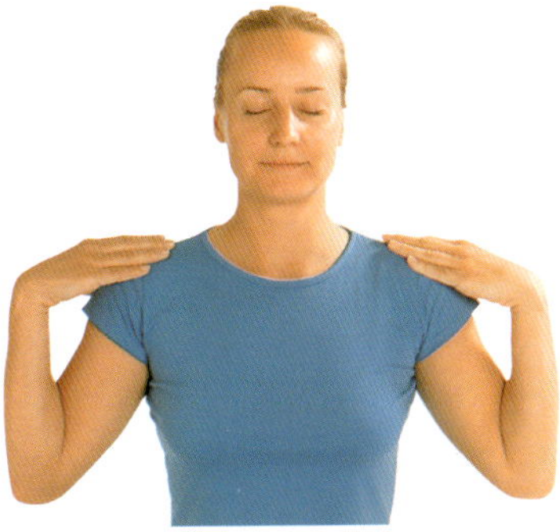

1

Setzen Sie sich im Schneidersitz auf den Boden. Legen Sie Ihre Hände auf die Schultern, die Ellbogen zeigen dabei nach unten.

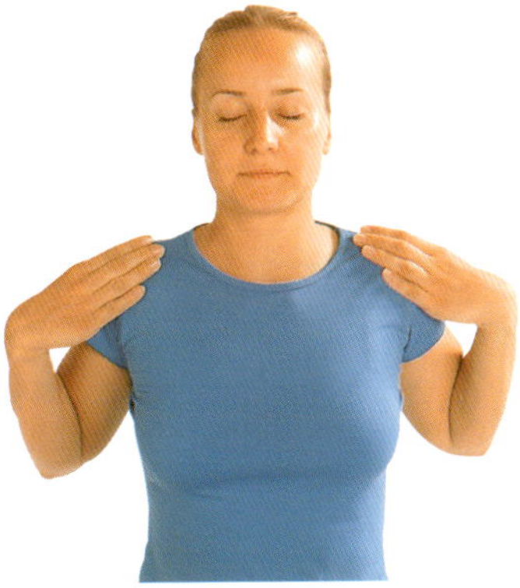

2

Atmen Sie ein und lassen Sie Ihre Arme langsam nach hinten kreisen. Versuchen Sie dabei, Ihre Schulterblätter einander nahe zu bringen.

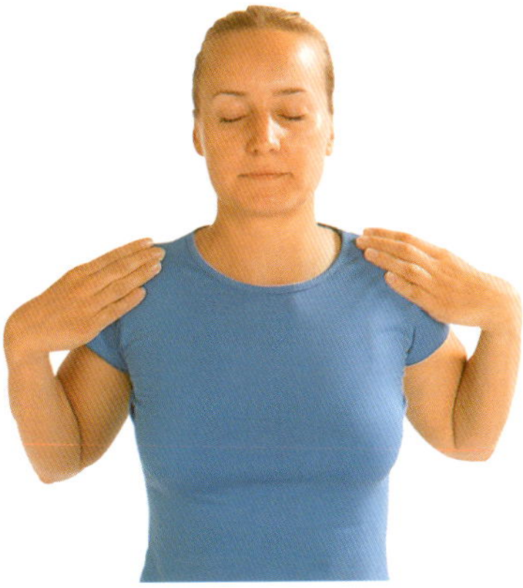

3

Atmen Sie aus und führen Sie die Arme nach vorne, dabei beschreiben Sie mit den Ellbogen große Kreise. 8-mal wiederholen.

Beinedehnen

1

Setzen Sie sich mit ausgestreckten Beinen auf den Boden, die Fersen berühren sich.

2

Vorsichtig das rechte Knie anwinkeln und mit beiden Händen, ohne die Schultern anzuspannen, die rechten Zehen greifen.

3

Strecken und heben Sie das Bein so weit wie möglich. Dann wieder anwinkeln, entspannen und mit dem linken Bein wiederholen – je 2-mal.

Bilikasana – *die Katze*

Stellen Sie sich vor, Sie wären eine Katze, die ihren Rücken beugt und sich streckt.

1

Knien Sie sich auf alle Viere, die Arme schulterbreit auseinander.

2

Atmen Sie aus und machen Sie einen Buckel, so hoch wie möglich. Senken Sie dabei den Kopf zwischen Ihre Arme und schauen Sie in Richtung Bauchnabel. Zählen Sie bis 2.

3

Atmen Sie ein und gehen Sie langsam ins Hohlkreuz. Heben Sie den Kopf und blicken Sie nach oben. Zählen Sie wieder bis 2. Diese Sequenz wiederholen Sie 5- bis 10-mal. Die beiden Bewegungen sollen fließend ineinander übergehen.

Uttanasana – *Stehende Vorwärtsbeuge*

Diese Übung eignet sich besonders zum Entspannen der Schultern und zum Dehnen der Kniesehnen.

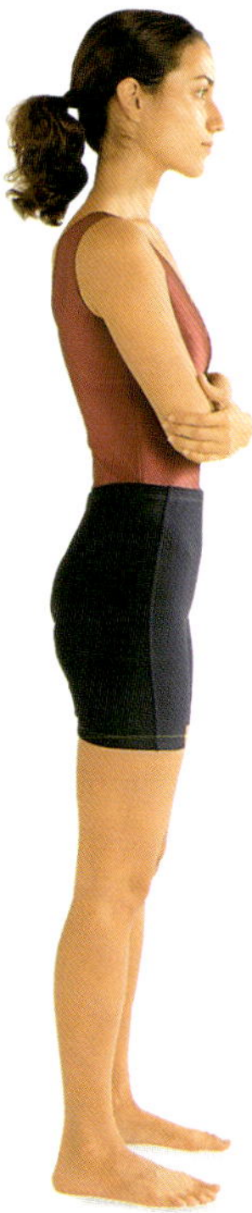

1

Stehen Sie aufrecht, die Füße etwa 30 cm auseinander. Atmen Sie aus und greifen Sie nach Ihren Ellbogen, sodass die rechte Hand den linken Ellbogen umfasst und umgekehrt.

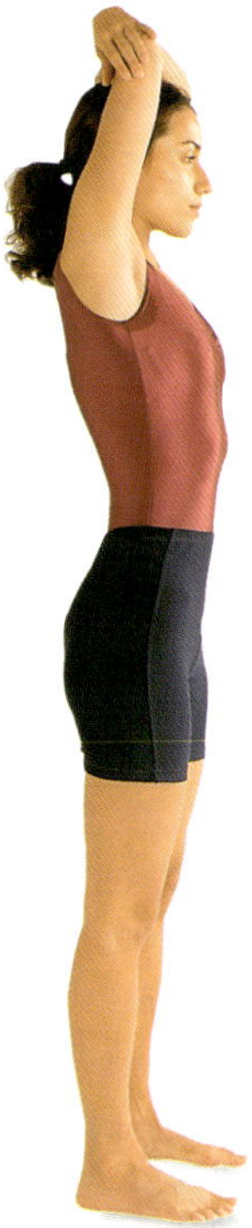

2

Atmen Sie ein und heben Sie Ihre Arme über den Kopf. Dabei halten Sie die Ellbogen weiterhin fest. Ziehen Sie die Taille nach hinten und dehnen Sie die Rückseiten Ihrer Beine.

3

Atmen Sie aus, beugen Sie sich langsam nach vorne und bringen Sie Ihre Brust so nah wie möglich an Ihre Beine heran. Beugen Sie sich so tief wie möglich nach unten. Schieben Sie Ihr Becken nach vorne, damit Ihre Beine gestreckt bleiben.

4

Die Beine bleiben gestreckt, aber nicht durchgedrückt, die Beinmuskulatur wird lang. Entspannen Sie Ihren Kopf. Blut strömt in ihn und versorgt Ihr Gehirn mit Energie. Halten Sie diese Position etwa 30 Sekunden und atmen Sie währenddessen gleichmäßig und langsam.

Tadasana – *der Berg*

Dies ist die Grundposition im Stehen. Sie bringt die körperlichen und geistigen Energien ins Gleichgewicht und schenkt Ruhe.

1

Stehen Sie mit geschlossenen Füßen, große Zehen und Fersen berühren sich. Die Arme hängen herab, die Handflächen zeigen nach innen.

2

Heben Sie Ihren Körper, indem Sie sich vom Steißbein aufwärts ausdehnen. Die Schultern bleiben entspannt und der Brustkorb geweitet. Nach vorn schauen.

3

Ziehen Sie den Oberschenkelmuskel vom Knie nach oben. Bleiben Sie im Gleichgewicht. Ihre Füße sind im Boden verwurzelt.

4

Atmen Sie nach der Ujjayi-Methode (Seite 81). Bleiben Sie fokussiert und in Balance.

Namaste Mudra – *die Gebetshaltung*

Legen Sie die Handflächen wie zum Gebet aneinander, mit den Fingerspitzen nach oben. Führen Sie die Hände in die Nähe des Herzens als Geste des Friedens und Respekt und zu Ehren des inneren Lichts.

Surya Namaskar – *der Gruß an die Sonne*

Diese Übungsfolge wird in einer einzigen fließenden Bewegung im Atemrhythmus durchgeführt. Sie eignet sich gut zum Aufwärmen.

1

Sie stehen im Tadasana (Seite 95). Nach ein paar tiefen Ujjayi-Atemzügen (Seite 81) atmen Sie aus und bringen die Hände in die Gebetshaltung Namaste (Seite 95).

2

Atmen Sie ein und strecken Sie die Arme mit offenen Händen nach oben. Lehnen Sie sich aus der Taille heraus nach hinten, schieben Sie die Hüfte etwas vor.

3

Ausatmen und nach vorne beugen, legen Sie die Hände neben den Füßen auf den Boden.

4

Einatmen. Das linke Bein nach hinten führen, bis das Knie den Boden berührt. Hände und rechtes Bein bleiben vorne. Den Rumpf weit nach hinten beugen und den Kopf heben.

5

Halten Sie die Luft an und setzten Sie auch das rechte Bein nach hinten. Das Gewicht liegt nun gleichmäßig auf Händen und Füßen. Kopf, Rücken und Beine bilden eine gerade Linie.

6

Beim Ausatmen zuerst die Knie, dann Brust und Stirn auf den Boden sinken lassen. Die Hände liegen dort weiterhin flach auf.

7

Einatmen, das Becken zu Boden senken, den Oberkörper zurückbeugen. Nach oben schauen, den Kopf im Nacken (Kobra-Asana, Seite 114).

8

Verlagern Sie beim Ausatmen das Gewicht auf die Füße und heben Sie das Becken an. Drücken Sie die Fersen herunter und lassen Sie den Kopf hängen (Hund-Asana, Seite 100).

9

Atmen Sie ein und senken Sie das rechte Knie auf den Boden. Den linken Fuß stellen Sie bei angewinkeltem Knie zwischen Ihre Hände. Schauen Sie nach oben und beugen Sie sich nach hinten (das „Spiegelbild" von Schritt 4).

10

Ausatmen. Bringen Sie das rechte Bein, ohne die Hände zu versetzen, ebenfalls nach vorne. Die Beine strecken, das Kinn einziehen.

11

Atmen Sie ein, richten Sie sich auf und heben Sie die Arme. Beugen Sie sich in der Taille nach hinten wie in Schritt 2.

12

Atmen Sie aus und nehmen Sie wieder das Tadasana von Schritt 1 ein.

Wirkungen des Sonnengrußes

- Fokussiert und beruhigt den Geist.
- Kräftigt wichtige Organe und Muskeln.
- Stimuliert die Verdauung.
- Entspannt Wirbelsäule und Gelenke.

Positionen im Stehen

Diese Asanas fördern Kraft, Energie und Ausgeglichenheit. Wir lernen dadurch, präsent und selbstbewusst dazustehen und in der Gegenwart verankert zu bleiben. Sie werden bemerken, dass Sie bei diesen Übungen immer dann das Gleichgewicht verlieren, wenn Ihre Konzentration nachlässt, Sie also nicht mehr fokussiert sind.

Pada Hasthasana – *der Kniekuss*

„Man ist nur so jung wie seine Wirbelsäule". Diese Übung verbessert Ihre Haltung und fördert jugendliche Vitalität.

1

Sie stehen mit geschlossenen Beinen, das Gewicht auf den Fußballen. Atmen Sie ein und strecken Sie die Arme hoch über den Kopf. Dehnen Sie den Körper vom Steißbein bis zu den Fingerspitzen. Ziehen Sie von der Kniescheibe an die Oberschenkelmuskeln nach oben. Die Hüfte zeigt nach oben, die Knie sind gestreckt.

2

Atmen Sie aus und beugen Sie sich nach vorne, umklammern Sie dabei Ihre Waden. Der Körper bleibt zentriert, die Beine sind gestreckt. Halten Sie das Becken in Position. Berühren Sie mit der Stirn Ihre Beine. Wenn Sie sich weiter strecken möchten, nähern Sie die Daumen Ihren großen Zehen. 5 Ujjayi-Atemzüge (Seite 81) lang halten, dann einatmen und langsam wieder hochkommen.

Wirkungen des Pada Hasthasana

- Stärkt das Nervensystem.
- Dehnt die hinteren Beinmuskeln.
- Bringt nährstoffreiches Blut ins Gehirn.
- Streckt die Wirbelsäule, macht sie geschmeidig und gelenkig.
- Stärkt die Muskeln der Körperrückseite.

Trikonasana – *das Dreieck*

Von dieser Übung gibt es mehrere Varianten, die Sie erlernen können, wenn Sie die Grundübung beherrschen. Die ganze Körperseite wird dabei gedehnt, von den Füßen bis in die Fingerspitzen.

Wirkungen des Trikonasana

- Vollständige seitliche Dehnung.
- Stimuliert die Wirbelsäulennerven und Bauchorgane.
- Regt Verdauung und Kreislauf an.
- Hilft gegen Schmerzen im unteren Rücken.

1

Nehmen Sie die Tadasana-Position ein (Seite 95). Atmen Sie aus und entspannen Sie sich. Die Füße stehen etwas mehr als schulterbreit auseinander.

2

Atmen Sie ein und strecken Sie den linken Arm am Ohr entlang gerade nach oben.

3

Atmen Sie aus und beugen Sie den Körper aus der Taille nach rechts. Gleiten Sie mit der rechten Hand so weit wie möglich am Bein herunter. Atmen Sie gleichmäßig weiter und halten Sie die Position etwa 30 Sekunden lang. Halten Sie Arme und Beine gestreckt. Drücken Sie das linke Bein zu Boden.

4

Kehren Sie in die Ausgangsposition zurück und wiederholen Sie die Übung mit der anderen Seite. Mit wachsender Praxis können Sie die Position 1 bis 2 Minuten halten.

Adho Mukha Shvanasana – *der Hund*

Wie ein Hund sich reckt und streckt, wenn er nach einem Schläfchen aufsteht, kann man gut visualisieren. Dies ist eine der klassischen Yoga-Übungen. Man muss sich dabei ganz darauf konzentrieren, den unteren Rücken zu dehnen und zu strecken und ihn nicht rund werden zu lassen. Denken Sie stets an den Hund, der sich räkelt. Mit dieser Übung werden nicht nur die Wirbelsäule und die Kniesehnen gedehnt, sie wärmt auch und entlastet das Herz.

2

Heben Sie Ihr Gesäß an und lösen Sie Ihre Knie vom Boden, sodass Ihr Körper ein umgedrehtes V bildet. Die Hände stehen mit gespreizten Fingern schulterbreit auseinander, die Finger sind gespreizt, das Gewicht ist gleichmäßig auf die Handflächen und alle zehn Finger verteilt. Die Arme bleiben gestreckt.

1

Gehen Sie in die abgebildete so genannte Bankstellung.

3

Senken Sie Ihren Kopf zwischen die Arme und schauen Sie in Richtung Bauchnabel. Schieben Sie das Becken nach oben. Senken Sie langsam die Fersen auf den Boden und strecken Sie Ihre Beine. Halten Sie die Position 5 Ujjayi-Atemzüge lang (Seite 81).

4

Wenn Sie die Füße nicht auf den Boden bekommen, üben Sie zunächst die Zange im Sitzen (Seite 102–105), damit Ihre Beinrückseiten genügend gedehnt sind. Irgendwann werden Sie diese Übung beherrschen und erleben, wie entspannend sie wirkt.

Parsvottanasana – *intensive Dehnung der Flanken*

Diese Übung strafft den Bauch, korrigiert hängende Schultern und macht Hüften, Wirbelsäule und Handgelenke geschmeidig.

1

Nehmen Sie Tadasana ein (Seite 95). Falten Sie Ihre Handflächen hinter dem Rücken in der Gebetsposition (Namaste).

2

Einatmen. Mit dem rechten Fuß einen Schritt vorwärts machen. Den linken Fuß um 45°, den rechten um 90° nach außen drehen. Auch Oberkörper und Becken nach rechts drehen. Nun vom Steißbein aus nach hinten beugen.

3

Ausatmen und zum rechten Bein hinabbeugen. Dabei beide Beine gestreckt halten und das Becken gerade. Das Kinn dem Schienbein nähern. 5 Ujjayi-Atemzüge lang (Seite 81) halten.

4

Einatmen und wieder hochkommen. Ohne die Hände zu lösen in die Ausgangsposition zurückkehren. Die Übung mit der anderen Seite wiederholen.

Namaste – *die Gebetshaltung*

Drücken Sie Ihre Handflächen hinter dem Rücken aneinander und schieben Sie sie zwischen den Schultern nach oben. Die Ellbogen bleiben unten.

Virabhadrasana – *der Krieger*

Denken Sie an Kraft, Eleganz und Edelmut eines Kriegers, der seine Hände zur Sonne reckt, während seine Füße im Boden wurzeln.

1

Atmen Sie aus und stellen Sie Ihre Füße etwa 1,20 m auseinander. Drehen Sie den rechten Fuß um etwa 45° nach innen, den linken Fuß um etwa 90° nach außen. Beugen Sie das linke Knie und drehen Sie sich nach links. Das rechte Bein bleibt gestreckt hinten.

2

Einatmen und die Arme über den Kopf heben, Handflächen nach innen. Nach vorne blicken. Schultern und Gesicht entspannen. Bringen Sie die Handflächen zusammen. Drücken Sie den hinteren Fuß nach unten. Kommen Sie nach 5 Ujjayi-Atemzügen wieder hoch, drehen Sie sich zur Mitte und wiederholen Sie die Übung zur anderen Seite.

Innere Fokussierung durch Vorwärtsbeugung

Yoga-Übungen, bei denen man sich vorbeugt, richten die Konzentration besonders nach innen – denn die Bewegung senkt das Herz weiter ins Innere. Diese Asanas strecken und lockern auch die Muskeln im unteren Rücken und die Kniesehnen.

Paschimottanasana – *die Zange*

Diese Übung dehnt die gesamte Körperrückseite, von den Waden über die Oberschenkel und die Wirbelsäule bis zum Kopf. Sie verjüngt rundum.

1

Setzen Sie sich auf den Boden. Kopf, Hals und Wirbelsäule bilden eine gerade Linie. Die Beine liegen nebeneinander flach auf dem Boden, die Zehen zeigen zum Körper hin.

2

Atmen Sie ein und strecken Sie beide Arme über den Kopf. Strecken Sie sich vom Steißbein an nach oben.

Wirkungen des Paschimottanasana

- Stimuliert und stärkt das Verdauungssystem, hilft gegen Übergewicht, löst Verstopfungen und reguliert die Tätigkeit der Bauchspeicheldrüse.
- Kräftigt die Kniesehnen.
- Macht den unteren Rücken gelenkig.
- Schenkt dem Nervensystem Energie.
- Steigert die Fähigkeit zur Konzentration und Fokussierung.

3

Atmen Sie aus und lehnen Sie sich aus der Hüfte nach vorne, sodass Sie Ihre Füße, Fesseln oder Schienbeine bequem festhalten können. Atmen Sie ein und schauen Sie nach oben, indem Sie das Kinn nach vorne und hoch schieben. Heben Sie den Rücken an, indem Sie die Wirbelsäule strecken und den Bauch nach vorne schieben, damit der Rücken sich nicht wölbt.

4

Ausatmen und vorbeugen. Lagern Sie Ihre Brust auf Ihren Beinen. Halten Sie diese Position 5 Ujjayi-Atemzüge lang (Seite 81), dann kommen Sie langsam wieder hoch.

Janu Shirshasana – *einbeinige Vorwärtsbeuge*

Diese Übung hat die gleichen Wirkungen wie die vorangegangene, die Zange. Sie dehnt darüber hinaus noch das Becken.

Tipps

- Beugen Sie sich aus der Hüfte nach vorne, nicht aus der Taille.
- Haben Sie Geduld mit sich, wenn Sie sich zu Anfang steif und unbeweglich fühlen. Mit regelmäßiger Übung werden Sie gelenkiger und können sich weiter strecken und öffnen.
- Denken Sie stets daran, dass es beim Yoga nicht um das Ego geht. Es hat nichts mit Wettbewerb zu tun.

1

Winkeln Sie Ihr rechtes Bein an und legen Sie den Fuß oben an den linken Oberschenkel. Das rechte Knie befindet sich jetzt fast im 90°-Winkel zum linken Bein. Das linke Bein liegt nach vorne gestreckt, die Zehen zeigen nach oben.

2

Atmen Sie ein und heben Sie die Arme über den Kopf. Dann atmen Sie aus, beugen sich langsam über das linke Bein und ergreifen den Knöchel. Wenn Sie gelenkig genug sind, können Sie auch den Fuß umfassen.

3

Atmen Sie ein und heben Sie vom Steißbein aus Ihren Rücken an, so wie bei der Zange (Schritt drei auf Seite 103). Blicken Sie nach oben.

4

Atmen Sie aus und beugen Sie sich nach vorne. Versuchen Sie, den Rücken gerade zu halten. Atmen Sie 5-mal tief. Mit dem rechten Bein wiederholen.

Garbhasana – *die Kindstellung*

Eine großartige Entspannungsübung: Sie fühlen sich sicher und geborgen wie im Mutterleib. Die Position stimuliert die Atmung, lindert Schmerzen im unteren Rücken und entspannt die Schultern. Ein guter Ausgleich für Übungen, bei denen man sich nach hinten beugt, und zur Erholung zwischen den Übungen.

1

Knien Sie sich auf den Boden und setzen Sie sich auf Ihre Füße. Das Gesäß ruht auf den Fersen. Sie können sich ein Kissen zwischen Gesäß und Beine legen, wenn das für Sie bequemer ist.

2

Beugen Sie sich nach vorne und legen Sie Ihre Stirn auf den Boden. Das Gesäß bleibt auf den Fersen, die Arme liegen neben dem Körper, die Handflächen zeigen nach oben.

3

Entspannen Sie sich und atmen Sie tief in den Bauch hinein. Fühlen Sie, wie die Spannung aus den Schultern heraus zu Boden fällt.

Mit dieser einfachen Übung können Sie das kindliche Gefühl von Geborgenheit, Vertrauen und Neugier auf neue Erfahrungen wieder in sich wachrufen.

Weitere Übungen im Sitzen

Wer zu viel sitzt, gewöhnt sich schnell eine schlechte Haltung an. Die folgenden Übungen dehnen die Beckenmuskulatur und machen die Wirbelsäule so gelenkig, dass sich Haltungsschäden vermindern können. Nehmen Sie die Positionen wie stets bei Yoga langsam ein und gehen Sie nur so weit, wie es Ihr Körper ohne Mühe erlaubt. Nutzen Sie Atmung und Konzentration, um sich in die Position zu vertiefen.

Bhadrasana – *der Schmetterling*

Stellen Sie sich bei dieser Übung einen Schmetterling vor, der auf einer Lotusblüte seine Flügel ausbreitet. Die Übung dehnt die Beckenmuskulatur, lockert die Fußgelenke und Knie und streckt die Innenseite der Oberschenkel.

1

Setzen Sie sich mit erhobenem Kopf und geradem, aber entspanntem Rücken auf den Boden. Fügen Sie mit Hilfe Ihrer Hände Ihre Fußsohlen aneinander und ziehen Sie die Fersen möglichst nah an Ihren Körper heran.

2

Atmen Sie aus und lassen Sie die Knie vorsichtig zu Boden sinken. Helfen Sie jetzt noch nicht mit den Ellbogen nach. Sie spüren die Dehnung an der Innenseite der Oberschenkel und in der Hüfte.

3

Atmen Sie ein und ziehen Sie die Knie hoch. Beim Ausatmen senken Sie sie wieder ab. Wiederholen Sie die Übung 10-mal.

4

Atmen Sie aus. Jetzt können Sie mit den Ellbogen Ihre Knie und Oberschenkel zu Boden drücken. Neigen Sie Ihren Kopf auf die Füße. Atmen Sie tief, halten Sie die Position 10 Sekunden lang, dann entspannen Sie.

Maricyasana – *halber Drehsitz*

Richtet die Wirbelsäule aus, massiert die inneren Organe und entgiftet.

Wirkungen des Maricyasana

- Massiert Leber, Milz und Darm.
- Lindert Rücken- und Beckenschmerzen.
- Regt das Nervensystem an.
- Lockert die Gelenke und stimuliert die Kundalini-Energie.

1

Setzen Sie sich, strecken Sie die Beine aus. Das rechte Bein anwinkeln und den rechten Fuß hinter das linke Bein stellen. Drehen Sie den Oberkörper nach rechts. Die linke Hand bleibt auf dem Boden.

2

Winkeln Sie den linken Arm an und führen Sie den linken Ellbogen an die Außenseite Ihres rechten Knies. Die Schultern bleiben auf gleicher Höhe.

4

Gehen Sie in die Ausgangsposition zurück und führen Sie nun die Übung umgekehrt mit den anderen Gliedmaßen aus.

3

Heben Sie die Wirbelsäule an und drehen Sie den Kopf nach rechts. Damit strecken Sie Ihre Wirbelsäule. Drehen Sie Ihren Hals nicht zu stark.

Padmasana – *der Lotussitz*

Die Lotusblume wurzelt im Schlamm, wächst im Wasser und entfaltet ihre prächtige Blüte über der Wasseroberfläche. Das Padmasana stellt diese Blume dar, und zwar mit ihren in der Sonne geöffneten Blütenblättern. Der Lotussitz öffnet die Brust und stimuliert das Herzchakra. Er wird vor allem als Stellung für Meditation und Pranayama-Atmung (Seite 80–83) geschätzt.

Vorsicht

Versuchen Sie nie, Ihren Körper zu dieser oder einer anderen Position zu zwingen! Wenn Ihr Becken nicht elastisch genug ist, können Sie mit dem Lotussitz Ihre Knie verletzen. Halber Lotus (Schritt 2) und Schmetterling (Seite 106) helfen, das Becken gelenkig zu machen. Erst wenn Sie diese Übungen beherrschen, sollten Sie den Lotussitz versuchen.

1

Setzen Sie sich aufrecht auf den Boden und strecken Sie beide Beine gerade aus.

2

Winkeln Sie das linke Bein an und legen Sie den linken Fuß mit der Fußsohle nach oben auf Ihren rechten Oberschenkel.

Tipp für Übungen im Sitzen

Bringen Sie Kopf, Hals und Rücken immer in eine Linie, damit Sie frei atmen können und Ihre Energie ungehindert zu fließen vermag.

3

Beugen Sie das rechte Bein ebenfalls und legen Sie Ihren rechten Fuß mit der Sohle nach oben auf den linken Oberschenkel.

4

Entspannen Sie Ihre Arme und legen Sie die Hände in der Om-Mudra-Position auf Ihre Knie (Seite 87).

5

Atmen Sie gleichmäßig nach der Ujjayi-Methode (Seite 81). Für Anfänger ist diese Übung schwierig. Wenn Sie sie nicht bequem schaffen, versuchen Sie es im halben Lotus, bei dem nur ein Fuß auf dem anderen Oberschenkel ruht. Den zweiten Fuß sollten Sie aber ebenfalls mit der Fußsohle nach oben so nah wie möglich an Ihren Körper bringen. Wiederholen Sie die Übung dann umgekehrt.

Konzentration durch Balance-Positionen

Gute Körperhaltung und Balance sind wichtig für Ihre Gesundheit. Wenn Ihr Körper falsch ausgerichtet ist, geraten Sie aus dem Gleichgewicht, Energie wird in bestimmten Bereichen blockiert und kann physische oder psychische Probleme verursachen. Yoga bringt Ihnen das Selbstvertrauen und die Kraft Ihres „inneren Kriegers" wieder näher.

Vrikshasana – *der Baum*

Der Baum vermittelt ein Gefühl der Gelassenheit. Alle Balanceübungen fördern Konzentrationsfähigkeit, Fokussierung und Gleichgewichtssinn. Stellen Sie sich bei diesem Asana vor, Sie wären ein Baum, der fest in der Erde verwurzelt ist und dessen Zweige hoch hinauf zur Sonne wachsen. Atmen Sie gleichmäßig, damit Ihre Balance nicht gestört wird.

1

Stellen Sie sich gerade hin, das Gewicht auf dem linken Fuß. Winkeln Sie das rechte Bein an und legen Sie den Fuß seitlich an das linke Knie. Das Knie zeigt nach außen. Lehnen Sie sich nicht nach vorne. Die Fußsohle soll flach am Knie anliegen, das linke Bein ist gestreckt.

Tipp

Man kann die Balance leichter halten, wenn man sich auf einen festen Punkt, etwa eine Stelle an der Wand, konzentriert.

2

Konzentrieren Sie sich auf einen Punkt vor Ihnen. Bringen Sie die Handflächen vor der Brust zum Namaste Mudra, der Gebetshaltung, zusammen (Seite 95). Halten Sie die Balance und atmen Sie nach der Ujjayi-Methode (Seite 81).

3

Heben Sie die Arme über den Kopf und strecken Sie sich bis in die Fingerspitzen. Halten Sie diese Position etwa 30 Sekunden lang, atmen Sie dabei ruhig. Dann gehen Sie in die Ausgangsposition zurück und wiederholen die Übung mit gestrecktem rechtem Bein. Sie können die Dauer nach und nach auf bis zu 3 Minuten steigern.

Natarajasasana – *der kosmische Tänzer*

Der Gott Shiva zerstört und erschafft als Nataraj, als kosmischer Tänzer, mit jedem seiner Schritte das Universum. Zerstörung schafft Raum für Neues. Die Übung schult Gleichgewichtssinn und Konzentration und streckt den Oberkörper.

Tipps

- Halten Sie das Gewicht fest auf dem rechten Bein.
- Halten Sie den Arm gestreckt.
- Atmen Sie gleichmäßig weiter.

1

Stehen Sie mit aufrechtem Kopf und Oberkörper. Beugen Sie das linke Knie und ergreifen Sie mit der linken Hand die Fessel hinter Ihrem Rücken. Ziehen Sie den Fuß möglichst nah ans Gesäß heran. Drücken Sie das rechte Bein fest nach unten und finden Sie einen sicheren Stand.

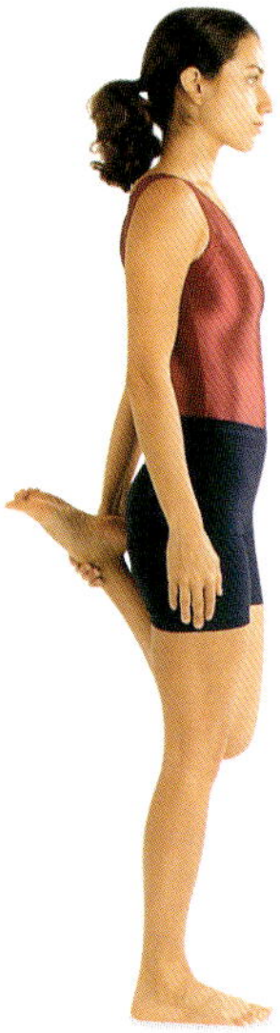

2

Atmen Sie ein und strecken Sie den rechten Arm am rechten Ohr entlang nach oben. Konzentrieren Sie sich auf einen Punkt vor Ihnen, um die Balance zu halten.

3

Atmen Sie normal weiter und strecken Sie den linken Fuß kräftig vom Gesäß weg, wobei Sie weiterhin die Fessel halten.

4

Konzentrieren Sie sich auf einen Punkt auf dem Boden. Verlagern Sie das Gewicht nach vorne, bis Rumpf und Arm parallel zum Boden geneigt sind. Halten Sie die Position 5 bis 6 Atemzüge lang und wiederholen Sie die Übung dann mit der anderen Seite.

Auf dem ganzen Fuß hocken

Dies ist keine klassische Yoga-Übung, aber sie verbessert den Gleichgewichtssinn und dehnt die Fußgelenke und Fersen sowie den Spann.

1

Stellen Sie sich gerade hin, die Füße schulterbreit auseinander. Strecken Sie die Arme nach vorne aus und schauen Sie in die Weite.

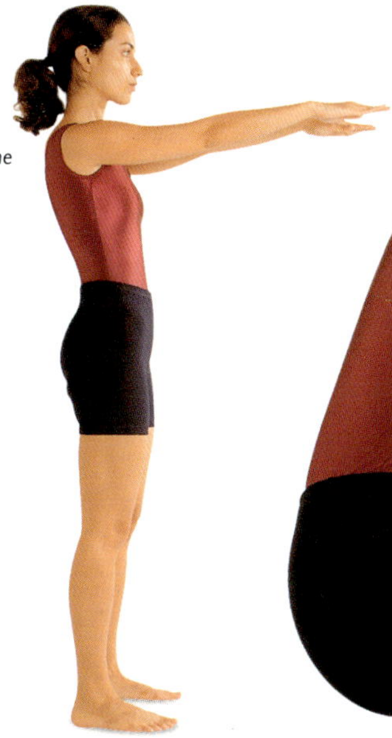

3

Senken Sie die Fersen ab, bis Sie auf dem ganzen Fuß hocken. Erheben Sie sich dann auf die Zehenspitzen und stehen Sie wieder auf. 5- bis 6-mal langsam wiederholen.

2

Machen Sie mit geradem Rücken eine Kniebeuge; die Fersen heben dabei vom Boden ab. Zählen Sie bis 2.

Tipps

- Ihr Rücken soll während der gesamten Übung gerade bleiben.
- Ihre Knie bleiben zusammen.
- Ihre Arme bleiben während der gesamten Übung nach vorne gestreckt.

Das Herz öffnen und den Rücken stärken

Die rückenstärkenden Stellungen dehnen Ihren vorderen Körper, öffnen Ihren Brustbereich und kräftigen die Körperrückseite. Verspannungen im Schulter- und Brustbereich zeugen oft von einem psychischen Schutzmechanismus gegen Emotionen. Das Herzchakra ist dann durch Angst blockiert, und die Energie kann nicht frei fließen. Durch das Rückwärtsbeugen und das Atmen in die Brust geht das Herz auf. So wie das Vorwärtsbeugen unser Ego zu überwinden hilft, so öffnen wir uns durch das Rückwärtsbeugen für unsere Gefühle.

Bhujangasana – *die Kobra*

Die Kobra richtet die Bandscheiben aus, kräftigt den Rücken und öffnet das Herzchakra. Sie versorgt auch das Nervensystem mit Energie. Stellen Sie sich die kraftvollen Bewegungen dieses starken und geschmeidigen Tiers vor. Stützen Sie sich nicht mit den Armen ab – Schlangen haben keine Arme.

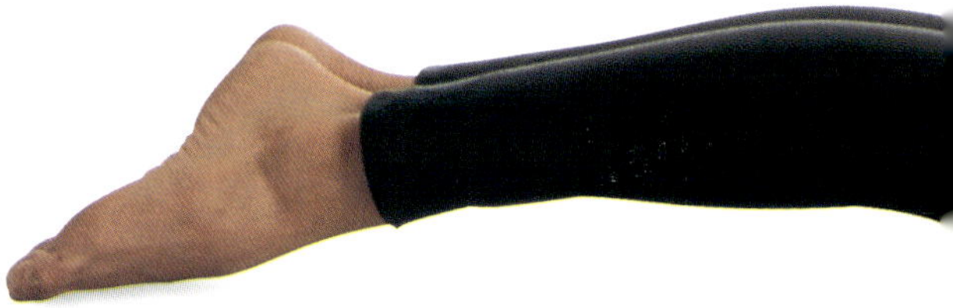

1

Lassen Sie sich mit geschlossenen Beinen auf dem Bauch nieder. Legen Sie die Hände rechts und links des Brustkorbs etwa in Schulterhöhe flach auf den Boden, die Fingerspitzen nach vorne gerichtet. Die Stirn ruht auf dem Boden.

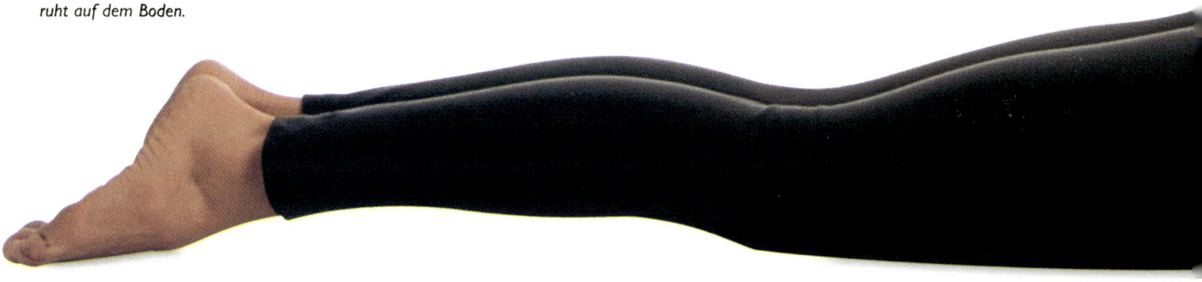

Wirkungen des Bhujangasana

- Massiert und strafft alle Rückenmuskeln.
- Weitet Lungen und Brustkorb.
- Lindert Menstruationsschmerzen.
- Massiert durch den Druck auf den Bauch die inneren Organe.
- Macht die Wirbelsäule gelenkig und belebt die Spinalnerven.
- Stimuliert die Kundalini-Energie, die „aufgerollte Schlange" am Steißbein.

2

Atmen Sie ein, heben Sie Stirn, Kinn, Schultern und zuletzt die Brust vom Boden ab. Die Hüften bleiben unten. Die Ellbogen sind leicht gebogen und die Schultern entspannt. Rollen Sie den Körper ab und wieder hoch. Atmen Sie weiter und halten Sie die Position 10 bis 15 Sekunden lang, dann entspannen Sie wieder und rollen sich ab in die Ausgangsposition.

Dhanurasana – *der Bogen*

Stellen Sie sich Ihren Körper als Bogen vor, kurz bevor ein Pfeil abgeschossen wird – eine sehr energetische Übung, die den Rücken massiert, den Bauch strafft, die Konzentration fördert und das Rückgrat geschmeidig macht. Bei regelmäßiger Anwendung verleiht dieses Asana Energie und Vitalität.

Der Bogen

Es ist wichtig, bei dieser Übung Arme und Ellbogen gestreckt zu halten. Die Schultern werden nach hinten und unten gedrückt.

1

Legen Sie sich flach auf den Bauch, die Arme ausgestreckt an den Seiten und die Stirn auf dem Boden.

2

Winkeln Sie die Beine an und heben Sie die Füße hoch. Greifen Sie nach hinten und umfassen Sie Ihre Fesseln. Atmen Sie ein und strecken Sie Ihre Füße so hoch wie möglich und fort vom Körper.

3

Heben Sie mit gestreckten Armen Kopf, Brust und Oberschenkel an. Legen Sie den Kopf nach hinten und schauen Sie nach oben, um die Brust zu heben. Halten Sie die Position 5 Ujjayi-Atemzüge lang (Seite 81).

Salabhasana – *die Heuschrecke*

Diese Übung stimuliert die Herzmuskeln und kräftigt den unteren Rücken. Sie fördert die Verdauung und strafft die Blasenmuskulatur.

Tipps

- Schultern und Kinn sollten nie den Kontakt zum Boden verlieren.
- Verdrehen Sie nicht das Becken.

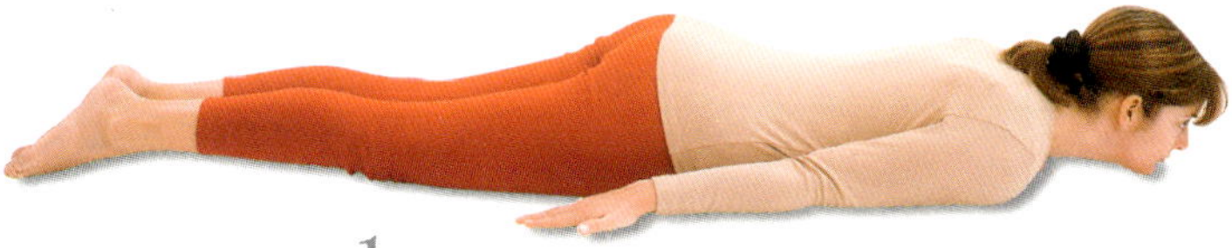

1

Legen Sie sich auf den Bauch, die Beine gestreckt nebeneinander, das Kinn auf dem Boden. Die Arme liegen neben Ihnen.

2

Atmen Sie ein und heben Sie das linke Bein bis zu einem Winkel von 45° an. Beide Beine bleiben bis in die Zehenspitzen gestreckt. Halten Sie die Position 2 Atemzüge lang.

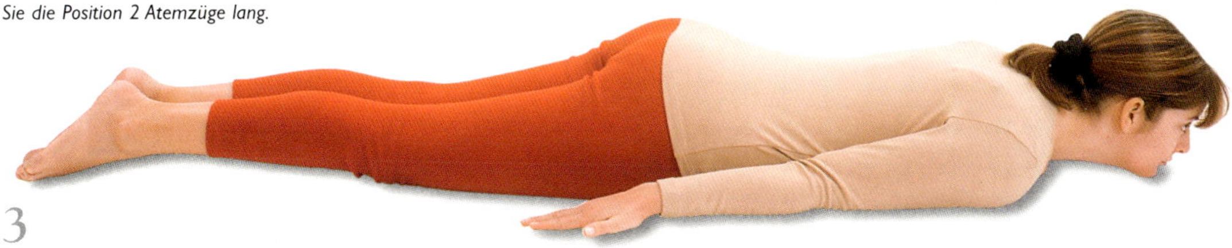

3

Atmen Sie aus und senken Sie das linke Bein vorsichtig wieder. Atmen Sie ein und wiederholen Sie die Übung mit dem rechten Bein, halten Sie dabei die Position ebenfalls 2 Atemzüge lang.

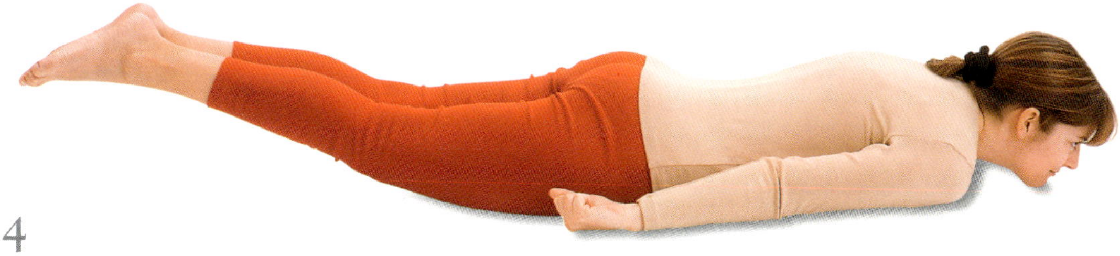

4

Atmen Sie ein und heben Sie beide Beine bis zu einem Winkel von 45° an. Halten Sie diese Position 5 Ujjayi-Atemzüge lang (Seite 81). Atmen Sie aus und senken Sie die Beine wieder. Entspannen Sie sich.

Ustrasana – *das Kamel*

Diese Übung öffnet die Brust und lockert die Schultern. Sie spüren das Ziehen deutlich in Oberschenkeln, Bauch und Rippenmuskulatur. Die Übung eignet sich gut für Patienten, die an Ischialgie leiden, einer Entzündung des Ischiasnervs, der von der Hüfte herab hinten am Bein entlang verläuft.

1

Knien Sie sich auf den Boden, die Füße leicht auseinander. Rücken, Hals und Kopf bilden eine gerade Linie.

2

Strecken Sie Hüfte und Oberschenkel vor und nähern Sie Ihre Hände den Füßen. Stellen Sie sich vor, Sie würden Ihre Oberschenkel vorne gegen eine Wand pressen. Die Wirbelsäule wölbt sich dabei nach oben.

3

Versuchen Sie, Ihre Fersen zu umfassen. Legen Sie den Kopf in den Nacken und schauen Sie nach oben.

4

Halten Sie die Position 5 Atemzüge lang. Kommen Sie beim letzten Ausatmen wieder hoch. Die Wirbelsäule darf sich dabei nicht verdrehen.

Tipps

Wenn Sie sich nicht bis zu den Fersen hinunterbeugen können, lassen Sie die Hände auf der Hüfte liegen. Früher oder später werden Sie Ihre Fersen erreichen, aber haben Sie Geduld mit sich.

Matsyasana – *der Fisch*

Der Fisch streckt die Wirbelsäule und dehnt und öffnet zugleich den Brustraum. Die wichtigste Wirkung ist jedoch die Regulierung der vier Nebenschilddrüsen. Diese endokrinen Drüsen sind für den Kalziumgehalt des Blutes verantwortlich. Kalzium kräftigt bekanntermaßen Knochen und Zähne und ist außerdem wichtig für Muskelkontraktionen und die Blutgerinnung.

Wirkungen des Matsyasana

- Gleicht hängende Schultern aus.
- Erhöht das Lungenvolumen und hilft bei Atemproblemen.
- Löst Stress und hebt die Stimmung.
- Steigert das Prana in Hals, Schultern, Lunge, Magen und Milz.
- Regt die Nebenschilddrüsen und die Hirnanhangdrüse an.

1

Legen Sie sich flach auf den Rücken, die Beine nebeneinander und die Knie gestreckt. Die Hände liegen mit den Handflächen nach unten unter Ihren Oberschenkeln.

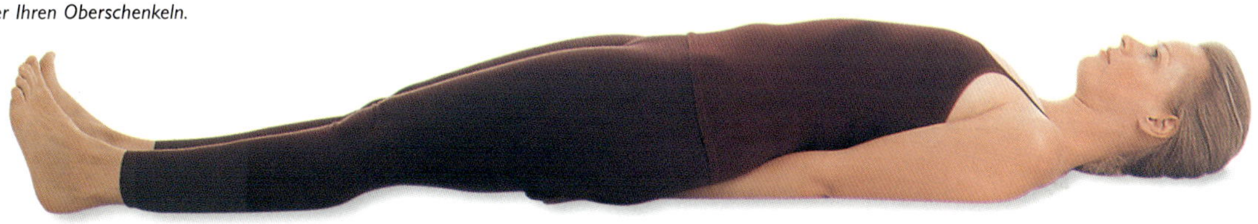

2

Winkeln Sie die Ellbogen an und pressen Sie sie in den Boden. Drücken Sie Ihre Brust hoch; Gesäß und Oberschenkel bleiben auf dem Boden.

3

Legen Sie den Kopf tief in den Nacken, bis Ihre Schädeldecke auf dem Boden ruht und Ihre Brust weit gedehnt ist. Das Gewicht bleibt aber auf den Ellbogen. Atmen Sie in Brust und Bauch hinein und halten Sie die Position 10 bis 20 Sekunden. Wenn Sie kräftig genug sind, verlängern Sie die Dauer jedes Mal ein wenig.

Tipps

- Das Gewicht liegt auf den Ellbogen, die nicht seitlich hervorragen sollten.
- Biegen Sie Ihre Brust so weit wie möglich nach oben.

Die Umkehrhaltungen

Man sollte jede Yoga-Sitzung mit den so genannten Umkehrhaltungen beenden. Sie beruhigen den Geist, bereiten auf die Entspannung vor und kühlen den Körper ab. Das Blut fließt leichter in Oberkörper, Herz und Gehirn, der Kreislauf wird angeregt und Ermattung bekämpft. Kopfüber sieht die Welt zudem auch ganz anders aus!

Sarvangasana – *der Schulterstand*

Der Schulterstand ist eine Umkehrhaltung, die den gesamten Körper erfrischt und belebt. Seine wichtigste Funktion ist die Stimulierung der Schilddrüse und der Nebenschilddrüsen, denn das Kinn wird an die Kehle gepresst. Da der obere Lungenbereich bei der Übung eingeschränkt wird, unterstützt sie die tiefe Bauchatmung und fördert Geduld, Entspannung und das Loslassen. Sie können geraume Zeit im Schulterstand bleiben.

1

Legen Sie sich auf den Boden, die Füße zusammen und die Handflächen neben sich. Atmen Sie ein, drücken Sie die Hände nach unten und heben Sie die Beine gerade hoch.

2

Heben Sie Becken und Beine um etwa 45° vom Boden ab; achten Sie darauf, dass Sie dabei den Kopf nicht bewegen.

Wirkungen des Sarvangasana

- Streckt die Wirbelsäule und macht sie so kräftig und geschmeidig.
- Reguliert Schilddrüse und Nebenschilddrüsen.
- Hilft venösem Blut, zum Herzen zurückzufließen, und lindert Krampfadern.

3

Atmen Sie aus und stützen Sie Ihren Rücken mit den Händen ab. Die Arme bleiben dabei so nah wie möglich an den Schultern, der Daumen liegt an der Taille, die Finger halten den Rücken. Heben Sie nun die Beine weiter an.

Vorsicht

Diese Übung nicht durchführen, wenn Sie

- unter hohem Blutdruck leiden,
- Augenprobleme haben,
- übergewichtig sind,
- menstruieren oder schwanger sind.

4

Strecken Sie den Rücken und bringen Sie die Beine in die Vertikale. Atmen Sie tief und bleiben Sie so gestreckt wie möglich, indem Sie das Gesäß anspannen. Halten Sie die Arme nah beim Körper, die Hände dicht an den Schultern. Ihre Füße sind entspannt und weisen zur Decke. Halten Sie die Position 5 Ujjayi-Atemzüge lang (Seite 81).

Halasana – *der Pflug*

Ausgehend vom Schulterstand (Seite 120) vollführt der Pflug eine extreme Dehnung, die Rücken und Hals kräftigt und geschmeidig macht. Atmen Sie dabei gleichmäßig und drehen Sie den Kopf nicht zur Seite.

Wirkungen des Halasana

- Stärkt das Nervensystem.
- Verbessert die Durchblutung.
- Stimuliert und massiert die inneren Organe.
- Löst Spannungen in den Schultern und im oberen Rücken.
- Hilft gegen Schlaflosigkeit.

1

Beginnen Sie im Schulterstand (Seite 120, Schritt 2). Halten Sie die Beine gestreckt und zusammen, atmen Sie aus und senken Sie die Beine hinter Ihrem Kopf ab. Sofern möglich ist, senken Sie Ihre Füße mit gestreckten Beinen hinter sich auf den Boden. Den Kopf nicht bewegen.

2

Sobald Ihre Zehen den Boden berühren, stützen Sie mit den Händen Ihren Rücken ab. Drücken Sie die Fersen zum Boden, die Zehen weisen dabei zum Körper. Drücken Sie sie fest herunter, um die Kniesehnen zu dehnen. Halten Sie die Position etwa 1 Minute lang, bei guter Verfassung ruhig auch länger.

Setu Bandha Sarvangasana – *die Brücke*

Die Brücke bildet das Gegengewicht zu den beiden vorangegangenen Übungen und baut Spannungen ab, die sich möglicherweise aufgebaut haben. Sie kräftigt Hals und Wirbelsäule und vergrößert das Lungenvolumen.

1

Legen Sie sich flach auf den Rücken, mit angewinkelten Beinen, die Füße schulterbreit auseinander. Ihre Arme liegen neben Ihnen.

2

Atmen Sie aus und heben Sie Ihr Becken an, wobei Sie den unteren Rücken mit den Händen stützen. Die Daumen greifen dabei um die Taille, die Finger liegen am Rücken. Schulter, Hals und Kopf bleiben während der gesamten Übung auf dem Boden.

3

Heben Sie Becken und Brustkorb so hoch wie möglich und atmen Sie in den Brustkorb. Die Oberschenkel dehnen sich. Die Knie bleiben parallel, die Zehen weisen nach vorne. Atmen Sie gleichmäßig weiter. Halten Sie die Position 5 Ujjayi-Atemzüge lang (Seite 81).

Sirshasana – *der Kopfstand*

Die Königin der Übungen stimuliert das Gesamtsystem: Fördert die Durchblutung, versorgt Wirbelsäule, Nervensystem und Gehirn mit Energie, stärkt Gedächtnis und Konzentrationsfähigkeit und unterstützt die Atmung. Der Kopfstand erfordert Kraft in Armen, Bauch, Schultern und Nacken, die mit Übungen im Stehen trainiert werden kann.

Vorsicht

- Üben Sie den Kopfstand an der Wand, für den Fall, dass Sie das Gleichgewicht verlieren. Führen Sie diese Übung aber nicht aus, wenn Sie:
- unter hohem Blutdruck leiden,
- Augenprobleme haben,
- übergewichtig sind,
- menstruieren oder schwanger sind.

1

Aus der Kindstellung heraus (Seite 105) legen Sie Ihre Unterarme auf den Boden. Dann falten Sie die Hände so, dass die Unterarme einen rechten Winkel zueinander bilden.

2

Drücken Sie Ihren Hinterkopf fest in die gefalteten Hände. Dann strecken Sie die Beine und heben das Becken. Stützen Sie sich auf Ihre Unterarme. Ihr Körper hat jetzt die Form eines umgedrehten V.

3

Nähern Sie Ihre Füße langsam den Ellbogen, bis Ihr Becken sich über Ihrem Kopf befindet. Winkeln Sie Ihre Beine an und heben Sie Ihre Füße vom Boden ab. Das Gewicht ruht auf den Unterarmen, nicht auf dem Kopf.

4

Strecken Sie langsam Ihre Beine aus. Versuchen Sie, die Position 30 Sekunden (später bis 3 Minuten) zu halten, atmen Sie dabei gleichmäßig weiter. Beenden Sie die Übung, indem Sie die Knie anwinkeln, langsam das Becken beugen und dann kontrolliert die Füße auf den Boden setzen. Entspannen Sie sich in der Kindstellung (Seite 105).

Kakasana – *die Krähe*

So wie der Baum (Seite 110–111) ist auch die Krähe eine Übung für physische und psychische Balance. Sie macht Spaß, erfordert aber hohe Konzentration. Die Übung ist relativ einfach, solange man im Gleichgewicht ist.

Zwar kräftigt die Krähe den Oberkörper, Ziel ist aber, im Gleichgewicht zu bleiben, sobald man das Gewicht auf die Hände verlagert. Heben Sie das Becken an und legen Sie die Knie auf die Oberarme. Die Füße liegen entspannt beieinander.

Wirkungen des Kakasana

- Dehnt Arme, Handgelenke und Schultern und macht sie geschmeidig.
- Kräftigt Arme, Schultern, Handgelenke und Hände.
- Regt die Atmung an.
- Erhöht die Konzentrationsfähigkeit.
- Fördert die Wahrnehmung und das Selbstbewusstsein.
- Sorgt für Ausgeglichenheit, Vitalität und Energie.

1

Legen Sie in der Hocke die Hände fest auf den Boden. Setzen Sie die Hände genau unter Ihre Schultern und zwischen die Knie. Spreizen Sie die Finger (wie die Füße einer Krähe).

2

Biegen Sie die Ellbogen nach außen, steigen Sie auf die Zehenspitzen und legen Sie die Knie auf die gespreizten Oberarme. Atmen Sie ein, halten Sie die Luft an und verlagern Sie Ihr Gewicht auf Ihre Hände.

3

Heben Sie langsam Ihre Füße und vertrauen Sie Ihr Gewicht Ihren Händen an. Atmen Sie gleichmäßig und halten Sie diese Position so lange wie eben möglich.

Sorgsamer Umgang mit Gedanken

Unsere Realität ist das Ergebnis dessen, was wir denken und glauben. Darum können Sie Ihr Leben mit einem neuen Denken auch verändern – eine verantwortungsvolle Aufgabe. Wenn man in einen Gedanken Energie steckt, wächst er, ein negativer ebenso wie ein positiver, und damit beeinflussen wir unser Leben.

Unser Universum besteht aus Energie – so übereinstimmend die alte Yoga-Lehre und die moderne Physik. Materie ist verdichtete Energie, und Gedanken sind subtile Energie – was immer wir erschaffen, wir gestalten es zunächst in Gedanken. Der Gedanke lässt ein Bild entstehen, in das die Energie hineingezogen wird, um sich auf einer physischen Ebene zu manifestieren. Wir erschaffen unsere sehnlichsten Wünsche und Ideen und ziehen sie dadurch in unser Leben hinein. Sind wir negativ und furchtsam, werden wir Erfahrungen machen, die unseren negativen Erwartungen enstprechen. Umgekehrt gestalten wir mit einer positiven Einstellung unser Leben angenehmer, gesünder und glücklicher.

Darum ist eines der wichtigsten Yoga-Prinzipien das positive Denken. Es hilft, Gedanken und Einstellungen, die uns schaden, über Bord zu werfen. Yoga verbindet uns mit der Weisheit unseres Körpers und lehrt uns, die Kraft unseres Geistes konstruktiv einzusetzen.

Erfolge und Misserfolge werden nicht von der „Welt da draußen" verursacht, sondern sind in unserer inneren Welt begründet. Wenn wir uns ihrer bewusst werden, können wir das Prinzip begreifen, nach dem wir unsere Wirklichkeit erschaffen, und zu uns selbst finden – Yoga, die „alte Wissenschaft vom Leben", lebt das seit Jahrtausenden vor.

Yoga gibt uns die Chance, die Weisheit des Körpers zu erfahren, Frieden zu finden und ein glücklicheres Leben zu führen.

Kreatives Arbeiten mit Gedanken

Um unsere Gedanken kreativ einsetzen zu können, müssen wir lernen, sie zu beherrschen. Dazu muss man seinen Geist befrieden und von Konditionierungen, die ihren Zweck nicht mehr erfüllen, befreien. Die wichtigsten Hilfsmittel dabei sind Meditation, Mantras, Affirmation, Atemkontrolle und Visualisierung.

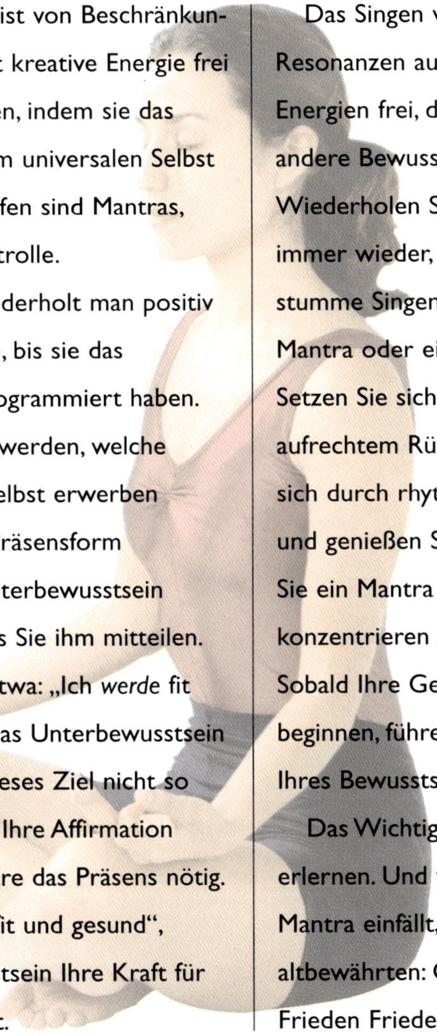

Meditation reinigt den Geist von Beschränkungen und Ängsten. Sie setzt kreative Energie frei und schafft inneren Frieden, indem sie das persönliche Selbst mit dem universalen Selbst verknüpft. Medititationshilfen sind Mantras, Affirmation und Atemkontrolle.

Bei der Affirmation wiederholt man positiv formulierte Ziele so lange, bis sie das Unterbewusstsein neu programmiert haben. Dazu muss man sich klar werden, welche Qualitäten man für sich selbst erwerben möchte, und sie dann in Präsensform formulieren. Denn das Unterbewusstsein reagiert exakt auf das, was Sie ihm mitteilen. Formulieren Sie als Ziel etwa: „Ich *werde* fit und gesund“, dann zieht das Unterbewusstsein den Schluss, dass Ihnen dieses Ziel nicht so dringlich ist, und wird auf Ihre Affirmation nicht reagieren – dazu wäre das Präsens nötig. Wenn Sie sagen: „Ich *bin* fit und gesund“, aktiviert Ihr Unterbewusstsein Ihre Kraft für die affirmierte Gegenwart.

Das Singen von Mantras löst im Körper Resonanzen aus und setzt dadurch bestimmte Energien frei, die uns schließlich auf eine andere Bewusstseinsebene heben können. Wiederholen Sie Ihr Mantra zunächst laut immer wieder, später genügt das mentale stumme Singen. Oder aber Sie verknüpfen ein Mantra oder eine Affirmation mit Meditation. Setzen Sie sich dazu bequem und mit aufrechtem Rücken hin und entspannen Sie sich durch rhythmisches Atmen. Lassen Sie los und genießen Sie diese Freiheit. Dann singen Sie ein Mantra oder eine Affirmation oder konzentrieren sich auf ein beliebiges Bild. Sobald Ihre Gedanken abzuschweifen beginnen, führen Sie sie zurück zum Objekt Ihres Bewusstseins.

Das Wichtigste ist, Konzentration zu erlernen. Und wenn Ihnen kein passendes Mantra einfällt, versuchen Sie es mit diesem altbewährten: Om Shanti Shanti Shanti – Frieden Frieden Frieden. Gute Reise!

Glossar

Adho Mukha Shvanasana
„Der Hund" – eine Vorwärtsbeuge.

Ajna Chakra
Das sechste Chakra, das „dritte Auge", liegt erhöht zwischen den Augenbrauen.

Anahata Chakra
Das vierte Chakra, liegt in Höhe des Herzens.

Anuloma Viloma
Wechselatmung durch die Nase.

Asana
Physische Yoga-Übung. Asana ist Sanskrit und bedeutet „Pose".

Aswini Mudra
Anspannungsübung für den Beckenboden.

Bhadrasana
„Der Schmetterling" – eine Übung im Sitzen.

Bhujangasana
„Die Kobra" – eine Rückwärtsbeuge.

Bilikasana
„Die Katze" – eine Aufwärmübung.

Chakras
Energiezentren unserer feinstofflichen Körper.

Dhanurasana
„Der Bogen" – eine Rückwärtsbeuge.

Garbhasana
„Die Kindstellung" – eine Vorwärtsbeuge.

Guna
Die drei kosmischen Eigenschaften der Natur: Sattva, Rajas und Tamas. Alles im Universum besteht aus Gunas in unterschiedlichen Anteilen.

Halasana
„Der Pflug" – eine Umkehrhaltung.

Hatha Yoga
Eine Yoga-Methode, die hauptsächlich durch körperliche Übungen Erleuchtung sucht.

Ida
Einer der drei Hauptenergiekanäle, durch die Prana-Energie fließt. Liegt links des Sushumna.

Janu Shirshasana
„Einbeinige Vorwärtsbeuge" – eine Übung im Sitzen.

Kakasana
„Die Krähe" – eine Balanceübung.

Kapalabhati
Eine Atemübung, die die Lungen, Nebenhöhlen und Atemwege reinigt.

Kundalini
Die kosmische Energie, die im Wurzelchakra gespeichert wird.

Manipura Chakra
Das dritte Chakra, das mit dem Solarplexus korrespondiert. Hauptspeicher für Prana.

Mantra
Magisches Wort oder Satz, wird entweder laut oder stumm aufgesagt, um sich bei der Meditation zu konzentrieren.

Maricyasana
Eine Übung, bei der die Wirbelsäule gedreht wird.

Matsyasana
„Der Fisch" – eine Rückwärtsbeuge.

Mudra
Eine Handstellung oder ein „Siegel", das Prana kanalisiert.

Muladhara Chakra
Das unterste Chakra, Wurzelchakra, liegt am Steißbein.

Nadis
Die Kanäle in den feinstofflichen Körpern, durch die das Prana fließt.

Namaste Mudra
Ein Mudra, bei dem die Handflächen zur Gebetshaltung zusammengelegt werden.

OM
Wird A-UM ausgesprochen. Das heilige Symbol für Gott als das Absolute; das Mudra wird bei der Meditation eingesetzt und entspricht im Klang der Frequenz des Universums.

Padma Shirasana
„Der Lotussitz" – Eine Meditationshaltung, die der Lotusblüte ähneln soll.

Parsvottanasana
„Flankendehnung" – eine Übung im Stehen.

Pingala
Liegt rechts des Sushumna und ist einer der drei wichtigsten Nadis, die das Prana in den feinstofflichen Körpern kanalisieren.

Prana
Die Lebenskraft, die durch die Nadis der Energiekörper fließt.

Pranayama
Atemübungen, die Körper und Geist reinigen und kräftigen.

Rajas
Eine der drei Gunas, die kosmische Kraft der Aktivität und Leidenschaft.

Sahasrara Chakra
Das siebte und höchste Chakra, liegt am Scheitel.

Sanskrit
Die älteste literarische Sprache Indiens; soll die Sprache der Götter sein.

Sarvangasana
„Der Schulterstand" – eine Umkehrhaltung.

Sattva
Eine der drei Gunas, die kosmische Kraft der Reinheit und Leichtigkeit.

Savasana
„Die Totenstellung" – eine Entspannungsübung.

Setu Bandha Sarvangasana
„Die Brücke" – eine Rückwärtsbeuge.

Shakti
Die ursprüngliche kosmische Energie, die in der Personifizierung der großen Gottheit gesehen wird. Schöpfungskraft.

Shiva
Hindu-Gottheit und Inspirationsquelle des Yoga.

Surya Namaskar
„Der Gruß an die Sonne" – eine Übungsfolge.

Sushumna
Ein Kanal in den Energiekörpern, der durch das Innere der Wirbelsäule aufsteigt und durch den die Kundalini-Energie fließt.

Swadhishtana Chakra
Das zweite Chakra, liegt im Genitalbereich.

Tadasana
„Der Berg" – eine Übung im Stehen.

Tamas
Eine Guna mit den Eigenschaften Trägheit, Lethargie und Faulheit.

Trikonasana
„Das Dreieck" – eine Übung im Stehen.

Ujjayi
Eine Atemtechnik, bei der ein kehliger Laut entsteht.

Uttanasana
Stehende Vorwärtsbeuge mit dem Kopf an den Knien.

Virabhadrasana
„Der Krieger" – eine Übung im Stehen.

Vishudda Chakra
Das fünfte Energiezentrum der feinstofflichen Körper; liegt an der Schilddrüse.

Yoga Mudra
Eine Vorwärtsbeuge.

Yogi/Yogini
Yoga praktizierender Mann bzw. praktizierende Frau.

Meditation

Einleitung

Seit Jahrtausenden meditieren Menschen, um innere Harmonie zu finden. Alle großen Religionen wie Buddhismus, Islam, Hinduismus und Christentum setzen auf die Meditation als Methode zur spirituellen Erleuchtung. Sie erhöht die Konzentrationsfähigkeit, hebt das Selbstwertgefühl des Meditierenden und entspannt beim Umgang mit Belastungen. Unabhängig von Religion und Spiritualität meditieren heute viele Menschen, einfach um sich physisch und mental besser zu fühlen und Depressionen oder ein Suchtverhalten (Drogen, Koffein und Alkohol) zu überwinden.

Buddha erfuhr durch Meditation Erleuchtung und gab danach seine Erfahrungen an andere weiter.

Kontrolle über den Geist

Zweifelsohne hat uns unsere Fähigkeit, zu analysieren, zu unterscheiden, zu planen und zu kommunizieren sehr weit gebracht. Aber es gibt eine Kehrseite der Rationalität: Wenn wir unseren Verstand nicht hin und wieder abschalten, kann er zu einer Quelle von Ängsten werden, beispielsweise der Furcht zu versagen oder den Anforderungen anderer nicht gerecht zu werden. Meditation kann uns von diesen Ängsten befreien, indem sie uns hilft, die Gedankenflut zu stoppen, negative Muster zu erkennen und zu verwerfen sowie Frieden und Gelassenheit zu finden.

„Alles, was Sie brauchen, steckt schon tief in Ihnen und wartet nur darauf, sich zu entfalten und zu befreien. Sie müssen sich nur in aller Ruhe die nötige Zeit nehmen, um herauszufinden, was längst in Ihnen verborgen ist."

EILEEN CADDY

Positive Auswirkungen

Klinische Studien über die Auswirkungen des Meditierens sind ermutigend: Es lindert demnach Beschwerden bei Migräne, Schlaflosigkeit, nervöser Verdauung, prämenstruellem Syndrom, Angstzuständen und Panikattacken, senkt die Ausschüttung von Stresshormonen sowie den Blutdruck und verbessert die Durchblutung. Darüber hinaus hilft Meditieren, Puls und Atmung optimal einzustellen, und hebt die Zufriedenheit mit der eigenen Arbeit und Leistung. Auch Schulmediziner entdecken zunehmend die therapeutische Wirkung der Meditation und empfehlen sie immer häufiger ihren Patienten zur Behandlung bei stressbedingten Symptomen.

Meditation kann man in allen Lebensumständen betreiben.

Meditation für jeden

Heute ist Meditation nicht mehr Mystikern, Yogis und Philosophen vorbehalten. Viele prominente Persönlichkeiten haben ihren Wert erkannt, zum Beispiel Tina Turner und Richard Gere. Man muss zum Meditieren weder religiös sein, noch besonders viel Zeit investieren – ganz unabhängig davon, wie alt oder wie beschäftigt Sie sind, können Sie regelmäßig Meditationsübungen durchführen, um besser mit Stress umzugehen, mehr über sich selbst zu erfahren und sich wohler zu fühlen.

Der Verstand hat uns sehr weit gebracht, aber er sollte nicht allein unser Leben bestimmen.

TEIL I: GRUNDLAGEN

Was ist Meditation?

Meditation ist sehr viel mehr als nur Entspannung: Während im entspannten Zustand die Gedanken unkontrolliert kreisen, bleibt bei der Meditation der Geist wachsam und konzentriert. Indem wir unsere Gedanken kontrollieren, können wir in der Meditation unser Bewusstsein ganz entfalten und die Dinge so erleben, wie sie sind.

Das Meditieren

In vielen Kulturen ist Meditation eine altbewährte Technik, um den Geist zu kontrollieren. Im Lauf der Jahrhunderte entstanden zahllose unterschiedliche Meditationsübungen. Die meisten beginnen mit einer Entspannungsphase; anschließend fokussiert und konzentriert der Meditierende seinen Geist auf einen Punkt. Sobald seine Gedanken abschweifen, holt er sie sanft, aber bestimmt zum Konzentrationspunkt zurück.

Dieser Ablauf bereitet den meisten Anfängern Schwierigkeiten, vor allem denjenigen, die es gewohnt sind, ihren Gedanken freien Lauf zu lassen. Mit ein wenig Geduld kann man das Meditieren aber leicht erlernen. Selbst wenn Sie es zunächst nur ein paar Minuten lang schaffen, sich zu konzentrieren, werden Sie bei regelmäßiger Übung rasch die heilsame Wirkung verspüren. Meditation soll keine harte Arbeit sein, sondern eine Freude, und auch wenn Sie mit nur fünf Minuten pro Tag beginnen, werden Sie schon in Kürze diese Momente der Ruhe nicht wieder missen wollen.

Man kann auf verschiedenste Weise meditieren. Der eine konzentriert sich auf ein bestimmtes Objekt, zum Beispiel ein Blatt

Es gibt die verschiedensten Formen der Meditation. Schon nach wenigen Minuten kann man sich besser fühlen.

oder einen Ton. Ein anderer zieht sich ganz in sich zurück, ein dritter richtet seine Aufmerksamkeit auf Aspekte wie Liebe, Angst oder das Altern. Man kann auch verschiedene Methoden und Ansätze mischen. Sie können sich zum Beispiel zunächst auf Ihren Atem konzentrieren, um dann vielleicht über das Wesen der Freundschaft nachzudenken.

Das Gleichgewicht

Meditation trägt dazu bei, ein Gleichgewicht zwischen den beiden Gehirnhälften herzustellen. Die linke Hirnhälfte ist für das Denken, Sprechen und Schreiben zuständig. Wenn wir wach und beschäftigt sind und unser Denken aktiv ist, sendet das Gehirn schnelle elektrische Muster aus, so genannte Betawellen. In diesem Zustand nähern wir uns Vergangenheit und Zukunft rational.

Die rechte Gehirnhälfte ist für Intuition, Fantasie und Gefühl zuständig. Bei Sinneswahrnehmungen wie zum Beispiel beim Musikhören befinden wir uns in einem mehr rezeptiven als aktiven Zustand, und unser Gehirn sendet langsamere elektrische Muster aus, die Alphawellen – wir sind passiver und offener für Gefühle, insbesondere dann, wenn wir bewusst in der Gegenwart leben statt in der Zukunft oder der Vergangenheit. In diesem Zustand befinden wir uns übrigens auch kurz vor dem Einschlafen und nach dem Aufwachen.

Nur etwa eine Stunde täglich verbringen wir im Alphazustand. Durch Meditation lässt sich diese Phase erheblich verlängern – was uns hilft, unsere Gefühle wieder zu entdecken und die Welt um uns unmittelbar und in der Gegenwart zu erleben, bevor unsere Wahrnehmungen von der linken Gehirnhälfte „interpretiert" werden.

Alpha	**Beta**
rezeptiv	aktiv
Intuition	Reflexion
Gegenwart	Vergangenheit/Zukunft
entspannt	angespannt
Sein	Handeln
zuhören	sprechen
Fantasie	Berechnung

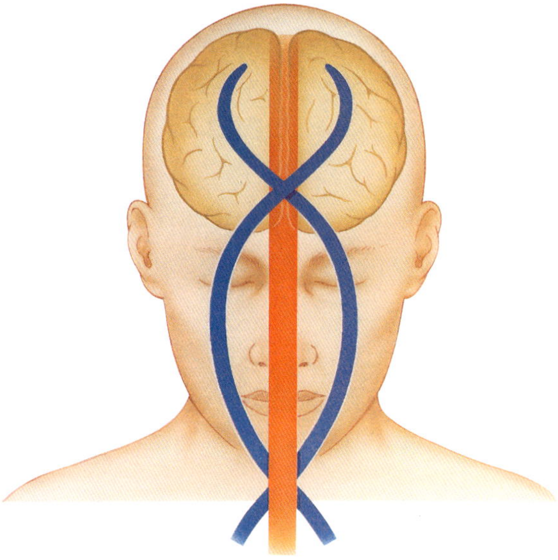

Es geht um den Ausgleich zwischen der rationalen und der emotionalen Gehirnhälfte.

Zeit zum Meditieren

Wenn Ihr Alltag schon mit beruflichen und familiären Verpflichtungen ausgefüllt ist, erscheint es Ihnen vielleicht unmöglich, auch noch Zeit für regelmäßiges Meditieren aufzubringen. Aber mit etwas Planung und Organisation lässt sich Meditation in jeden Tagesablauf integrieren. Sie werden sich sehr schnell daran gewöhnen.

Regelmäßiges Meditieren

Wer das Wort „Meditation" hört, denkt sofort an asketische Eremiten und Mönche, die ihren Tag in einer Art Trance in abgelegenen Höhlen und Tempeln zubringen. Tatsächlich gibt es diese hingebungsvollen Anhänger der Meditation, vor allem in den asiatischen Religionen, aber wir wollen mit Meditation ja etwas anderes erreichen – und dazu genügen jeweils ein paar Minuten täglich, die man sich allerdings regelmäßig nehmen sollte.

Effektives Zeitmanagement

Wenn Ihr hektischer Alltag voller Verpflichtungen steckt, fällt es Ihnen sicher schwer, einen weiteren Termin darin unterzubringen. Versuchen Sie, diesen Termin als eine Verpflichtung sich selbst gegenüber zu sehen. Die Meditationszeiten sind Zeiten, die Sie ganz mit sich allein verbringen – und jeder Mensch braucht täglich ein paar Minuten für sich.

Ihre Zeit exakt einzuteilen hat auch noch andere Vorteile. Sie werden bemerken, dass Sie in der Folge besser organisiert sind, weniger Druck empfinden und mehr Freizeit haben. Dadurch werden Sie entspannter und können sich besser auf Ihre Meditation konzentrieren, was wiederum Ihre innere Ruhe vergrößert – eine Spirale, die Sie aufwärts hebt.

Ein ausgefüllter Tagesablauf muss das Meditieren nicht verhindern.

Ein Stundenplan für die ganze Woche kann Ihnen helfen, Zeit zur Meditation zu finden.

Zeit sparen

Stellen Sie sich einen Stundenplan auf: Er muss nicht in jedem Detail exakt sein, sollte aber einen groben Plan dessen zeichnen, wie Sie eine typische Woche verbringen. Notieren Sie darin zunächst alles, was Sie regelmäßig tun müssen: arbeiten (An- und Abfahrt eingerechnet), die Kinder zur Schule bringen oder samstagmittags einkaufen. Tragen Sie auch ein, wann Sie in der Regel abends zu Bett gehen und morgens aufstehen.

Wenn Sie diese regelmäßigen Termine notiert haben, listen Sie nun all jene Aktivitäten auf, die Sie ebenfalls regelmäßig erledigen sollten, aber gelegentlich auslassen – zum Beispiel Unkraut rupfen im Garten, Rechnungen bezahlen und Korrespondenz führen. Räumen Sie diesen variablen Tätigkeiten eine durchschnittliche Zeit ein, etwa zwei bis drei Stunden pro Woche, in denen Sie all das abarbeiten können.

Schauen Sie sich jetzt Ihren Stundenplan einmal an. Sie werden überrascht sein, wieviel Zeit noch immer übrig ist. Versuchen Sie nun herauszufinden, womit Sie sie eigentlich verbringen. Vielleicht schauen Sie doch häufiger fern als Sie dachten, oder Sie nehmen anderen gern kleine Aufgaben ab, die sie auch selbst erledigen könnten.

Wenn Sie beim besten Willen nicht feststellen können, womit Sie Ihre freie Wochenzeit tatsächlich zubringen, sollten Sie ein Tagebuch führen, in dem Sie genau vermerken, wie viel Zeit Sie mit welcher Beschäftigung verbracht haben. Sie können sich damit einen Überblick über Ihr Zeitbudget verschaffen und einen guten Ausgangspunkt gewinnen, um schließlich Herr über Ihre eigene Zeitplanung zu werden.

Routinearbeiten werden angenehmer, wenn man genügend Zeit für sie einplant.

Prioritäten setzen und delegieren

Widmen Sie jetzt eine weitere Liste all den Vorhaben, die Sie längst erledigt haben wollten, für die Sie aber bisher keine Zeit fanden, etwa die Haustür streichen, einen Verwandten anrufen oder ein quietschendes Scharnier ölen.

Und jetzt setzen Sie Prioritäten: Nummerieren Sie alle anstehenden Aufgaben durch, angefangen mit dem Wichtigsten, der Nummer eins. Schauen Sie nun auf Ihren Stundenplan und teilen Sie diesen Aufgaben feste Termine für die kommende Woche zu. Sobald Sie dann eine Aufgabe erledigt haben, streichen Sie sie von der Liste und fügen eine neue hinzu, falls das erforderlich ist – und vergeben Sie dann die Prioritäten neu.

Nehmen Sie sich Zeit für sich selbst.

Delegieren Sie – teilen Sie allen Familienmitgliedern bestimmte Aufgaben zu.

Mittlerweile müssten Sie Ihrem Stundenplan recht genau entnehmen können, über wieviel freie Zeit Sie tatsächlich verfügen können – auch mit dem Hintergedanken an ein paar Minuten fürs tägliche Meditieren. Falls Ihr Zeitbudget allerdings noch immer hoffnungslos überfüllt ist, haben Sie ein ernstes Problem entdeckt. Und Sie sollten sich bemühen, die Ursachen herauszufinden. Ist es Ihr Job? Arbeiten Sie zu viel oder zu unorganisiert? Oder ist es Ihr Haushalt, der zuviel Zeit beansprucht? Im einen wie im anderen Fall sollten Sie Schritte zu Ihrer Entlastung einleiten. Nicht selten besteht die Lösung einfach darin, Aufgaben an andere zu delegieren – Sie sind nicht bei allem, was Sie tun, unersetzlich!

Weitere Hilfen

Nicht selten spart man dadurch Zeit, dass man Gewohnheiten ändert. Probieren Sie zum Beispiel die folgenden Tipps und Sie werden sehen, wieviel Zeit Sie sparen können:

- Öffnen Sie die Post über dem Papierkorb und schmeißen Sie Überflüssiges sofort weg.
- Beantworten Sie Briefe am gleichen Tag, an dem sie eintreffen.
- Heften Sie Vorgänge ab, die erledigt sind.
- Überprüfen Sie, wie viel Zeit Sie am Telefon verbringen. Wenn einer Ihrer Bekannten kein Ende finden kann, rufen Sie ihn künftig nur dann an, wenn Sie wissen, dass er wenig Zeit hat, zum Beispiel kurz vor seiner Lieblingssendung im Fernsehen. Ihre Telefonrechnung und Ihr Stundenplan werden es Ihnen danken!
- Begrenzen Sie Ihre Zeit vor dem Fernsehgerät: Wählen Sie die Sendungen, die Sie sehen möchten, bewusst aus, und schalten Sie das Gerät ab, sobald die Sendungen zu Ende sind.
- Setzen Sie Menschen Grenzen, die Ihnen Arbeit aufhalsen wollen. Wenn Sie zum Beispiel jemand bittet, einen Anruf für ihn zu tätigen, den er selbst erledigen könnte, erklären Sie, dass Sie dafür keine Zeit haben.

Durch diese und andere kleine Strategien können Sie sicher bald Zeit zum Meditieren finden. Planen Sie dann feste regelmäßige Termine für Ihre Übungen ein, und Sie werden bald die positiven Effekte genießen können.

Wenn Sie weniger telefonieren, können Sie viel Zeit sparen.

Vorbereitungen

Im Idealfall hat jeder zum Meditieren seinen eigenen Ort, an den er sich jederzeit zurückziehen kann, der ihn gleich beim Eintreten vom Alltagsstress befreit und sofort in die richtige Meditationsstimmung versetzt. Die Wirklichkeit sieht anders aus, in den meisten Fällen kann man sich Ort und Zeit zum Meditieren kaum aussuchen.

Raum zum Meditieren

Wenn Sie zu Hause kein freies Zimmer haben, das Sie ganz zum Meditieren einrichten können, finden Sie vielleicht eine friedliche Ecke in einem ruhigen Raum, die Sie sich dafür reservieren. Einen solch festen Platz verbindet Ihr Verstand mit der Vorstellung von Frieden, den Sie zum Meditieren brauchen. Aber auch wenn Sie improvisieren müssen, können Sie sich die richtige Atmosphäre schaffen, etwa indem Sie für die geeignete musikalische Untermalung sorgen, zum Beispiel mit sanfter klassischer Musik. Meditieren Sie nicht im Bett – der Schlaf ist keine Form der Meditation.

Improvisieren lernen

Wenn Sie sich zu Hause keinen festen Meditationsplatz schaffen können, müssen Sie ein bisschen improvisieren. Bei schönem Wetter können Sie im Park meditieren: Suchen Sie sich eine Bank, lehnen Sie sich an einen Baumstamm oder setzen Sie sich an einem stillen Fleck ins Gras. Bei Regenwetter finden Sie vielleicht einen kleinen Pavillon oder einen anderen Unterschlupf.

Kerzen, Bilder und ein Duftlämpchen können zur Atmosphäre Ihres Meditationsplatzes beitragen.

Eine schöne Umgebung unterstützt das Meditieren enorm.

Das Wichtigste ist, dass Sie nicht gestört werden – das kann selbst ein stiller Winkel in einer Großstadtstraße leisten. Bei schlechtem Wetter kommen vielleicht die Stadtbücherei, eine Kirche oder Ihr Auto in Frage.

Um eine angemessene Atmosphäre zu schaffen, untermalen Sie Ihre Meditation mit zarter Musik. Oder Sie greifen zu irgendeinem inspirierenden Gegenstand, etwa einer Blume.

Ihre Kleidung sollte bequem und locker sitzen. Wenn Sie im Freien meditieren, nehmen Sie sich eine warme Jacke mit: Wenn man eine Weile in der gleichen Position verharrt, spürt man Kälte stärker.

Spontaneität

Auch wenn Sie sich in der Regel einen passenden Ort suchen und die richtige Atmosphäre schaffen können, wird es Gelegenheiten geben, in denen Sie spontan meditieren möchten. Das kann in einem Zug oder einem Bus geschehen. Folgen Sie ruhig Ihrer Inspiration, zumal man, wie Sie weiter hinten im Buch erfahren werden, mit wachsender Übung überall meditieren kann, selbst in einer überfüllten U-Bahn.

Ruhige Musik kann Ihnen beim Entspannen helfen und Sie auf die Meditation vorbereiten.

Haltung und Atmung

Eine korrekte Haltung und Atmung sind wichtig für die Meditation; dazu müssen Sie sich aber nicht mit schwierigen Yogaübungen und komplizierten Atemtechniken quälen. Die Meditation soll angenehm sein. Sobald Sie eine bequeme Stellung gefunden haben, können Sie so lange meditieren, wie Sie möchten.

Grundstellungen

Es gibt viele verschiedene Meditationshaltungen, aber zunächst genügen diese vier:

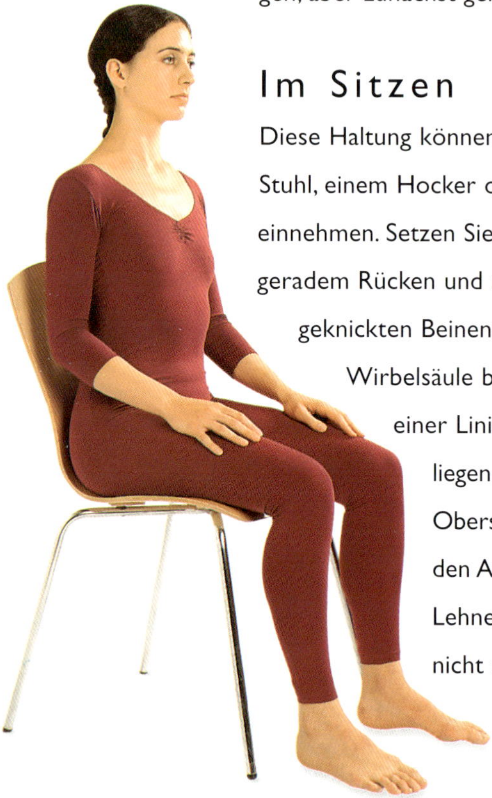

Im Sitzen

Diese Haltung können Sie auf einem Stuhl, einem Hocker oder einer Bank einnehmen. Setzen Sie sich aufrecht mit geradem Rücken und rechtwinklig geknickten Beinen hin. Kopf und Wirbelsäule befinden sich in einer Linie. Ihre Hände liegen auf den Oberschenkeln oder den Armlehnen. Lehnen Sie sich nicht an.

Vielleicht meditieren Sie lieber auf einem Stuhl als auf dem Boden; wichtig ist, dass Sie dabei gerade sitzen.

Im Schneidersitz

Setzen Sie sich im Schneidersitz auf den Boden. Sie müssen Ihre Füße nicht im indischen Lotussitz verschränken, sollten das sogar vermeiden, wenn Sie darin ungeübt sind. Setzen Sie sich einfach auf den Boden und überkreuzen Sie Ihre Beine. Sitzen Sie aufrecht, mit geradem Rücken, Kopf und Wirbelsäule in einer Linie. Die Hände ruhen auf den Knien. Wenn es Ihnen bequemer ist, setzen Sie sich auf ein Kissen.

Lassen Sie sich Zeit, um eine bequeme Stellung zu finden, ehe Sie mit dem Meditieren beginnen.

Im Knien

Knien Sie sich auf den Boden, mit dem Gesäß auf Ihren Fersen. Ihr Rücken ist gerade, Kopf und Wirbelsäule bilden eine Linie, Ihre Hände ruhen auf Ihren Oberschenkeln. Wenn es für Sie bequemer ist, legen Sie ein Kissen auf Ihre Fersen und setzen sich darauf.

Kniende Position

Im Liegen

Im Yoga heißt diese Haltung Savasana oder Totenstellung. Legen Sie sich auf einem Teppich oder einer Decke auf den Rücken. Ihre Beine sind gerade, aber entspannt, Ihre Arme liegen seitlich. Im Liegen zu meditieren, ist zwar eher ungünstig, da man zu leicht einschläft; es kann aber nützlich sein, wenn Sie sich entspannen möchten (Seite 145), oder wenn Sie sehr müde sind und sich revitalisieren wollen.

Liegende Position

Atemzüge zählen

Eine der einfachsten und bekanntesten Meditationen. Machen Sie sie so lange, wie es Ihnen angenehm ist. So schwer Sie Ihnen zu Beginn fallen mag: Versuchen Sie, sich bis auf 20 Minuten zu steigern.

1 *Setzen Sie sich auf einen Stuhl oder in den Schneidersitz (siehe vorige Seite). Schließen Sie die Augen, entspannen Sie sich und atmen Sie normal.*

2 *Konzentrieren Sie sich auf Ihren Atem. Zählen Sie jeweils nach dem Ausatmen und vor dem Einatmen still für sich: 1 (einatmen, ausatmen), 2 (einatmen, ausatmen) und so weiter bis 5, dann beginnen Sie wieder bei 1.*

3 *Versuchen Sie zu fühlen, wie beim Atmen die Luft ein- und ausströmt. Sie werden bald bemerken, dass Ihr Verstand versucht, Sie mit allen möglichen Gedanken vom Zählen abzuhalten. Führen Sie ihn sanft zum Zählen zurück, sobald Sie bemerken, dass er sie abgelenkt hat. Kehren Sie am Ende langsam aus der Meditation zurück und öffnen Sie die Augen.*

Entspannung

Es ist zum Meditieren unerlässlich, sich entspannen zu können – aber das fällt vielen schwer. Das Leben ist heute anstrengender denn je; Arbeit, Familie und finanzielle Belastungen gehen nicht spurlos am Körper und am Seelenfrieden vorbei.

Stressauswirkungen

Manchmal kann Stress uns vor einer Gefahr retten. Stellen Sie sich vor, sie würden von einem Tiger angegriffen. Sofort reagieren Sie mit der Cannonschen Notfallreaktion: Ihr Körper schüttet Adrenalin aus und produziert entzündungshemmende Stoffe, Ihr Herzschlag, Ihre Atemfrequenz und Ihr Stoffwechsel beschleunigen sich. Körpersysteme, die nicht unmittelbar benötigt werden – Verdauung und Immunsystem – werden heruntergefahren. Die physische Anstrengung der Flucht oder des Kampfes baut den Stress wieder ab. Ihr Körper entspannt sich und kehrt zu den normalen Funktionen zurück. Im Alltag können wir aber nicht aus einer schwierigen Besprechung wegrennen. Die Stressstoffe bleiben im Körper, behindern das Verdauungs- und das Immunsystem und verbrauchen Energie. Auf lange Sicht können daraus ernsthafte Krankheiten entstehen.

Der Besuch eines Meditations- oder Yogakurses kann sinnvoll sein.

Entspannen lernen

Entspannung ist wichtig für unsere Gesundheit: Sie hilft, Stress abzubauen, und schenkt unserem Körper Zeit, wieder Energie zu tanken. Auch vor, während und nach der Meditation muss man sich entspannen, um in den Alphazustand zu gelangen und darin zu bleiben (Seite 135). Einige Mittel zur Entspannung:

- ein heißes Bad
- ruhige Musik
- eine Massage
- ein Entspannungs- oder Yogakurs

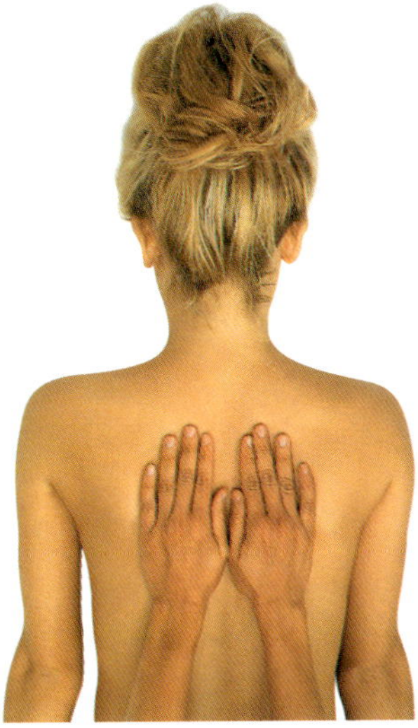

Eine Massage ist eine besonders angenehme Methode, um Verspannungen zu lösen.

Den Körper entspannen

Als Einzelübung oder vor bzw. nach einer Meditation

1 *Begeben Sie sich in die Liegeposition (siehe Seite 143). Schließen Sie die Augen und atmen Sie normal. Richten Sie Ihre Aufmerksamkeit auf den Scheitelpunkt Ihres Kopfes. Prüfen Sie, ob sich dort Spannung befindet, und lösen Sie sie. Folgen Sie der sanften Bewegung Ihres Atems.*

2 *Konzentrieren Sie sich jetzt auf Ihre Stirn und entspannen Sie sie. Entspannen Sie auch Ihre Augenbrauen und Lider, Ohren, Nase, Mund und Kiefer. Atmen Sie normal weiter.*

3 *Lenken Sie Ihre Aufmerksamkeit jetzt auf Ihren Hals, dann über Ihre Schultern zu Ihren Armen und Händen. Lösen Sie überall die Spannung. Dann konzentrieren Sie sich auf Brust und Herz, Bauch, Unterleib, Gesäß und Genitalbereich und entspannen auch diese Körperteile. Zum Schluss entspannen Sie Ihre Beine und Füße.*

4 *Atmen Sie normal weiter. Nach einer Weile werden Sie bemerken, dass einige Muskeln sich wieder anspannen. Gehen Sie mit Ihrer Aufmerksamkeit in diese Körperbereiche und lösen Sie die Spannungen wieder.*

5 *Kehren Sie langsam aus der Meditation zurück und öffnen Sie die Augen.*

TEIL 2: MEDITATIONSÜBUNGEN

Wachheit

Wir verbringen allzu viel Zeit „schlafwandelnd": Wie automatisiert spult unser eingeübtes Verhalten ab, ohne dass wir bemerken, was um uns her passiert. Im Bus etwa registrieren wir nicht, wie schön die Landschaft draußen ist oder wer neben uns sitzt. Zahllose kostbare Momente der Gegenwart gehen uns so verloren. Wachheit hilft, jeden Moment der Gegenwart zu erleben, sodass uns nichts entgeht.

Wenn man stets wach ist, erlebt man jeden Augenblick viel intensiver.

Wachheit üben

Automatisierte Handlungen sind nicht durchweg falsch: Sie schaffen uns Raum für unsere Planungen. Aber wenn man zu viel Zeit mit Gedanken an Vergangenheit und Zukunft verbringt, geht einem die wertvollste Zeit – die Gegenwart – verloren. Wer sich Wachheit antrainiert, um sich des jeweils aktuellen Augenblicks bewusst zu werden, wird sensibler und kann seine Aufgaben weitaus effizienter erfüllen. Wenn zum Beispiel ein Arzt einen Patienten hellwach wahrnimmt, wird er an ihm eine Fülle von Details bemerken, die ihm gestatten, im Gespräch und bei der Diagnose viel exakter auf die akuten Bedürfnisse dieses speziellen Ratsuchenden einzugehen.

Viele Menschen verbringen einen Großteil ihrer Zeit gedankenverloren. Sie sind überall, nur nicht bei der aktuellen Sache.

Um solche Wachheit zu entwickeln, muss man bemüht sein, stets in der Gegenwart zu bleiben und ihr mit allen Sinnen Aufmerksamkeit zu schenken. Wenn Sie zum Beispiel einen Brief „wach“ schreiben, werden Sie vielleicht plötzlich den Geruch des Papiers wahrnehmen, das Gewicht des Stifts spüren, den Fluss der Buchstaben fühlen und zugleich Ihrer eigenen Gedanken und Handlung während des Schreibens gewärtig sein. Nichts wird Ihrer Aufmerksamkeit entgehen, Sie sehen alles, spüren alles, und zwar aus einer neutralen stillen Distanz heraus. Denn Sie beobachten und empfinden nur, ohne den Wunsch, das Geschehen zu analysieren oder zu bewerten – ganz so wie ein Tier oder eine Pflanze ganz fraglos einfach nur da ist.

In der Gegenwart leben

Wenn man tatsächlich in der Gegenwart lebt, gewinnt Vieles eine neue Bedeutung, jeder Eindruck intensiviert sich: Farben werden strahlender und lebendiger, Düfte verstärken und verfeinern sich, und man nimmt jede einzelne Note in einem Musikstück wahr. Trainieren Sie Wachheit mit der folgenden Meditation.

Wachheit weckt jeden Ihrer Sinne.

Wachheit

Diese Meditation eignet sich besonders gut, um Wachheit zu trainieren. Probieren Sie sie möglichst häufig aus.

1 *Lenken Sie Ihre Aufmerksamkeit von dort fort, wo sie gerade ist und fokussieren Sie sie auf das, was Sie im Augenblick tun – ganz egal, ob Sie gerade umherlaufen, stehen oder sitzen. Womit auch immer Sie beschäftigt sind – essen, duschen – tun Sie es mit allen Sinnen. Riechen Sie den Duft der Luft ringsum, schmecken Sie jeden Bissen, den Sie essen, spüren Sie das Wasser auf Ihrer Haut, wenn Sie duschen. Fragen Sie sich, was Sie da tun, was Sie erleben und spüren.*

2 *Nach einer Weile werden Sie feststellen, dass Ihr Geist versucht, Sie abzulenken. Nehmen Sie die Gedanken, die Ihnen kommen, zur Kenntnis, aber folgen Sie ihnen nicht. Lassen Sie ihren Geist im gegenwärtigen Augenblick. Langsam werden Sie sich in den friedlichen Alphazustand hineinbewegen (Seite 135). Halten Sie diese Meditation so lange wie möglich durch.*

Diese Meditation hilft, in allem Schönheit zu entdecken, die einer winzigen Blüte ebenso wie jene der Menschen, die Ihnen nahe stehen.

Affirmationen

Eine Affirmation ist ein verbales Statement, das Sie still oder laut so lange wiederholen, bis seine Aussage bedeutungslos wird und Ihnen nur noch der reine Klang der Äußerung bewusst ist. Das mag Sie zunächst etwas befremden – lassen Sie sich aber darauf ein, werden Sie bald bemerken, wie kraftvoll Affirmationen auf Ihren Geist und Ihr Wohlbefinden einwirken können.

Affirmationen im Alltag

Man kann Affirmationen im täglichen Leben einsetzen, um den Geist auf positives Denken zu programmieren. Nehmen wir an, ein Mann soll auf einer Hochzeit eine Rede halten. Seine „innere Stimme" meldet sich und quält ihn mit der Angst, er könne sich blamieren. Schließlich ist er so nervös, dass er sich überhaupt nicht mehr konzentrieren kann. Der Mann entscheidet sich für die Affirmation „Ich bin ein guter Redner" und wiederholt diesen Satz für sich mehrfach. Zunächst überzeugt er ihn nicht, aber dann verschwindet durch die ständige Wiederholung die Aussage, und es bleibt nur der Klang des Statements übrig, der

Positives Denken kann dafür sorgen, dass Sie sich selbst mögen und zu sich stehen.

Affirmationen können Ihre Selbstzweifel ausräumen und Ihr Selbstvertrauen stärken.

ihm schließlich selbstverständlich erscheint. Da ihm das Statement nun vertraut ist, braucht seine linke Gehirnhälfte es nicht mehr zu analysieren, der Satz wandert in die rechte Gehirnhälfte, die ihn nicht beurteilt, sondern fühlt und wahrnimmt. Sie akzeptiert die Aussage ohne Nachfrage und verwandelt sie in ein positives Gefühl. Die Versagensangst löst sich auf, ein neues Selbstbewusstein entsteht.

Sie können jede Aussage zur Affirmation benutzen; wichtig ist nur: Sie soll Ihnen ein gutes zuversichtliches Gefühl vermitteln und leicht auszusprechen sein. Zum Beispiel:

Ich bin sehr zufrieden!
Ich verzeihe mir!
Mein Körper ist schön!
Ich bin mit mir im Frieden!
Ich bin total entspannt!

Schreiben Sie sich jede Ihrer Affirmationen auf und platzieren Sie sie gut sichtbar.

Affirmationen können Ihnen helfen, sich selbst in einem positiven Licht zu sehen.

Beim Meditieren

In der Meditation werden Affirmationen mit einem anderen Ziel eingesetzt: Sie sollen das „innere Geschwätz“ zum Schweigen bringen. Wenn es Ihnen schwer fällt, Ihre kreisenden Gedanken zu zentrieren, kann eine Affirmation Ihnen helfen, Ihren Geist an allen Abschweifungen zu hindern – so wie es auch das Zählen der Atemzüge leistet (Seite 143): Sie bieten Ablenkungen Einhalt, indem Sie sich auf eine Sache konzentrieren. Manchem Meditierenden fallen Affirmationen leichter als das Abzählen der Atemzüge.

Beim Meditieren setzt man Affirmationen meist ein, während man sich auf etwas anderes konzentriert, etwa auf Sinneswahrnehmungen. Da ihr Zweck darin liegt, störende Gedanken fern zu halten, ist ihr Inhalt nicht wichtig. Trotzdem sollten Sie sich positive Statements ausdenken, die sich in Ihrem Unterbewusstsein verankern. Vergessen Sie aber nicht, dass es vor allem darum geht, das „innere Geschwätz" Ihres Geistes zu unterbinden, und nicht darum, ihn mit neuen Gedanken zu füttern, die Sie weiter ablenken könnten.

Durch regelmäßige Übung werden Sie sich mit der Technik der Affirmation rasch vertraut machen. Probieren Sie Affirmationen aus, deren Inhalte Ihnen etwas bedeuten.

In der Praxis

Am besten greifen Sie zu Affirmationen, wenn Sie entspannt sind. Sie werden dann besser in der Lage sein, dem „inneren Geschwätz" etwas entgegenzusetzen, und die positive Idee hinter der Affirmation wird sich umso rascher aus dem Reich Ihrer Gedanken ins Reich Ihrer Gefühle begeben. Wenn es Ihnen schwer fällt, sich zu entspannen, führen Sie zunächst die Übung von Seite 145 durch. Das Wichtigste bei der Affirmation ist ihre regelmäßige Wiederholung. Gehen Sie dabei so weit, wie Sie sich wohl damit fühlen; beginnen Sie mit mindestens drei Wiederholungen pro Sitzung, dreimal täglich.

Andere Affirmationen

Probieren Sie die Affirmationsübung aus, die Sie auf der folgenden Seite finden. Testen Sie anschließend andere Affirmationen Ihrer Wahl. Suchen Sie nach Statements, mit denen Sie das unablässige Kreisen Ihrer Gedanken beenden können; die Affirmationen sollten zudem gut in Ihren Atemrhythmus passen. Hier ein paar Vorschläge:

Loslassen

Frieden für immer

hellwach

fröhlich und frei

Entspannen Sie sich, bevor Sie mit Affirmationen beginnen – dann wirken sie schneller und effektiver.

Affirmationsübung

Mit dieser Übung können Sie effizient Ihren Geist kontrollieren und Ihre Konzentrationsfähigkeit verbessern. Sie ist außerdem sehr entspannend.

1 *Nehmen Sie die sitzende, kniende oder liegende Position ein (Seite 142–143). Beginnen Sie erst, wenn Sie wirklich entspannt sind. Nötigenfalls führen Sie erst die Entspannungsübung von Seite 145 durch. Lockern Sie jegliche Spannung, lassen Sie sie aus Ihrem Körper herausgleiten.*

2 *Konzentrieren Sie sich auf Ihren Atem. Atmen Sie natürlich ein und aus, folgen Sie dabei dem Rhythmus Ihres Atems mehr, als dass Sie ihn zu kontrollieren versuchen.*

3 *Wenn Sie sich bereit fühlen, sprechen Sie das Wort „entspannt" aus, entweder laut oder still. Atmen Sie bei der Silbe „ent-" ein und bei „-spannt" wieder aus. Zwingen Sie Ihren Atem dabei nicht in einen Rhythmus oder ein Muster. Atmen Sie ganz normal weiter und bringen Sie das Tempo Ihrer Affirmation in den gleichen Rhythmus wie Ihren Atem.*

4 *Vielleicht bemerken Sie, wie Ihr Geist Sie ablenken will. Holen Sie ihn langsam zurück und wiederholen Sie weiterhin das Wort „entspannt" im Rhythmus Ihres Atems. Wiederholen Sie es so lange, wie es angenehm ist.*

5 *Wenn Sie die Übung beendet haben, überprüfen Sie, wie Sie sich fühlen. Sie sind wahrscheinlich entspannter, werden aber auch andere Gefühle feststellen.*

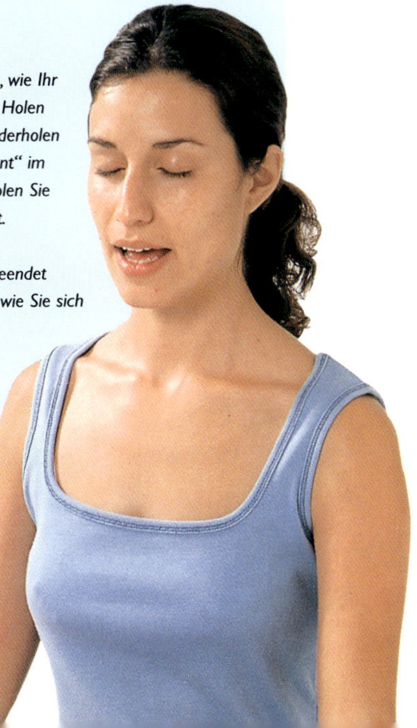

Lösen Sie bewusst jede Spannung im Körper, damit Sie völlig entspannt sind.

Mantras

Mantras ähneln Affirmationen: Auch bei ihnen handelt es sich um verbale Äußerungen, die Sie viele Male wiederholen. Wichtig sind an ihnen aber im Unterschied zu den Affirmationen ihre Klangqualitäten; sie lösen in Ihrem Körper Schwingungen aus, die heilsam auf Ihr Bewusstsein einwirken.

Buddhisten verwenden gerne das Mantra Om Mani Padme Hum, *um Erbarmen zu finden.*

Mantras für Jeden

Ohne Zweifel gibt es Mantras mit einem gewissen magischen Zauber. Sie sind in vielen spirituellen Lehren zu finden, und Hindus, Muslime, Buddhisten und Christen setzen sie seit tausenden von Jahren ein.

Aber auch ohne religiös zu sein, können Sie Mantras nutzen, die sich nicht auf eine bestimmte Gottheit beziehen. Sie helfen Ihnen, einen Zustand des Friedens und der Ruhe herbeizuführen sowie Ihre Wachheit, Aufmerksamkeit und Kreativität zu fördern.

Bekannte Mantras

Das wohl bekannteste aller Mantras ist das heilige OM. Die Silbe stammt aus dem Hindi und wird A-UM ausgesprochen. Die Hindus glauben, dass OM den Schallwellen entspricht, die der Erschaffung des Universums zugrunde liegen. Es gilt als ein sehr kraftvolles Mantra, zu dem man greift, um die Einheit des Universums und aller Kreaturen anzurufen.

Ein anderes bekanntes Mantra ist das OM MANI PADME HUM der Buddhisten, mit dem sie um Erbarmen bitten und negative Gefühle gegenüber sich selbst oder anderen zerstreuen wollen. Dieses Mantra kann auch dabei helfen, während einer Entspannungsphase wachsam zu bleiben.

Ein unter Christen beliebtes Mantra ist das lithurgische ALLELUIA oder auch HALLELUJA. Es stammt aus dem Alt-Hebräischen: *hallelu* heißt loben, preisen, während *Jah* für *Jehova,* Gott, steht. Das Mantra HALLELUJA bedeutet also: „Gepriesen sei Gott!“.

Mantra-Übung

Sie können hierzu jedes Mantra verwenden, sinnvoll ist aber eines, das für Sie eine spezielle Klangqualität hat. Üben Sie zu Beginn nur ein paar Minuten, aber versuchen Sie, sich langsam auf mindestens 20 Minuten zu steigern.

1. *Setzen Sie sich in den Schneidersitz oder in eine andere Sitzposition (Seite 142). Schließen Sie die Augen und atmen Sie ganz normal.*
2. *Wiederholen Sie das Mantra, das Sie ausgewählt haben. Sie können es laut aussprechen oder still in sich denken, so wie Sie möchten. Wenn es hilft, sprechen Sie es im Rhythmus Ihres Atems oder Herzschlags.*
3. *Lassen Sie sich von Rhythmus und Klang des Mantras forttragen. Wenn Ihre Konzentration nachlässt, holen Sie ihren Geist sanft aber bestimmt zurück und wiederholen Sie das Mantra mit stärkerer Betonung.*
4. *Kehren Sie langsam zurück und öffnen Sie die Augen.*

Die Kraft der Mantras

Der Klang eines Mantras soll, selbst wenn man es nur in Gedanken ausspricht, im ganzen Körper vibrieren. Sie können ein Mantra im Gleichtakt mit Ihrem Atem oder Herzschlag aussprechen oder es frei intonieren.

Verwenden Sie zu Beginn bewährte Mantras, später können Sie dann Ihre eigenen ausprobieren. Achten Sie darauf, dass ihr Klang in Ihnen vibriert und Resonanz findet. Hier sind einige Vorschläge:

Liebe

Frieden Ruhe

eins zwei dreiii

Ahhhh oo mmmm

Meditation im Stehen und Gehen

Man kann jederzeit und überall meditieren. Sie müssen dazu nicht sitzen oder liegen. Auch im Stehen, im Gehen oder sogar beim Tanzen können Sie meditieren.

Stehhaltung

Stellen Sie sich aufrecht hin, die Füße etwa 45 Zentimeter auseinander. Kopf und Wirbelsäule sollten eine Linie bilden. Halten Sie Ihr Becken gerade, sodass Sie nicht im Hohlkreuz stehen. Vor allem verspannen Sie sich nicht. Ihre Haltung soll bequem sein, damit Sie nicht ermüden.

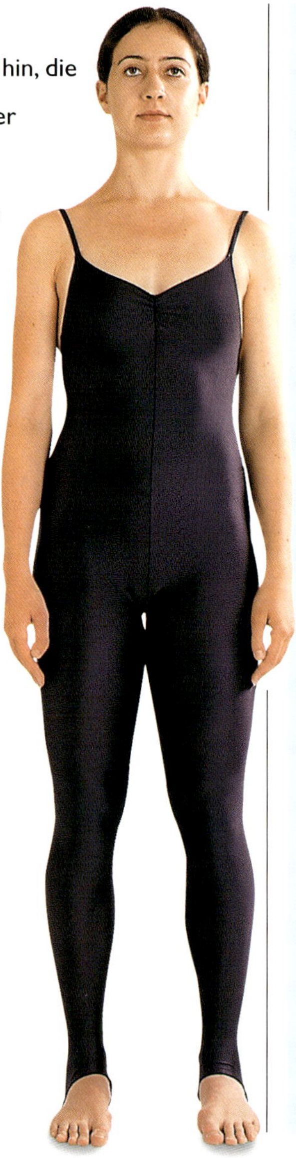

Wenn Sie gerade und entspannt stehen, kann die Energie frei durch Ihren Körper fließen.

Meditation der goldenen Blume

Diese Meditation steigert Ihre Konzentrationsfähigkeit und revitalisiert Sie, indem sie Ihnen die Energie der Erde zuführt, statt Ihre eigene zu verbrauchen.

1. *Stellen Sie sich aufrecht hin (siehe links) und lassen Sie alle Spannung von Ihrem Körper abfallen. Atmen Sie ganz normal und sanft.*

2. *Stellen Sie sich Ihre Wirbelsäule als Blütenstiel vor. Spüren Sie, wie er nach oben wächst, vom unteren Rücken aus bis in den Nacken. Er wächst weiter über Ihren Kopf hinaus, wo eine große, goldene Blüte blüht. Die Blüte wächst noch ein bisschen weiter nach oben und streckt Ihre Wirbelsäule.*

3. *Stellen Sie sich gleichzeitig Ihre Füße als Wurzel der Blume vor. Spüren Sie, wie sie tief in die Erde wachsen. Zwischen der Blüte über Ihrem Kopf und den Wurzeln an Ihren Füßen dehnt sich Ihre Wirbelsäule noch ein wenig weiter. Arme und Hände werden zu Blättern, leicht wie ein Hauch.*

4. *Jetzt stellen Sie sich vor, wie Energie in Form von weißgoldenem Licht aus den Wurzeln hochströmt, die Wirbelsäule entlang bis zu Ihrem Kopf, wo die goldene Blüte blüht. Das Licht füllt Ihren Körper mit reinigender Energie und spendet Kraft. Halten Sie dieses Bild ein paar Sekunden fest.*

5. *Lassen Sie das Licht wieder aus Ihrem Körper zurück in die Erde strömen. Schauen Sie zu, wie die Blüte sich schließt und ihr Stiel sich entspannt und wieder zu Ihrer Wirbelsäule wird. Entspannen Sie sich.*

Trainieren Sie Ihre Wachheit bei Spaziergängen, die Sie für die natürliche Schönheit der Welt öffnen.

Spaziergänge in Wachheit

Auch diese Meditation fördert Ihre Konzentrationsfähigkeit und Aufmerksamkeit. Sie ist außerdem entspannend und sehr angenehm.

1 *Wenn Sie draußen unterwegs sind, auf dem Weg zur Arbeit oder bei einem Spaziergang, denken Sie nicht an die Vergangenheit oder die Zukunft. Konzentrieren Sie sich auf Ihr Atmen und gehen Sie aufrecht, Kopf und Wirbelsäule in einer Linie.*

2 *Lenken Sie nun Ihre Aufmerksamkeit auf das Gehen. Gehen Sie bewusst, konzentrieren Sie sich auf jeden Schritt. Beachten Sie, wie sich Ihr Gewicht von einem Fuß auf den anderen verlagert, wie sich Ihre Arme und Beine bewegen, und wie sich die Luft in Ihrem Gesicht anfühlt.*

3 *Jetzt schließen Sie Ihre Umgebung in Ihre Aufmerksamkeit mit ein. Wo sind Sie? Wer oder was ist bei Ihnen? Horchen Sie auf die Geräusche, nehmen Sie die Gerüche, Farben und Bewegungen wahr. Wie fühlen sie sich dabei? Versuchen Sie, möglichst viele Sinneswahrnehmungen aufzunehmen.*

Die Chakras

Im indischen Yoga sind Chakras die unsichtbaren Energiezentren des Körpers. Diese rotierenden Räder spiritueller Energie halten Körper und Geist in einer ausgeglichenen Balance. In ihnen wird die Lebenskraft gespeichert, die die Yogis Prana nennen, die Chinesen Ch'i und die Japaner Ki. Diese dynamische Energie ist die universale Lebenskraft, die den gesamten Kosmos durchdringt.

Die Chakras entdecken

Die sieben wichtigsten Chakras des Körpers liegen zwischen dem Steißbein und dem Scheitelpunkt des Kopfes. Es gibt noch weitere, aber wir konzentrieren uns auf diese sieben (Seite 78–79).

- **Das erste oder Wurzelchakra** liegt am unteren Ende der Wirbelsäule. Es steht mit allem Materiellen in Verbindung, darunter physische Kraft, Besitz, Status und Überleben. Hier wird auch die schlafende Energie Kundalini gespeichert. Yogis versuchen, diese Energie zu reaktivieren, damit sie durch die Chakras fließen kann. Wenn sie im Scheitelchakra ankommt und damit alle Chakras offen und ausbalanciert sind, erlangt man Erleuchtung.

- **Das zweite Chakra oder Sakral- und Sexualchakra** liegt im Unterbauch, knapp über den Genitalien. Es kontrolliert Sexualität, Sinnlichkeit und Fortpflanzung.

- **Das dritte oder Solarplexuschakra** liegt am Sonnengeflecht im Oberbauch, zwischen Rippen und Bauchnabel. Dieses Energierad beherrscht die inneren Kräfte, den Willen und das Selbstvertrauen.

- **Das vierte Chakra oder Herzchakra** liegt in Höhe des Herzens. Es hat Einfluss auf unsere Beziehungen, auf Liebe, Mitgefühl und Gefühle im Allgemeinen.

- **Das fünfte Chakra oder Halschakra** liegt zwischen Halsgrube und Kehlkopf. Es beeinflusst unsere Ausdrucks- und Kommunikationsfähigkeit und Kreativität.

- **Das sechste Chakra oder Ajna- oder Hypophysenchakra** liegt auf der Stirn, leicht erhöht zwischen den Augenbrauen. Es kontrolliert die Fantasie, die Klarheit der Gedanken, Intuition, Träume und unsere psychischen Fähigkeiten.

- Das **siebte Chakra oder Scheitelchakra** liegt auf dem Schädeldach und ist zuständig für höheres Bewusstsein und unsere Verbindung zum Göttlichen.

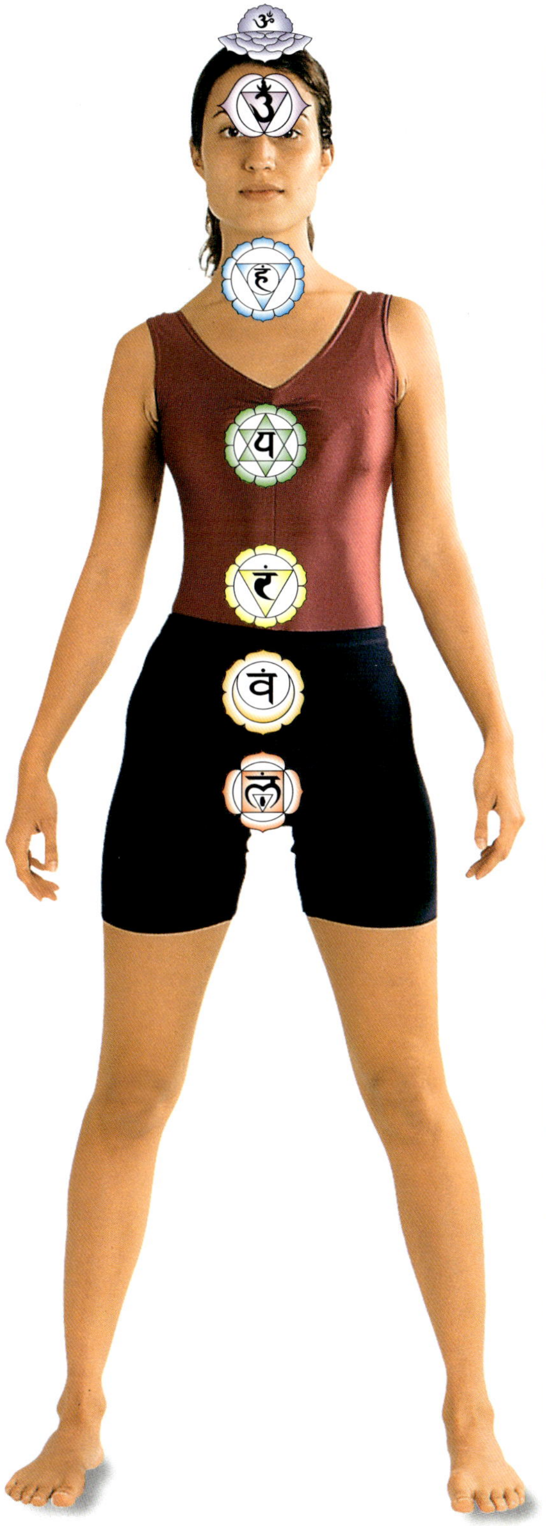

Sich ausbalancieren

Im Idealzustand fließt die Energie zwischen den Chakras frei und sie befinden sich in einem Gleichgewicht zueinander. Meditation kann helfen, die Chakras so auszubalancieren, dass der Energiefluss nicht gestört ist, Ihr spirituelles Bewusstsein erweitert und Ihr Wohlbefinden gesteigert wird.

Ist ein einzelnes Chakra „blockiert", kann das zu Problemen in jener Körperregion führen, mit der es zusammenhängt. Ist zum Beispiel das zweite Chakra von einer Blockade betroffen, kann das auf Ihre Sexualität oder Fortpflanzungsfähigkeit einwirken. Wenn das fünfte Chakra blockiert ist, kann das Ihre Selbstdarstellung und Kreativität hemmen. Tatsächlich sind bei den wenigsten Menschen alle Chakras beständig offen und ausbalanciert – dieser Zustand kann nur ein langfristiges Ziel des Meditierens sein.

Ernsthaft an diesem Ziel zu arbeiten, erfordert intensive Übung und Disziplin; und beides erreicht man nur unter fachkundiger und erfahrener Anleitung. Wenn Sie aber einfach nur ein wenig über Ihre eigenen Chakras erfahren wollen oder deren Energie einmal spüren möchten, dann können Sie das getrost auf eigene Faust tun.

Die sechs unteren Chakras steigen an der Wirbelsäule den Körper hinauf. Das höchste Chakra liegt am Scheitel.

Lotusblüten

Bei einer Chakra-Meditation visualisiert man diese Energiezentren als Lotusblüten mit einer bestimmten Anzahl von Blütenblättern. Der Lotus gilt in Asien als ein wichtiges Symbol der Spiritualität, da er zwar unter Wasser im Schlamm wurzelt, seine Blüte sich aber über der Wasseroberfläche zum Himmel hin öffnet. Sie können ein Chakra jedoch auch als eine Art Energiespeicher visualisieren. Die Tabelle verbindet Namen und Lage der sieben wichtigsten Chakras mit der jeweiligen Farbe und Anzahl der Blütenblätter des Lotus.

Wenn Sie über die Chakras meditieren, stellen Sie sich geöffnete Lotusblüten vor.

Zuordnungen der sieben Hauptchakras

Chakra	Indischer Name	Lage	Thema	Farbe	Drüsen- und Körpersystem	Anzahl der Blütenblätter
Wurzel	Muladhara	Steißbein	Materielles, Status, Überleben	Rot	Nebennieren, Skelett, Lymphe und Ausscheidungssystem	4
Sexual, Sakral	Swadhisthana	Unterleib, über den Genitalien	Sexualität und Sinnlichkeit	Orange	Keimdrüsen und Fortpflanzungssystem	6
Solar-plexus	Manipura	Solarplexus oder Bauchnabel	innere Stärke, Wille und Selbstvertrauen	Gelb	Bauchspeicheldrüse, Muskeln und Verdauungssystem	10
Herz	Anahata	Brustmitte	Beziehungen, Liebe, Mitgefühl und Gefühle allgemein	Grün	Thymusdrüse, Atmung, Kreislauf und Immunsystem	12
Hals	Vishuddha	Halsmitte	Ausdruck, Kreativität und Kommunikation	Türkis und Blau	Schilddrüse und Stoffwechsel	16
Stirn-	Ajna	zwischen den Augenbrauen	Fantasie, Klarheit der Gedanken, Intuition und Träume	Indigo	Hypophyse und endokrines System	96
Scheitel	Sahasrara	Schädel-decke	Verstehen, höheres Bewusstsein und Verbindung zum Göttlichen	Violett	Zirbeldrüse und Nervensystem	1000

Es kann schwierig sein, sich die Chakras vorzustellen; mit Hilfe einer CD können Sie sich leichter ein Bild davon machen.

Die Chakras finden

Entgegen mancher verbreiteten Vorstellung drehen sich die Energieräder nicht etwa vertikal an ihren jeweiligen Positionen im Körper. Sie sind vielmehr auf verschiedenen Ebenen horizontal gelagert, sodass man sie nur von Oben „sehen" könnte – wenn man denn in der Lage wäre, sie zu „sehen".

Um sich ein Bild eines Chakras zu machen, strecken Sie einmal Ihren Zeigefinger vor Ihren Augen gerade hoch und „spießen" Sie mit ihm irgendeine CD auf, die Sie nun ein paarmal drehen – selbstverständlich ist nur die Kante der CD sichtbar.

Ganz genau so sind die Chakras im Körper positioniert. Wenn Sie sie tatsächlich als sich drehende Energieräder betrachten wollten, müssten Sie von oben durch einen Körper hindurchschauen. Dann könnten Sie sehen, dass die Chakras rund sind.

Der Sushumna-Kanal

Um es noch deutlicher zu machen, stellen Sie sich vor, die Chakras wären an verschiedenen Stellen Ihrer Wirbelsäule befestigt. Tatsächlich liegen sie innerhalb Ihres Körpers entlang eines Energiekanals, des so genannten Sushumna, und sind über Nerven mit dem Rückenmark verbunden. Ihre genauen Lagen können Sie der Tabelle auf Seite 158 entnehmen.

Stehen Sie aufrecht und visualisieren Sie die Chakras in Ihrem Körper.

Chakra-Meditation

Als Anfänger werden Sie bei dieser Meditation vermutlich einige Chakras besser spüren können als andere. Mit etwas Übung werden Sie sie aber alle erfühlen.

Wenn es Ihnen auch nach einigen Versuchen mit der folgenden Chakra-Meditation schwer fällt, den Energiefluss in bestimmten Chakras zu spüren, könnte das daran liegen, dass der Fluss dort „blockiert" ist. Bei fast jedem Menschen sind ein oder mehrere Chakras blockiert. Diese Blockaden sollte man behandeln, denn sie können später Probleme verursachen (Seite 158).

Blockaden lösen

Versuchen Sie aber nicht, solche Chakra-Blockaden selbst zu lösen. Konsultieren Sie dazu baldmöglichst einen qualifizierten Therapeuten, zum Beispiel einen Ayurveda-Fachmann. Ayurveda, das alte indische Heilsystem, versucht mit Hilfe von Kräuteranwendungen, einer besonderen Ernährung, Atemübungen, Reinigung, Meditation, Yoga, Massagen und anderen Behandlungen die gesunde Balance in Körper und Geist wiederherzustellen.

Eine qualifizierte Ayurveda-Spezialistin kann Ihnen helfen, blockierte Chakras zu öffnen und den Energiefluss wiederherzustellen.

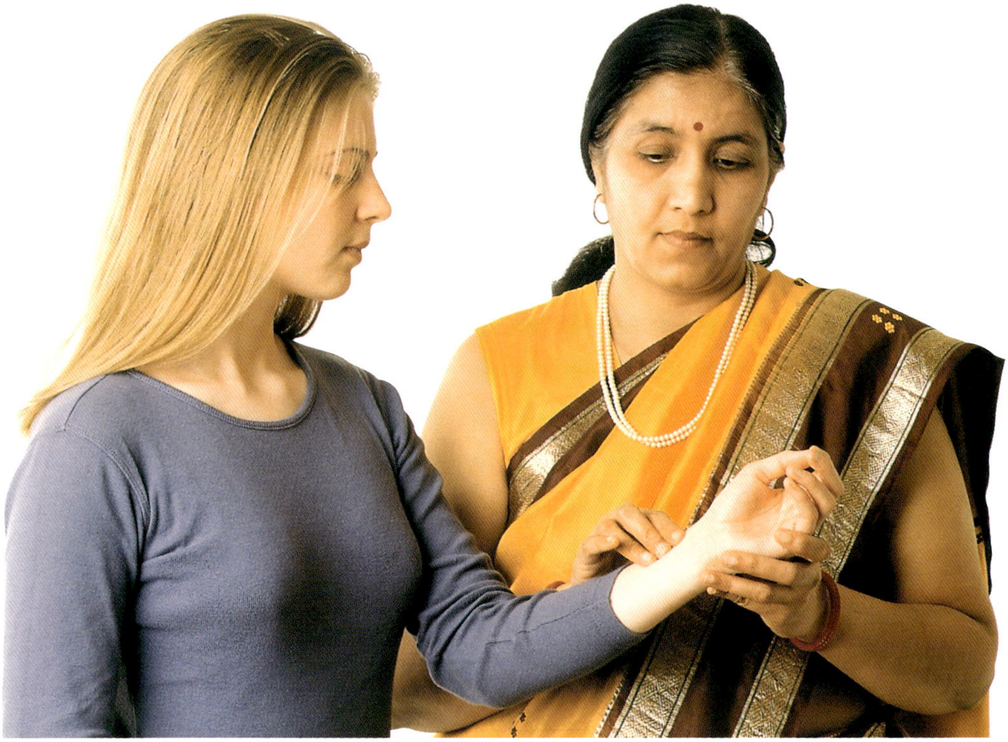

Chakra-Meditation

Suchen Sie sich für diese Meditation einen ruhigen Platz, an dem Sie nicht gestört werden. Tragen Sie lockere, bequeme Kleidung. Es ist hilfreich, dabei die Augen zu schließen.

1 *Setzen Sie sich auf einen Stuhl oder in den Schneidersitz (Seite 142–143). Sitzen Sie aufrecht, mit gerader Wirbelsäule; Kopf und Wirbelsäule sind in einer Linie ausgerichtet. Sie sollten bequem und entspannt sitzen. Atmen Sie 3-mal ganz tief ein und aus, dann atmen Sie normal weiter.*

2 *Versuchen Sie, das Chakra am unteren Ende Ihrer Wirbelsäule zu spüren. Stellen Sie es sich als Lotusblüte mit der entsprechenden Anzahl von Blütenblättern (Tabelle Seite 158), als sich drehendes Rad oder als Energiespeicher vor. Wählen Sie ein Bild, das Ihnen passend erscheint, und spüren Sie die Energie, die darin liegt. Wie fühlt sich das an?*

3 *Verlagern Sie jetzt Ihre Aufmerksamkeit auf das nächste Chakra im Unterbauch, unmittelbar oberhalb der Genitalien. Spüren Sie die darin liegende Energie. Fühlt sie sich anders an als die Energie am Wurzelchakra?*

4 *Wenn es Ihnen schwer fällt, den Energiefluss in einem oder mehreren Chakras zu spüren, versuchen Sie, Energie in die entsprechende Körperregion „hineinzuatmen" – stellen Sie sich beim Ein- und Ausatmen vor, dass Ihr Atem das betreffende Chakra revitalisiert.*

5 *Bewegen Sie Ihre Wahrnehmung über den Sushumna-Kanal durch die anderen Chakras hindurch aufwärts: zum Solarplexus, zum Herz, zum Hals und zum „dritten Auge". Sondieren Sie die feinen Energieunterschiede zwischen den Chakras. Zum Schluss konzentrieren Sie sich auf Ihre Schädeldecke und erkunden das dortige Scheitelchakra.*

6 *Kehren Sie langsam aus der Meditation zurück, entspannen Sie sich weiter, atmen Sie ein paar Mal tief ein und aus und beenden Sie die Übung.*

Die Chakras einzeln durchzugehen hilft, die Energieströme in Einklang zu bringen.

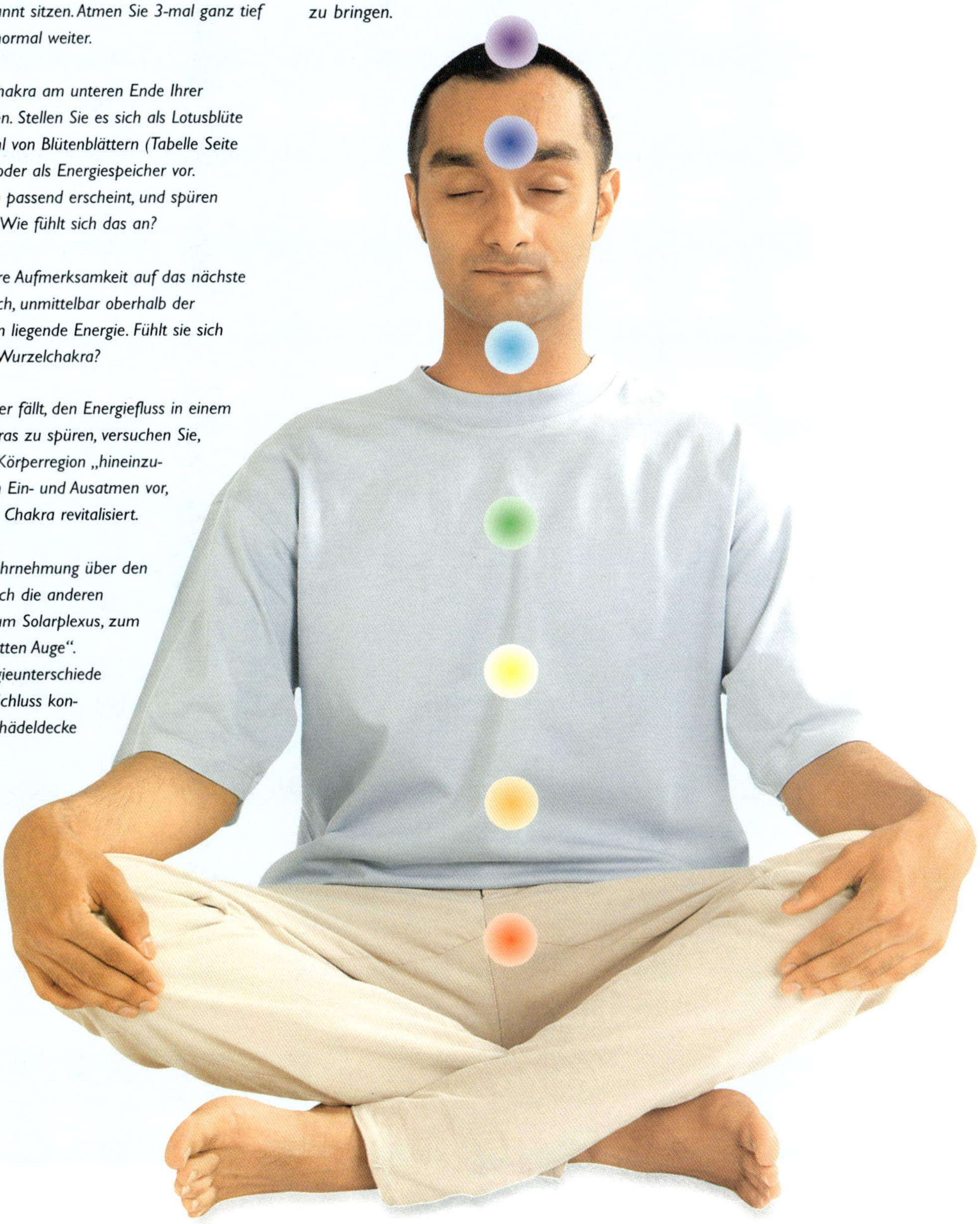

Visualisieren

Diese sehr effektive und heute vielerorts angewandte Technik führt Sie mit Hilfe Ihrer Fantasie in bestimmte Geistes- und Seinszustände. Man kann sie zu ganz unterschiedlichen Zwecken einsetzen, etwa um Konzentration und geistige Fähigkeiten zu trainieren, das eigene Selbstvertrauen zu stärken und Probleme zu lösen. Sie kann sogar heilend wirken und zu spiritueller Erleuchtung beitragen.

Die Wirkung

Bei der Visualisierung benutzen Sie Ihre Vorstellungskraft, um mentale Bilder von Dingen herzustellen, die von Bedeutung sind. Darüber hinaus sprechen Visualisierungen sämtliche Sinne an – sehen, riechen, tasten, hören und schmecken – und zuletzt auch Ihre Gefühle. Manche Visualisierungen können sich sogar körperlich manifestieren.

Versuchen Sie einmal, sich an eine besonders beängstigende Situation zu erinnern. Das kann eine fürchterliche Autofahrt sein oder ein einsamer nächtlicher Spaziergang in einer verlassenen Gegend. Oder Sie denken an Ihre Phobien: Fürchten Sie sich vor Spinnen? Dann stellen Sie sich vor, dass eine Spinne über Ihre Hand oder in Ihrem Haar krabbelt. Und wenn Sie unter Höhenangst leiden, stellen Sie sich vor, dass Sie mit einem Fallschirm aus einem Flugzeug springen.

Wenn Sie eine dieser Situationen so deutlich visualisieren können, dass Ihnen jedes Detail der Situation gegenwärtig ist (beispielsweise wenn Sie spüren, wie sich die Spinne auf Ihrem Kopf bewegt), dann werden Sie feststellen, dass Ihr Körper schon auf diese Vorstellung hin mit Stress reagiert. Sie werden sich verspannen und Ihr Puls wird beschleunigt. Vielleicht atmen Sie auch schneller. Wenn der Stress stark genug ist, fangen Sie möglicherweise sogar an zu schwitzen oder zu zittern.

Oft führt schon der Gedanke an Spinnen zu den Gefühlen und körperlichen Reaktionen, die tatsächliche Spinnen auslösen.

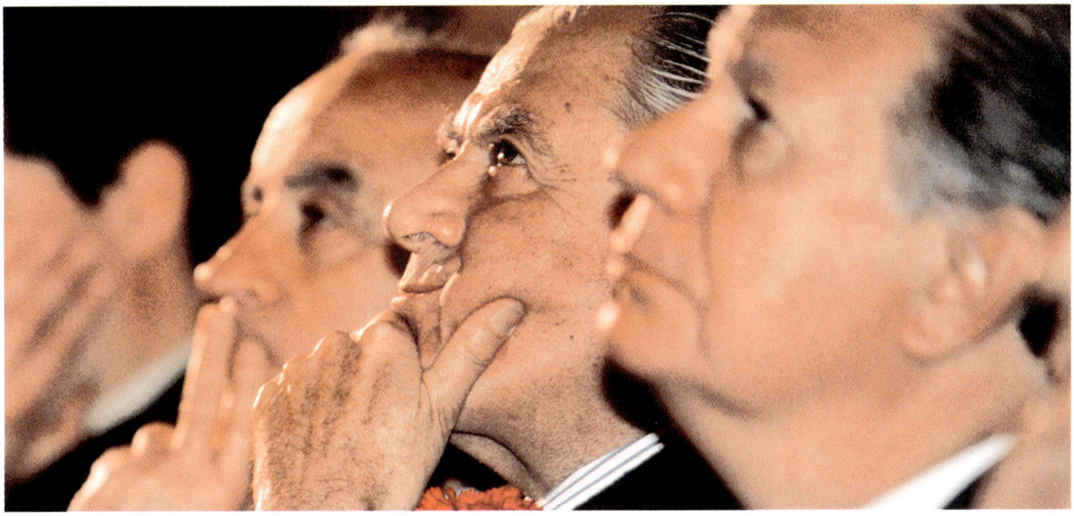

Bei Angst vor öffentlichen Auftritten hilft es, ein aufmerksames Publikum zu visualisieren.

Ihr Körper reagiert so heftig, weil er nicht zwischen Realität und Visualisiertem unterscheiden kann und ganz konsequent sofort die Cannonsche Notfallreaktion auslöst (Seite 144). Er fährt alle Systeme, die nicht unmittelbar zum Überleben benötigt werden, herunter und schüttet Adrenalin und andere Stoffe aus, um Sie auf die möglicherweise lebensrettende Flucht oder Verteidigung optimal vorzubereiten.

Positive Wirkungen

Ebenso gut können Sie die Visualisierung aber auch für Ihr Wohlbefinden nutzen. Wenn wir tagträumen oder uns etwas vorstellen, das uns glücklich macht, produziert unser Gehirn Endorphine und andere Glücksstoffe und lässt uns so auch körperlich ein Glücksgefühl erleben. Visualisierung kann den gleichen Effekt erzielen wie eine reale Situation.

Kommen wir noch einmal auf den Redner zurück, der Angst vor Auftritten in der Öffentlichkeit hat (Seite 148). Es lässt sich leicht begreifen, wie er eine Visualisierung zu seinem Nutzen einsetzen könnte: Er müsste sich als jemanden sehen, der selbstbewusst und klar vor einem Publikum spricht, das ihm aufmerksam zuhört Er genießt seine Rede, ist gelassen und fühlt sich wohl. Das Publikum überschüttet ihn mit begeistertem Applaus. Visualisiert dieser Mann diese Situation immer wieder, lässt seine rechte Gehirnhälfte (Seite 135) ihn schließlich den Gedanken an öffentliches Sprechen als angenehm empfinden – seine Angst ist verschwunden.

Visualisierung spielt sich also nicht nur im Kopf ab. Sie beginnt zwar dort, kann aber starke körperliche Auswirkungen haben.

Visualisierung für sich nutzen

Visualisierung kann also ausgesprochen positive Wirkungen haben und uns in den verschiedensten Situationen unterstützen. Wenn Sie Ängste überwinden möchten, kann Ihnen die Technik des Visualisierens dabei helfen. Wenn Sie Ihre Sucht nach Kaffee, Alkohol, Tabak oder Drogen besiegen möchten oder wenn Sie einfach nur etwas mehr Selbstvertrauen gewinnen möchten, dann bietet Ihnen Visualisierung auch darin eine Unterstützung.

Versuchen Sie beim Visualisieren, sich die jeweilige Situation so deutlich und detailliert wie möglich vorzustellen. Und denken Sie daran, dieses Bild immer wieder zu reproduzieren, damit die Botschaft an die rechte Gehirnhälfte eindeutig ist. Sie ist für Gefühle und Empfindungen zuständig, nicht für Denken und Sprechen. Sie empfängt die Signale Ihrer Visualisierung und wandelt sie in Emotionen um, sobald die Informationen die linke Gehirnhälfte verlassen haben (Seite 135). Sie können diese Technik rasch erlernen.

Die Kraft der Visualisierung

Visualisierung verwendet zwei Arten von Vorstellungen: aktive und rezeptive. Zur aktiven Vorstellung gehört jedes Bild, das man sich bewusst auswählt, um sich darauf zu einem bestimmten Zweck zu konzentrieren. Zu den rezeptiven Vorstellungen zählen dagegen jene Bilder, die aus dem Unterbewusstsein stammen und denen man sich einfach überlässt. Die einen bevorzugen aktive Vorstellungen, die anderen passive, die dritten mischen beide.

Welche Variante Sie auch immer bevorzugen, mit beiden können Sie Ihren Geist trainieren. Testen Sie mit der Visualisierungsübung auf der folgenden Seite, wie leicht oder schwer es Ihnen fällt, zu visualisieren, und ob Sie dabei aktiven oder rezeptiven Bildern den Vorzug geben.

Visualisierung hilft Ihnen, Ihren Geist zu schärfen, aber etwa auch, Ihre Kreativität freizusetzen.

Visualisierungsübung

Diese Meditation hilft, Ihre Visualisierungsfähigkeiten zu überprüfen und zu trainieren. Führen Sie sie an einem ruhigen Ort durch, an dem Sie nicht gestört werden.

1. *Nehmen Sie eine bequeme Stellung ein (Seite 142–143). Am besten setzen Sie sich auf einen Stuhl oder in den Schneidersitz; wenn Sie nicht müde sind, können Sie auch liegend meditieren. Atmen Sie normal und schließen Sie die Augen.*

2. *Visualisieren Sie vor Ihrem inneren Auge ein Eichenblatt. Registrieren Sie so viele Details wie möglich. Achten Sie auf alles: Farbe, Form und Beschaffenheit. Merken Sie sich jede feine Linie auf dem Blatt. Drehen Sie es um und betrachten Sie die Rückseite. Wenn Sie die übrigen Sinne ebenfalls beteiligen können, umso besser. Reiben Sie das Blatt zwischen Ihren Fingern. Wie fühlt es sich an? Können Sie hören, wie Ihre Finger über das Blatt streichen? Welchen Geruch verströmt es?*

3. *Öffnen Sie Ihre Augen. Schreiben Sie jede Wahrnehmung ganz genau auf. Wiederholen Sie die Übung mit einer Münze, einer Rose und einem Eis.*

Aktiv oder rezeptiv?

Was fiel Ihnen an den Objekten auf, die Sie visualisiert haben? War das Eichenblatt frisch oder vertrocknet? Biegsam oder brüchig? Was haben Sie mit der Münze gemacht? War die Rose schwer zu visualisieren? Konnten Sie das Eis schmecken? – Wenn Sie sich all dessen unsicher sind, müssen Sie noch weiter üben, um die Bilder greifen zu können. Seien Sie aber getröstet: Visualisierung fällt Anfängern häufig nicht leicht.

Möglicherweise haben Sie bemerkt, dass Ihr Gehirn bestimmte Objekte durch andere ersetzt hat, etwa die Rose durch eine Dahlie. Das spricht dafür, dass Sie eher zu rezeptiven Vorstellungen neigen. Rezeptive Bilder sind aber ebenso aufschlussreich wie aktive, beide trainieren den Geist. Darum sollten Sie sich auf Dauer auch mit beiden Wegen vertraut machen.

Notieren Sie Ihre Erfahrungen mit Visualisierung, um sie gezielter einzusetzen.

Verstehen lernen

Bilder sind die Sprache unseres Unterbewussten. Sie können mit Ihrem Unterbewusstsein kommunizieren, indem Sie diese Bilder gezielt einsetzen und interpretieren und sich die daraus gewonnenen Erkenntnisse zunutze machen. Wenn Sie etwa wünschen, Ihre Mitmenschen besser zu verstehen oder wenn Sie eine Situation als verwirrend empfinden, können Sie Ihr Unterbewusstsein um Hilfe bitten. Dafür benötigen Sie Ihre rezeptive Vorstellungskraft, die die entsprechenden Bilder frei entstehen lässt.

Probieren Sie also in der nächsten schwierigen Lage, in die Sie geraten, einmal die folgende Meditation.

Einsichten gewinnen

Mit Hilfe dieser Technik können Sie bestimmte Gefühle oder Situationen besser verstehen.

1 *Setzen Sie sich auf einen Stuhl oder in den Schneidersitz (Seite 142–143). Sie können die Meditation auch im Stehen durchführen (Seite 154). Entspannen Sie sich und atmen Sie eine Weile wie gewohnt.*

2 *Schließen Sie die Augen und konzentrieren Sie sich auf das Gefühl oder die Situation, die Sie verstehen möchten. Wenn Sie so weit sind, bitten Sie Ihr Unterbewusstsein um ein Bild, das dieses Gefühl oder diese Situation beschreibt.*

3 *Lassen Sie das Bild zu. Zu Beginn mag es scheinen, als habe es nichts mit Ihrer Frage zu tun – Irrtum: Es braucht ein bisschen Übung, um die Symbole des Geistes zu verstehen. Ein bellender Hund? Womöglich ähnelt die Person, die Sie ergründen wollen, einem bellenden Hund, der nicht beißt.*

4 *Wenn Sie Ihr Bild genau betrachtet haben, beenden Sie Ihre Meditation und öffnen Ihre Augen. Denken Sie über das nach, was Sie gesehen haben – auch nach Beendigung der Meditation.*

Es ist nur normal, wenn das auftauchende Bild zunächst keinen rechten Sinn zu ergeben scheint; es kann eine Weile dauern, bis Sie die Symbole Ihres Geistes verstehen.

Orte der Kraft

Mit Hilfe der Visualisierung können Sie auch Ihren spirituellen Ort finden, an den Sie sich zurückziehen können. Dort werden Sie vielleicht auch einmal Ihrem spirituellen Begleiter begegnen.

Es gibt dazu verschiedene geführte Meditationen, die Sie unterstützen können, zum Beispiel auf Tonträgern, die Sie durch die Visualisierung begleiten, sodass Sie sich ganz auf die Bilder konzentrieren können. Für die Astralreise (unten) benötigen Sie aktive und rezeptive Vorstellungen. Wenn Sie sie abgeschlossen haben, denken Sie über das nach, was Sie dabei gesehen oder gehört haben – bis Sie die Bedeutung der Reise verstehen.

Astralreise

Diese Meditation können Sie jederzeit durchführen. Suchen Sie sich einen ruhigen Ort, an dem Sie nicht gestört werden.

1 *Setzen Sie sich auf einen Stuhl oder in den Schneidersitz (Seite 142–143), so wie es Ihnen am bequemsten ist. Entspannen Sie sich in dieser Stellung und atmen Sie ganz natürlich.*

2 *Schließen Sie die Augen und sehen Sie sich durch einen ausgedehnten Wald spazieren. Sie folgen einem Bachlauf, hören das Wasser leise rauschen und über Felsen plätschern. Durch das Blattwerk der Bäume sehen Sie kleine Flecken blauen Himmels. Eichhörnchen flitzen an den Baumstämmen hinauf. In den Kronen zwitschern die Vögel, und Sie hören die Zweige knacken, auf die Sie treten. Es geht Ihnen sehr gut, Sie sind entspannt.*

3 *Nach einem Stück Wegs teilen sich die Bäume und Sie treten auf eine große Lichtung. Der Bach fließt über die Lichtung und Sie riechen sofort den Duft der Wildblumen, wenn Sie ins Freie treten. Die Lichtung ist friedlich und bis auf das Rauschen des Wassers und gelegentliches Vogelgezwitscher ruhig.*

4 *Legen Sie sich dort auf den Boden und entspannen Sie sich ganz. Genießen Sie die warme Sonne. Sie sind hier absolut sicher und können tun, was Sie möchten. Bleiben Sie, so lange Sie möchten, bis Sie ganz ausgeruht und erfrischt sind.*

Sorgen Sie sich nicht, falls Ihr spiritueller Begleiter nicht schon beim ersten Mal auftaucht. Sobald die Zeit gekommen ist, werden Sie ihn treffen.

5 *Jetzt können Sie Ihren spirituellen Begleiter treffen. Warten Sie, bis er zwischen den Bäumen auf der gegenüberliegenden Seite heraustritt. Er kann von männlicher oder weiblicher Gestalt sein oder auch ein Tier. Nach der Begrüßung achten Sie darauf, was er Ihnen zu sagen hat. Sie können ihn auch zu alltäglichen oder spirituellen Themen befragen.*

6 *Zum Abschluss danken Sie Ihrem spirituellen Begleiter, verlassen die Lichtung und gehen zurück in den Wald. Kehren Sie langsam aus der Meditation in den Alltag zurück. Öffnen Sie Ihre Augen.*

Heilung durch Meditation

Immer mehr Mediziner erkennen mittlerweile, dass Meditation neben einer ausgewogenen Ernährung und ausreichender körperlicher Bewegung zu einem gesunden Lebensstil und zum allgemeinen Wohlbefinden beitragen kann.

Wie Meditation hilft

Meditation hat zahlreiche positive Auswirkungen: Sie lässt uns klarer denken und hebt unseren Energielevel so, dass wir effektiver arbeiten und weniger schnell ermüden. Sie hilft uns zu entspannen und hält Stress von uns fern, sodass wir die Kontrolle behalten und nicht von negativen Gefühlen überrollt werden. Sie kann auch helfen, uns selbst besser zu verstehen und die Dinge zu akzeptieren wie sie sind. Meditation hat zugleich eine weitgehende Entspannung zur Folge, die unserer Gesundheit zugute kommt. Durch positive Imagination werden Endorphine und andere „Glücksstoffe“ ausgeschüttet. Unterschätzen Sie also nicht die Fähigkeit des Geistes, körperliche Rektionen auszulösen. Das oberste Gebot lautet: positiv denken!

Der Geist hat die Kraft, körperliche Reaktionen auszulösen. Schon der Gedanke an eine Stress-Situation kann Abwehrreaktionen auslösen.

Heilung durch Visualisieren

Hier setzt die Visualisierung an. Wie wir schon gesehen haben, unterscheidet unser Körper nicht zwischen Realität und Abbild (Seite 162). Wenn wir die Visualisierung also korrekt einsetzen, kann sie überaus positive Effekte auf unseren Körper haben und damit bei der Behandlung kleinerer Beschwerden hilfreich sein und unsere Heilung von verschiedenen Beschwerden unterstützen. Viele Patienten haben die Erfahrung gemacht, dass Visualisierung auch bei schwereren oder langwierigeren Erkrankungen positive Wirkungen zeigt, trotzdem kann sie unter keinen Umständen eine medizinische Behandlung ersetzen: Wenn Sie ernsthaft oder dauerhaft erkrankt sind, konsultieren Sie einen qualifizierten Arzt. Es gibt allerdings keinen Grund, die Visualisierung nicht zusätzlich zur medizinischen Behandlung einzusetzen. Sie können zum Beispiel visualisieren, Sie seien frisch und fit oder Ihre Medikamente wirkten besser. Besprechen Sie Ihre Visualisierungspläne mit Ihrem Arzt, damit Sie gut zusammenarbeiten können.

Aktuelle Forschung

Die Auswirkungen des Meditierens auf die menschliche Gesundheit werden seit einiger Zeit erforscht, und eine wachsende Zahl von Schulmedizinern empfiehlt mittlerweile Entspannungsübungen und Meditation als Hilfe gegen Stress und durch Stress ausgelöste Krankheiten (Seite 133). Die verschiedenen klinischen Studien sind jedoch noch nicht abgeschlossen. Trotzdem wächst die Überzeugung, dass Meditation mitsamt einer Umstellung der Ernährung und des Lebensstils bei folgenden Beschwerden helfen kann:

- Migräne
- Schlaflosigkeit
- Reizdarm
- Prämenstruellem Syndrom
- Ängsten und Panikattacken
- hohem Stresshormonwert
- schlechter Durchblutung
- unregelmäßigem Puls
- hohem Blutdruck
- ungleichmäßiger Atmung
- Magenkrämpfen
- Verdauungsbeschwerden
- Depressionen
- schlechtem Gedächtnis

Viele Ärzte empfehlen heute Meditation und Entspannungsübungen als effektive Hilfsmittel gegen Stress.

In der spirituellen religiösen Praxis ist die Meditation sehr wichtig. Sie unterstützt aber auch das geistige, emotionale und körperliche Wohlbefinden.

Persönliche Entwicklung

Auch in der Psychotherapie ist Meditation von Nutzen, besonders in jenen Disziplinen, die sich mit der persönlichen Entwicklung eines Patienten befassen. Durch Meditation kann man dahin kommen, sich selbst und seine Beziehungen zu anderen besser zu verstehen. Bei regelmäßiger Ausübung stärkt Meditieren das Selbstbewusstsein und Selbstvertrauen und befähigt dazu, Verletzungen der Vergangenheit zu überwinden und das berufliche und soziale Leben besser zu bewältigen. Wir können die Meditation nutzen, um kreativ mit unseren Ängsten umzugehen und unsere kritische innere Stimme zu einem wichtigen und guten Freund auszubilden.

Visualisierung und Heilung

Man muss nicht erkrankt sein, um Visualisierung für die Gesundheit einzusetzen. Im Gegenteil kann man mit ihr Erkrankungen vorbeugen. Gesundheit lässt sich effektiv schützen; und zusätzlich zu gesunder Ernährung, genügend Bewegung und gutem Schlaf kann Visualisierung dazu beitragen, sich vor Krankheiten abzuschirmen. Sie bringt Sie Ihrem Körper und seinen Vorgängen näher. Die Heilmeditation (unten) wird eingesetzt, um ein bestimmtes Körperteil oder Organ zu heilen oder vorbeugend zu stärken.

Heilmeditation

Diese Übung reinigt, heilt und revitalisiert Ihren ganzen Körper.

Tragen Sie dabei bequeme, lockere Kleidung.

1 *Begeben Sie sich in die sitzende oder liegende Position (Seite 142–143). Zur Not können Sie diese Visualisierung auch im Stehen oder Gehen durchführen (Seite 154).*

2 *Entspannen Sie sich und atmen Sie ganz normal. Schließen Sie die Augen, wenn Sie sich so besser konzentrieren können.*

3 *Scannen Sie ihren Körper gründlich auf Verspannungen und entspannen Sie sich dann so vollständig wie möglich, und zwar von oben nach unten: vom Scheitel über die Stirn, die Augenbrauen und Lider, Ohren, Nasenflügel, Mund und Kiefer, Hals, Schultern, Arme und Hände, Brust und Herz, den Ober- und Unterbauch, Gesäß und Genitalien bis hin zu Ihren Beinen und Füßen.*

4 *Wenn Sie vollständig entspannt sind, beginnen Sie mit der Heilung. Stellen Sie sich vor, unter einer Dusche aus weißblauem Licht zu stehen. Es dringt am Scheitel in Sie ein, strömt durch Ihren Körper und befreit ihn von Verunreinigungen. Das Licht durchspült Ihren Kopf, strömt in Ihren Hals und breitet sich durch die Schultern zu Armen und Händen aus. Dann fließt es durch Ihre Brust, in den Bauch und den Rücken, zuletzt in die Beine und die Füße. Das Licht entfernt alle Unreinheiten und Gifte aus Ihrem Körper. Wenn ein bestimmter Teil Ihres Körpers besondere Heilung benötigt, konzentrieren Sie sich darauf und lassen ihn durch das Licht reinigen. Vielleicht müssen Sie diese Meditation mehrfach durchführen, bis Sie sich ganz rein fühlen.*

5 *Sobald das Licht Sie vollständig durchflutet und gereinigt hat, nimmt es die Verunreinigungen durch Ihre Fußsohlen hindurch mit in die Erde, wo sie sich auflösen.*

6 *Wenn die Verunreinigungen herausgespült sind, lassen Sie das Licht durch Ihre Füße in Ihrem Körper wieder aufwärts fließen und ihn mit pulsierender, heilender Energie füllen. Fühlen Sie, wie die Energie durch Ihre Beine und Ihren Rumpf emporflutet und Ihre Wirbelsäule vibrieren lässt, ins Herz und in die Brust, in die Arme und Hände, durch die Schultern in den Hals und schließlich bis in Ihren Scheitel strömt. Wenn ein Körperteil oder Organ besondere Heilung benötigt, lenken Sie die Energie dorthin. Halten Sie das Bild Ihres lichtdurchströmten Körpers einen Moment lang fest, dann entlassen Sie das Licht ins Universum.*

7 *Lassen Sie sich Zeit zum Entspannen und atmen Sie ein paar Mal tief ein und aus. Dann beenden Sie die Meditation und öffnen die Augen.*

Anmerkung

Wenn es Ihnen schwer fällt, weißblaues Licht zu visualisieren, stellen Sie sich stattdessen frisches Wasser aus einer Heilquelle vor oder irgendetwas, das für Sie eine reinigende Kraft darstellt. Falls Sie religiös sind, können Sie geweihtes Wasser visualisieren oder den heilenden Atem einer Gottheit.

Farbe und Licht

Die Kraft von Farben und Licht hat einen großen Einfluss auf viele Aspekte unseres täglichen Lebens. Seit jeher assoziiert man Farben mit bestimmten Eigenschaften und Qualitäten: Rot mit Aggression, Blau mit Frieden und Entspannung, Gelb mit geistiger Klarheit, und Gold beispielsweise steht für Reichtum und Überfluss. Auch Licht wirkt sehr kraftvoll: Es kann unsere Stimmungen beeinflussen und unsere Wahrnehmung entscheidend verändern.

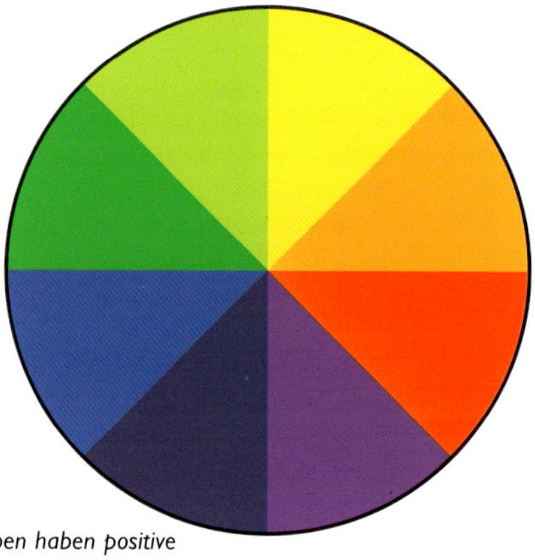

Alle Farben haben positive und negative Qualitäten.

Die Kraft der Farben

Eine gesunde Balance zwischen allen Farben ist für jedes Leben wichtig. Fehlt eine Farbe, steht sie vielleicht für einen Aspekt Ihres Lebens, den Sie nicht akzeptieren können. Befindet sich in Ihrem Kleiderschrank und Ihrer Wohnung kein Blau, haben Sie womöglich Probleme mit Kommunikation und Kreativität. Wenn eine Farbe in Ihrem Umfeld überwiegt, kann deren Energie zu Lasten anderer Energien Ihr Leben dominieren. Man kann Farben einsetzen, um Körper und Geist mit Energie zu versorgen und das Umfeld auszubalancieren. Ihre besonderen Qualitäten können auch zur Heilung eingesetzt werden. Die Interpretationen der Farbenergie unterscheiden sich je nach Person und Kulturkreis, Therapieform und Religion. Die gegenüberliegende Tabelle zeigt die gängigsten Interpretationen aus aller Welt.

Gold wird als Farbe und Metall mit Reichtum assoziiert.

Farben und ihre Zuordnungen

Farbe	harmonisch	unharmonisch
Rot	Materielles, Status, Überleben, Mut, körperliche Kraft und Vitalität	Gier, Aggression, Grausamkeit, Vulgarität, Gewalt
Rosa	Einfühlung, Wärme, Stimulierung und Treue	Selbstsucht, Unberechenbarkeit, Egoismus
Orange	sexuelle Energie, Empfindsamkeit, Glück, Optimismus und Freundschaft	Verlust sexueller Energie oder sexuelle Obsession, Erschöpfung, Pessimismus
Gelb	Selbstachtung, Willenskraft, Entschlossenheit, Selbstvertrauen, innere Kraft, geistige Energie, Intellekt und Aufmerksamkeit	Mangel an geistiger Klarheit und Konzentration, Sturheit, geistige Unbeweglichkeit und Hinterhältigkeit
Grün	Gefühle, auch Liebe und Mitgefühl, Beziehungen, Harmonie, Freiheit, Wachstum und Erneuerung	Eifersucht, Besitzgier, Unsicherheit, Ablehnung von Veränderungen, Verhaftetsein in der Vergangenheit
Türkis	Heilung, Eloquenz und Selbstdarstellung, Unabhängigkeit und Schutz	Allergien und andere Probleme mit dem Immunsystem, leichte Beeinflussbarkeit, mangelnde Selbstdarstellung, Verletzlichkeit
Blau	Kommunikation, Kreativität, Inspiration, Ausdrucksfähigkeit, Frieden, Vertrauen, Hingabe, Aufrichtigkeit und Entspannung	Unaufrichtigkeit, Misstrauen, Argwohn, Traurigkeit und Unfähigkeit zur Kommunkation
Indigo	Fantasie, Intuition, Gedankenklarheit, Träume, Rätselhaftigkeit und Geheimes	Paranoia, Alpträume, Verwirrung und Falschheit
Violett	Verständnis, höheres Bewusstsein, spirituelle Entwicklung, Verbindung zum Göttlichen, Idealismus, Ehrfurcht und Engagement	Missverständnisse und Fehleinschätzungen, Fanatismus, Dominanz, Festhalten an überkommenen Vorstellungen, mangelndes Gottvertrauen
Silber	Hellsichtigkeit, Unterbewusstsein, Veränderlichkeit und Transformation	Beeinflussbarkeit und Mangel an Stabilität
Gold	Reichtum, Überfluss, Spiritualität, hehre Ideale, Freude und Freizeit	Habsucht, Armut, Apathie, Faulheit und Vergnügungssucht
Weiß	Ordnung, Vollständigkeit, Klarheit, Reinheit, Ganzheit, Einfachheit und Unschuld	Strenge, Extremismus, Sauberkeitsfanatismus, Puritanismus und Naivität
Braun	Stabilität und Zentriertheit, Findigkeit und Mütterlichkeit	Depressionen, Trägheit und Unfähigkeit zur Veränderung
Schwarz	innere Stärke, Selbsterkenntnis, Geistesgegenwart und Urteilsvermögen	Tyrannei, Vorurteile, Blindheit und Unfähigkeit zu Kompromissen

Die richtige Balance

Die Tabelle auf Seite 173 zeigt, dass im eigenen Leben eine Farbe durchaus zu stark oder zu schwach vertreten sein kann. Mit Meditation können Sie Farbenergien harmonisieren.

Die Meditation „Farben entdecken" (unten) macht Sie mit verschiedenen Farbenergien vertraut. In einem weiteren Schritt können Sie erforschen, welche Gefühle die Farben und Energien bei Ihnen auslösen.

Weitere Entdeckungen

Stellen Sie sich die Farben in unterschiedlichen Abstufungen vor. Wenn etwa Ihr gewohntes Blau bei der Meditation heller war, visualisieren Sie es beim nächsten Mal dunkler. Versuchen Sie, auch die verschiedenen Energieabstufungen und Ihre Wirkung auf Sie wahrzunehmen. Vielleicht empfinden Sie manche Farben ganz anders als in der Tabelle beschrieben.

Farben entdecken

Diese Übung schult Konzentrationsfähigkeit und geistige Fokussierung. Sie zeigt Ihnen auch die verschiedenen Energien der Farben und was diese Farben für Sie ganz persönlich bedeuten.

1. *Setzen Sie sich auf einen Stuhl oder in den Schneidersitz (Seite 142–143) oder stellen Sie sich hin (Seite 148).*
2. *Atmen Sie wie gewohnt und schließen Sie die Augen, wenn Sie sich so besser konzentrieren können.*
3. *Denken Sie an die Farbe Rot. Visualisieren Sie eine rote Energieblase um sich herum. Lassen Sie diese Blase bei jedem Ein- und Ausatmen größer und kleiner werden. Wie fühlt die Energie sich an? Ist das Rot hell, dunkel, leuchtend oder trüb?*
4. *Jetzt denken Sie an die Farbe Rosa. Visualisieren Sie sich in einer rosa Blase. Welchen Rosaton hat die Blase? Welche Gefühle löst sie aus? Wie fühlt sich die Energie an?*
5. *Führen Sie dieselbe Meditation mit folgenden Farben durch: Orange, Gelb, Grün, Türkis, Blau, Violett, Silber, Gold, Weiß, Braun und Schwarz.*
6. *Beenden Sie die Meditation und rekapitulieren Sie alle Gefühle, die sich zu den Farben und ihrer Energie einstellten, vor allem besondere Vorlieben und Abneigungen.*

Konzentrieren Sie sich darauf, welche Gefühle einzelne Farben in Ihnen wachrufen.

Problemlösung mit Farben

Ordnet man Menschen oder Situationen Farben zu, lassen sie sich besser verstehen. Sie haben Schwierigkeiten mit einem Kollegen? Visualisieren Sie ihn und bitten Sie Ihr Unterbewusstsein um seine Farbe. Grün? Vielleicht besteht zwischen Ihnen beiden Konkurrenz. Wenn Sie begreifen, welche Energien hier wirken, können Sie die Lage entspannen.

Farben und Chakras

Über die Farben und die sieben Chakras zu meditieren schult Ihre Fähigkeit zur Visualisierung und offenbart Ihnen die Kraft Ihrer Chakras.

Wie bereits beschrieben, gehört zu jedem Chakra eine bestimmte Farbe und Energiequalität (Seite 158). Sie können mit Hilfe der Chakra-Farbmeditation diese Energien aufspüren und Blockaden lösen.

Chakra-Farbmeditation

Mit dieser Meditation können Sie die Chakras aufladen und ihren Qualitäten und Farben zuordnen.

1 *Setzen Sie sich auf einen Stuhl oder in den Schneidersitz (Seite 142–143). Sitzen Sie aufrecht mit geradem Rücken, Kopf und Wirbelsäule in einer Linie. Entspannen Sie sich und atmen Sie wie gewohnt.*

2 *Visualisieren Sie das erste Chakra an Ihrem Steißbein. Stellen Sie sich vor, wie die Farbe Rot hineinfließt. Lassen Sie diese überaus kraftvolle Farbe das Chakra revitalisieren. Wie fühlt sich das an?*

3 *Verlagern Sie Ihre Aufmerksamkeit auf das nächste Chakra in Unterleib, knapp über Ihren Genitalien. Visualisieren Sie ein pulsierendes Orange, das dort hinströmt; fühlen Sie, wie es dem Chakra Energie verleiht. Fühlt sich die Energie anders an als die des Wurzelchakras?*

4 *Arbeiten Sie sich langsam durch die übrigen Chakras; visualisieren Sie Gelb am Solarplexus, Grün am Herzen, Türkis an der Kehle, Dunkelblau zwischen den Augen und Violett auf Ihrem Scheitel. Wie unterscheiden sich die Energien?*

5 *Wenn Sie fertig sind, atmen Sie ein paar Mal tief aus und ein und kehren Sie dann langsam in den Alltag zurück. Öffnen Sie die Augen.*

Mit der Visualisierung der Chakras und der dazugehörigen Farben können Sie erstaunliche Effekte erzielen.

Lichtmeditation

Wenn man in einer Meditation Licht visualisiert, kann man sich seine besonderen Qualitäten nutzbar machen. Licht wirkt äußerst energetisierend und heilend, wie wir in der Meditation der goldenen Blume (Seite 154) und in der Heilmeditation (Seite 171) gesehen haben.

Man kann aber noch auf andere Weise über Licht meditieren. Eine Sonnenlichtmeditation wirkt erhebend und kann jahreszeitlich bedingte Stimmungsschwankungen (etwa eine Winterdepression) mildern, die durch Lichtmangel ausgelöst werden.

Mit mehrfarbigem Licht lassen sich in der Meditation unterschiedliche Energien freisetzen. Testen Sie das einmal mit der Chakra-Farbmeditation (Seite 175), indem Sie anstelle jeder Energiefarbe das entsprechende

Sich auf eine Flamme zu konzentrieren, klärt den Geist.

Chakra als Licht visualisieren – für das Wurzelchakra rotes Licht, für das Sakralchakra orangefarbenes und so weiter.

Lichtmeditationen verbessern auch die Konzentrationsfähigkeit. Die Kerzenmeditation (gegenüberliegende Seite) ist eine einfache Übung, die Ihren Geist beruhigt und Ihnen Frieden und Entspannung bringt. Diese Übung schult Konzentrationsfähigkeit und Fokussierung. Sie können sie zum Trainieren

Verschiedenfarbiges Kerzenlicht kann unterschiedliche Energien freisetzen.

Kerzenmeditation

Für diese Übung benötigen Sie einen ruhigen, dunklen Raum und eine brennende Kerze, möglichst weiß oder cremefarben .

1 *Sie können die sitzende oder kniende Position oder den Schneidersitz einnehmen (Seite 142–143). Wählen Sie die Position, die am bequemsten für Sie ist. Stellen Sie nun die brennende Kerze vor sich hin.*

2 *Entspannen Sie sich, atmen Sie wie gewohnt und schauen Sie die Flamme an. Verbannen Sie alle Gedanken aus Ihrem Geist, konzentrieren Sie sich nur auf die Flamme. Lassen Sie Ihren Geist in den rezeptiven Alphazustand sinken (Seite 135). Wenn er versucht, Sie mit anderen Gedanken abzulenken, bringen Sie ihn sanft, aber bestimmt zur Flamme zurück.*

3 *Meditieren Sie so lange es Ihnen angenehm ist, dann beenden Sie die Meditation langsam.*

anderer Fähigkeiten auch abwandeln. Verwenden Sie zum Beispiel Kerzen in bestimmten Farben, wenn Sie ganz bestimmte Energien fördern möchten, etwa eine grüne Kerze, um nach einem Streit Liebe und Harmonie wiederzufinden (Seite 173, die Wirkungen von Farben).

Mit dieser Meditation können Sie zudem ihre Visualisierungsfähigkeiten üben. Schließen Sie dazu nach dem zweiten Schritt die Augen und versuchen Sie, die Kerze so detailliert wie möglich vor Ihrem inneren Auge zu imaginieren. Wenn das gelungen ist, beenden Sie die Visualisierung.

Fokussieren Sie Ihren rastlosen Geist auf das Flackern einer Kerze. Es beruhigt das „innere Geschwätz“ und fördert Ihre Konzentrationsfähigkeit.

Die Kraft der Klänge

Gegen Ende des 19. Jahrhunderts haben amerikanische Mediziner festgestellt, dass bestimmte Musik die Durchblutung beeinflussen kann. Seither wächst das Interesse an den therapeutischen Qualitäten von Klängen.

Was Klänge bewirken

Ebenso wie Farben und Licht können auch Klänge Stimmungen erzeugen. Sie vermögen uns tief im Innern anzurühren und unsere Gefühle zu beeinflussen. Ein Klang besteht aus Schallwellen, die in bestimmten Frequenzen schwingen. Diese verschiedenen Tonhöhen haben unterschiedliche Wirkungen auf uns. Sehr hohe Töne, zum Beispiel schrille Schreie, machen uns nervös und angespannt, während das sanfte Plätschern von Wasser in einem Springbrunnen auf uns beruhigend und entspannend wirkt. In gleicher Weise kann uns sanfte, melodiöse Musik beruhigen und unsere Kreativität freisetzen, während laute, dumpfe Musik uns irritiert und Stress bereitet. Im Extremfall kann sehr laute Musik sogar zu Kopfschmerzen und Gehörschäden führen.

Es gibt da natürlich Ausnahmen. So können sich Situationen einstellen, in denen gerade eine enervierende oder chaotische Musik Energie verleiht oder Kreativität fördert. Es wird berichtet, dass etwa die zauberhaften Klänge von Ravels „Bolero“ durch das monotone Klappern einer Sägemühle inspiriert wurden. Solche Fälle sind aber Ausnahmen; man sollte darauf Wert legen, die Qualität der Klangkulisse, die einen umgibt, so zu verbessern, dass sie nicht zur Quelle von zusätzlichem Stress wird. Wer sich entspannt, arbeitet effektiver, genießt eine höhere Lebensqualität und fühlt sich wohler.

Der Klang von Wasser hat eine überaus beruhigende Wirkung.

Klassische Musik beruhigt und inspiriert den Geist.

Heilende Klänge

Die Erforschung der therapeutischen Wirkung von Klängen steckt noch in den Anfängen, aber man geht davon aus, dass bestimmte Schallwellen auf Puls, Atmung und Blutdruck einwirken und die geistige Klarheit fördern. Klangtherapeuten setzen spezielle Geräte ein, die heilende Wellen zu erkrankten Körperteilen und Organen ihrer Patienten senden.

Untersuchungen in den USA und Europa haben in den 1980er- und 1990er-Jahren gezeigt, dass Musik Stress abbauen und Patienten bei ihrer Genesung unterstützen kann. Die Musiktherapie wird zunehmend bei Lernschwierigkeiten und anderen geistigen und physischen Problemen eingesetzt. Über die Musik werden Patienten ermutigt, Wege zu finden, um sich selbst auszudrücken und Schmerz zu verarbeiten.

Klangqualitäten nutzen

In der Meditation lassen sich Klänge auf unterschiedlichste Weise einsetzen. Viele Meditierende haben gute Erfahrungen mit schöner Hintergrundmusik gemacht, insbesondere mit sanften Instrumentalstücken der Klassik oder der New-Age-Musik. Auch Naturklänge wie Meeresrauschen können die geeignete Atmosphäre schaffen. Welchen Sound Sie auch wählen, bemühen Sie sich, die ausgesuchten Klänge meditierend mit Wachheit wahrzunehmen. Machen Sie sich jeden einzelnen Ton bewusst – umso intensiver wird Ihr Erleben sein.

Probleme lösen mit Klängen

Wie Farben (Seite 147) können auch Töne uns dabei helfen, Menschen oder Situationen besser zu begreifen. Wenn Sie Schwierigkeiten damit haben, eine Person einzuschätzen, visualisieren Sie sie und bitten Sie Ihr Unterbewusstsein, sie durch einen Klang zu beschreiben. Ist die Antwort ein Flüstern, ist die Person vielleicht schüchtern oder unsicher, während Gebrüll eher auf einen herrischen Charakter schließen lässt. Der Klang macht Ihnen Ihre eigenen Gefühle deutlicher.

Klänge im Körper

Mantras (Seite 152) beruhigen den Geist und stimmen friedlich und versöhnlich. Man spürt im ganzen Körper ihre Vibrationen, die uns in einen Zustand der Freude und des Glücks versetzen können. Probieren Sie beliebige Klänge und Mantras aus und spüren Sie ihren unterschiedlichen Wirkungen auf Sie nach.

Die Chakra-Klangmeditation (unten) verbindet Klänge mit den sieben wichtigsten Chakras (Seite 156). Sie hilft Ihnen dabei, sich mit ihren Energiezentren zu verbinden und deren Kraft freizusetzen.

Chakra-Klangmeditation

Diese Meditation führen Sie am besten an einem ruhigen Ort durch, wo keine anderen Geräusche Ihre Konzentration stören.

1 *Setzen Sie sich auf einen Stuhl oder in den Schneidersitz (Seite 142–143). Entspannen Sie sich und atmen Sie normal. Visualisieren Sie das Chakra an Ihrem Steißbein. Singen Sie mit dem tiefsten Ton, den Sie artikulieren können, den Vokal „u“. Stellen Sie sich vor, dass der Ton aus dem Chakra selbst kommt. Lassen Sie ihn mindestens 10 Sekunden lang vibrieren. Wie fühlt sich das an?*

2 *Verlagern Sie Ihre Aufmerksamkeit auf das Sakralchakra in Ihrem Unterleib. Singen Sie ein geschlossenes „o“ mit dem nächst höheren Ton. Halten Sie ihn mindestens 10 Sekunden lang und stellen Sie sich vor, er käme direkt aus dem Chakra. Wo liegt der Unterschied zwischen der Energie dieses Tons und der des „u“?*

Mit anderen zusammen zu singen, kann die Kraft der Klänge intensivieren.

3 *Verlagern Sie die Aufmerksamkeit auf den Solarplexus und singen Sie, wieder mit dem nächst höheren Ton, ein offenes „o". Auch hier, wie bei der gesamten Meditation, halten Sie den Ton für mindestens 10 Sekunden. Was für ein Gefühl ist das?*

4 *Konzentrieren Sie sich jetzt auf das Herzchakra und singen Sie den Vokal „a", einen Ton höher als das offene „o". Spüren Sie, dass die Vibration aus Ihrem Herzen kommt. Wie fühlt sich diese Energie an?*

5 *Jetzt machen Sie das gleiche mit dem Halschakra. Benutzen Sie dazu den Vokal „e" und den nächsten Ton. Spüren Sie den Energieunterschied, wenn die Töne höher werden?*

6 *Verlagern Sie die Aufmerksamkeit auf das Stirnchakra und singen Sie den Vokal „i", einen Ton höher. Dann konzentrieren Sie sich auf das Scheitel-chakra und bilden den Laut „m" auf dem höchsten Ton. Was spüren Sie?*

7 *Abschließend verharren Sie still. Lauschen Sie auf die Geräusche Ihres Körpers. Seien Sie besonders aufmerksam, weil sie Ihnen Ihren Körper bewusst machen. Atmen Sie tief und beenden Sie die Meditation.*

Anmerkung

Sie können mit einsilbigen Lauten nach Ihrer Wahl meditieren, sofern sie in Ihrem Körper vibrieren und ihre Tonhöhe mit den aufsteigenden Chakras ansteigt.

Düfte in der Mediation

Seit tausenden von Jahren finden in rituellen Handlungen Weihrauch und ätherische Öle Anwendung, um die starke Wirkung von Düften auf die Emotionen zu nutzen. Sie beeinflussen unsere Stimmung und können ferne Erinnerungen wecken.

Wie Düfte wirken

Unser Geruchssinn ist äußerst empfindlich und ein Frühwarnsystem für Bedrohungen unserer Sicherheit. Entsteht in Ihrer Wohnung Rauch, warnt Ihre Nase Sie, und Sie können nachschauen, ob es irgendwo brennt.

Das funktioniert, weil unser Gehirn jeden wahrgenommenen Geruch mit bestimmten Bildern, Vorstellungen und Erfahrungswerten unseres Gedächtnisses verknüpft. So warnt uns unsere Nase etwa bei verdorbenen Lebensmitteln oft als erste vor dem Verzehr. Dank dieser Verbindungskette kommt Düften die Kraft zu, unsere Fantasie zu beflügeln.

Der Geruchssinn ist der Sinn, der die stärksten Assoziationen hervorruft. Ein einfacher Duft, zum Beispiel einer Zitrone oder eines bestimmten Parfüms, kann sofort das Bild einer ganz bestimmten Person, eines Ortes oder einer Situation heraufbeschwören.

Physische Wirkung von Düften

Wie bei allen Sinneswahrnehmungen reagiert unser Körper auch auf Gerüche. Die Nase nimmt einen Duft auf, der vom Gehirn interpretiert wird; es produziert daraufhin ein Bild oder eine Vorstellung, die schließlich eine körperliche Reaktion auslöst. Im Zusammenhang mit Visualisierung war bereits von der Ausschüttung von Stress- oder Glückshormonen die Rede (Seite 163). Aus dieser Erfahrung heraus hat man sich schon immer die positive Wirkung bestimmter Düfte zunutze gemacht, sei es bei religiösen Riten oder im privaten und medizinischen Bereich.

Düfte können unsere Stimmung heben oder dämpfen, uns beruhigen oder reizen.

Heilende Düfte

Die Kunst der Aromatherapie wird seit Jahrtausenden praktiziert. Die ersten Nachweise stammen aus China um 4500 v. Chr. Auch die alten Ägypter haben ätherische Öle eingesetzt, sowohl für therapeutische Zwecke als auch zum Einbalsamieren ihrer Toten.

Im alten Griechenland hat der große Arzt Hippokrates (460–377 v. Chr.), der Begründer der modernen Medizin, seine Patienten erfolgreich mit duftenden Kräutern und Gewürzen behandelt, später hat auch der griechisch-römische Chirurg Galen (130–201 n. Chr.) bei seiner Arbeit ätherische Öle benutzt. Diese aromatischen Öle werden in der Regel aus Pflanzen gewonnen.

In Europa setzte man im Mittelalter Kräuter gegen Krankheiten und für die Hygiene ein, und im England der Renaissance förderte Königin Elisabeth I. (1533–1603) die Anwendung von Kräutern, Gewürzen und Ölen. Seither haben zahlreiche Mediziner und Chemiker den therapeutischen Einsatz ätherischer Öle untersucht. In den letzten Jahren kommt die Aromatherapie wieder vermehrt bei der Behandlung und Vorbeugung von Krankheiten zum Einsatz.

Hippokrates hat Krankheiten mit Heilkräutern behandelt.

Der Duft einiger Kräuter und Gewürze kann eine starke Wirkung auf Ihre Stimmung und Ihr Wohlbefinden haben.

Kräuteröle werden seit Jahrtausenden zu therapeutischen Zwecken eingesetzt – die Aromatherapie erfreut sich wachsender Beliebtheit.

Die Kraft der Düfte nutzen

Bei der Meditation lassen sich Düfte auf ganz verschiedene Weise einsetzen. Weihrauch etwa kann die geeignete Atmosphäre für eine eher spirituell ausgerichtete Meditation schaffen.

Hilfsmittel zur Dufterzeugung sind Räucherstäbchen, Räucherwerk auf Kohle oder eine Duftlampe; die Duftstoffe selbst können frische oder getrocknete Pflanzenteile oder vor allem gebrauchsfertige ätherische Öle sein, die Sie in Drogerien sowie Gesundheits- und Esoterikläden finden.

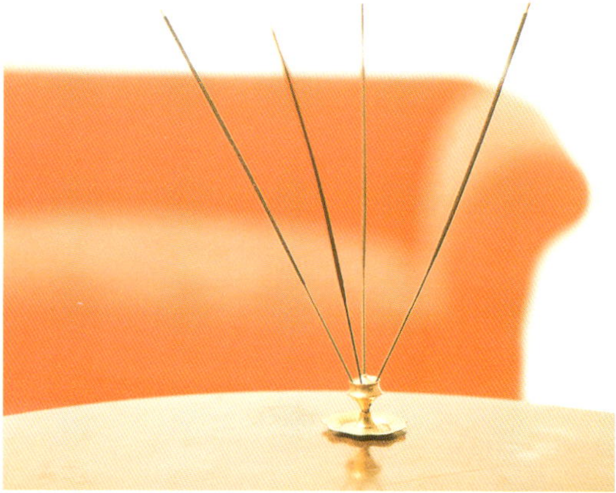

In vielen religiösen Zeremonien wird Weihrauch zur Meditation eingesetzt.

Während einer Heilmeditation (Seite 171) können ätherische Öle besonders kraftvoll auf Körper und Geist einwirken. Geben Sie dazu ein paar Tropfen ins Badewasser und führen Sie die Heilmeditation im warmen Wasser durch.

Die gegenüberliegende Tabelle zeigt einige der wichtigsten ätherischen Öle und ihre Eigenschaften im Zusammenhang mit der Meditation. Denken Sie daran, dass diese Öle sehr stark wirken und manche davon für Kinder, Schwangere, stillende Mütter, Rekonvaleszente und Kranke nicht geeignet sind. Wenn Sie Zweifel haben, fragen Sie einen erfahrenen Aromatherapeuten.

Ätherische Öle können eine entspannende Atmosphäre schaffen.

Viele duftende Kräuter wie Ylang Ylang und Bergamotte haben heilende Kräfte.

Ätherische Öle und ihre Heilqualitäten

Ätherisches Öl	Wirkungsbereich	Heilqualität
Bergamotte	hebt die Stimmung, erfrischt, beruhigt, energetisiert und revitalisiert	lindert Stress, macht Appetit, lindert Ängste und Depressionen
Geranie (Storchschnabel)	hebt die Stimmung, wirkt ausgleichend	lindert prämenstruelle Beschwerden und Depressionen, beruhigt das Nervensystem und hebt die Laune
Grapefruit	entspannt, reinigt, hebt die Stimmung und bringt Gefühle ins Gleichgewicht	reguliert die Emotionen, lindert Stress und Wut, hilft gegen Erkältungen und Atemprobleme
Ingwer	wärmt, regt den Kreislauf an, entspannt und wirkt antikatarrhalisch	wirkt vorbeugend und lindernd bei Reisekrankheit und Übelkeit, regt das Immunsystem gegen Erkältungen an, löst Katarrhe, beruhigt die Verdauung und verbessert die Durchblutung
Lavendel	entspannt, beruhigt, muntert auf, gleicht aus, reinigt und harmonisiert	hilft gegen hohen Blutdruck, Stress und Verspannungskopfschmerzen, besonders beruhigend für Frauen nach der Geburt
Orange	entspannt und beruhigt	beugt Reisekrankheit vor, unterstützt die Verdauung, lindert Stress und Verspannungskopfschmerzen
Sandelholz	reinigt, entspannt, gleicht aus, wirkt aphrodisisch und abschwellend	beruhigt das Nervensystem, lindert emotionale Probleme, bringt Körper, Geist und Seele in Balance und beruhigt den Geist als Vorbereitung auf die Meditation
Wacholder	reinigt, stimuliert, hebt die Stimmung und wirkt ausgleichend	klärt den Geist und stärkt die Konzentration, lindert Schmerzen und beruhigt Geist und Körper
Zitrone	reinigt, erfrischt und stimuliert	hilft bei mentaler Erschöpfung, lindert Stress, verbessert Konzentrationsfähigkeit und Durchblutung
Ylang Ylang	beruhigt, hebt die Stimmung, gleicht aus, reinigt, belebt und wirkt aphrodisierend	hilft bei sexuellen Problemen, schützt vor Hyperventilation, lindert Ängste, reguliert den Puls, reduziert Panikattacken und lindert Depressionen
Zypresse	reinigt, beruhigt und belebt	beruhigt das Nervensystem und lindert Wechseljahrebeschwerden, Heuschnupfen und Stress

Meditationen für Stresssituationen

Manchmal kann das Leben trotz sorgfältiger Planung hektisch oder stressig werden. Verspätungen im Verkehr, unerwartete Anrufe und unvorhersehbare Ereignisse können den Alltag völlig durcheinander bringen. In solchen Zeiten, wenn die innere Ruhe Sie im Stich lässt, probieren Sie die folgenden kurzen Meditationen.

Reisemeditation

Diese Meditation hilft besonders, wenn Sie Stress empfinden, weil Sie zu spät kommen. Sie können sie überall durchführen: im Bus, in der Bahn, im Stau – nur nicht dann, wenn Sie selbst am Steuer sitzen!

1 *Lassen Sie Ihren Körper los, entspannen Sie alle Muskeln und atmen Sie ein paar Mal tief ein und aus.*

2 *Akzeptieren Sie, dass Sie getan haben, was Sie konnten, um die verlorene Zeit aufzuholen. Sie können nichts mehr unternehmen, um schneller anzukommen.*

3 *Konzentrieren Sie sich auf Ihren Atem und visualisieren Sie, wie bei jedem Ausatmen Ihre Sorgen mit hinausströmen. Folgen Sie Ihnen nicht, lassen Sie sie gehen.*

4 *Falls Ihre Sorgen zurückkommen wollen, bringen Sie sie sanft zum Schweigen und konzentrieren Sie sich auf Ihre innere Ruhe. Wenn das „innere Geschwätz" weitergeht, versuchen Sie, es zu beenden, indem Sie mit jedem Atemzug das Mantra „Frieden" hauchen.*

Visualisierung kann Ihren Geist ganz schnell an einen wunderbar ruhigen Ort bringen.

Kleine Schritte

Diese Meditation verschafft Erleichterung, wenn Sie sich von anstehenden Aufgaben überfordert fühlen. Langfristig sollten Sie aber versuchen, Ihre Belastung zu vermindern.

1 *Unterbrechen Sie Ihre Tätigkeit und entspannen Sie sich ein paar Sekunden lang. Lassen Sie alle Anspannung aus dem Körper fallen und atmen Sie ruhig.*

2 *Akzeptieren Sie, dass Sie nicht alles auf einmal erledigen können. Man kann immer nur eine Sache tun. Entscheiden Sie sich, sich auf eine Aufgabe zu konzentrieren, und verbannen Sie alles andere aus Ihren Gedanken. Wenn Ihr Geist doch wieder an andere Dinge denkt, die noch erledigt werden müssen, lenken Sie ihn sanft zur aktuellen Aufgabe zurück.*

3 *Jetzt widmen Sie sich mit Wachheit (Seite 146) dieser einen Aufgabe. Machen Sie sich alle ihre Einzelheiten bewusst und benutzen Sie dazu all Ihre Sinne so intensiv wie möglich: sehen, riechen, fühlen Sie sie. Beobachten Sie sich selbst, bis die Aufgabe erledigt ist. Dann gehen Sie weiter und erledigen die nächste Aufgabe.*

Das große Ganze sehen

Diese Visualisierung hilft vor allem dann, wenn Sie sich in einer besonders frustrierenden oder schwierigen Situation befinden. Sie macht Ihnen das große Weltganze bewusst und erlaubt Ihnen, Ihre Probleme einmal aus dieser Perspektive zu betrachten. Mit ein wenig Übung werden Sie bald nur noch Sekunden dafür benötigen.

1 *Halten Sie einige Momente inne. Dann machen Sie sich Ihre Umgebung bewusst.*

2 *Dehnen Sie dabei Ihre Aufmerksamkeit so weit aus, dass Sie alles spüren, was im Umkreis von einigen Kilometern geschieht. Versuchen Sie alles zu sehen: Menschen im Bus, in Gebäuden und auf den Feldern – wo auch immer Sie sich hinwenden, machen Sie sich die Situation bewusst.*

3 *Weiten Sie das Bild vor Ihrem geistigen Auge langsam aus, bis es das ganze Land erfasst. Stellen Sie sich Menschen in ihrem Alltag vor, im Norden, im Süden, im Osten und im Westen, in allen Städten und Dörfern.*

4 *Lassen Sie das Bild noch größer werden, bis Ihr Land nur noch ein Umriss auf der Erdkugel ist. Sehen Sie, wie der Planet sich durch den Weltraum bewegt. Schauen Sie, wie winzig die Kontinente und Meere auf der Erdoberfläche sind. Seien Sie sich darüber bewusst, dass Sie existieren, aber dass Sie so klein sind, dass man Sie von diesem Punkt aus gar nicht sehen kann.*

5 *Was auch immer Sie belastet hat, sollte sich jetzt im Vergleich zu diesem Blick auf den Planeten wirklich klein anfühlen. Versuchen Sie, diese Perspektive beizubehalten, wenn Sie sich wieder auf sich selbst konzentrieren: Sagen Sie sich selbst, dass Ihre Last wirklich eine Kleinigkeit ist und dass Sie damit umgehen können.*

Wenn Sie die ganze Welt wahrnehmen, erscheinen Ihnen Ihre eigenen Probleme womöglich in einem angemesseneren Licht.

Schutzblase

Wenn Sie sich verletzlich oder eingeschüchtert fühlen, versuchen Sie es mit dieser Visualisierung. Sie wird Ihnen helfen, um sich herum einen Schutz aufzubauen und sich sicher und geborgen zu fühlen.

1 *Schütteln Sie alle Spannung aus Ihrem Körper, entspannen Sie sich und atmen Sie normal.*

2 *Stellen Sie sich um sich herum eine Blase aus blauweißem Licht vor. Darin sind Sie sicher. Die Blase ist mit schützender Energie gefüllt. Sie bewegt sich mit Ihnen und ist innen weich, aber nach außen hin so stabil, dass sie Sie von dem abschirmt, was Ihnen Angst macht. Sie hält alles, was Ihnen Sorgen bereitet, von Ihnen fern.*

3 *Konzentrieren Sie sich in der Blase auf Ihre Atmung. Visualisieren Sie, wie das blauweiße Licht beim Ein- und Ausatmen in Ihre Poren hinein- und wieder herausfließt. Seine Energie erfüllt Sie mit Kraft und Zuversicht.*

4 *Halten Sie die Blase aufrecht, bis der Druck vorüber ist und Sie sich auch ohne sie sicher genug fühlen.*

Lösen Sie ganz bewusst jegliche Spannung im Körper, damit Sie in einen Zustand totaler Entspannung gelangen.

Das Selbtbewusstsein stärken

Diese Visualisierung hilft Ihnen, schwierigen Situationen gelassen zu begegnen. Wenn Sie entspannen und Selbstbewusstsein tanken möchten, vielleicht vor einem Vorstellungsgespräch oder einem öffentlichen Vortrag, dann ist diese Meditation richtig.

1 *Nehmen Sie sich Zeit, jegliche Spannung in Ihrem Körper zu lösen. Atmen Sie ein paar Mal tief ein und aus, dann atmen Sie normal weiter.*

2 *Visualisieren Sie, wie Sie voller Selbstvertrauen in eine schwierige Situation gehen, sei es ein Vorstellungsgespräch oder ein Vortrag – Sie betreten diese Situation voller Selbstbewusstsein. Sie sind entspannt und sprechen frei und souverän mit dem Personalchef oder dem Publikum. Es findet ein positiver Austausch statt, der Chef oder das Publikum reagieren auf Ihre Äußerungen begeistert. Sie beantworten alle Fragen gerne und selbstbewusst. Am Ende ist Ihr Gesprächspartner oder Ihr Publikum von Ihrem Vortrag beeindruckt, und Sie sind glücklich, eine derart eindrucksvolle Vorstellung geliefert zu haben.*

3 *Erhalten Sie dieses angenehme Bild so lange wie möglich aufrecht. Um die Visualisierung zu verstärken, wiederholen Sie eine positive Affirmation, etwa „Ich kann das" oder „Ich bin sehr zuversichtlich" (Seite 148).*

Anmerkung

Diese Übung kann auch bei Prüfungsangst helfen. Führen Sie dazu Schritt 2 folgendermaßen durch:

Visualisieren Sie sich selbst, wie Sie ganz entspannt in die Prüfung gehen und alle Fragen souverän beantworten. Sie sind gelöst und glücklich, sprechen oder schreiben flüssig und locker. Am Ende sind Sie sehr zufrieden mit Ihrer Leistung und sicher, dass Sie bestanden haben.

Wenn Sie nervös sind, nehmen Sie sich ein paar Minuten Zeit, um Ihr Selbstvertrauen zu visualisieren.

Glossar

Adrenalin
Ein Hormon, das den Körper auf die Cannonsche Notfallreaktion vorbereitet. Es wird von den Nebennieren in den Körper ausgeschüttet und hat breit gefächerte Auswirkungen auf Muskeln, Kreislauf und den Zuckerstoffwechsel. Der Herzschlag beschleunigt sich, der Atem wird schneller und flacher und der Stoffwechsel angekurbelt.

Affirmation
Ein verbales Statement, das man still oder laut so lange wiederholt, bis sein Inhalt bedeutungslos wird und man nur noch seinen Klang wahrnimmt. Affirmationen beruhigen den Geist und transportieren Botschaften in die rechte Gehirnhälfte, die für Gefühle und Intuition zuständig ist. Wenn eine Affirmation die rechte Gehirnhälfte erreicht und in Gefühle verwandelt wird, kann sie großen Einfluss auf Körper, Geist und Wohlbefinden haben.

Alphazustand
Der Zustand, in dem das Gehirn elektrische Muster langsamer produziert, so genannte Alphawellen. Im Alphazustand ist man weniger aktiv, nimmt mehr wahr und ist offener für Gefühle. Der Alphazustand wird leichter erreicht, wenn man bewusst in der Gegenwart lebt und nicht in Vergangenheit oder Zukunft.

Aromatherapie
Heilmethode, die zur Behandlung von Krankheiten ätherische Pflanzenöle einsetzt. Dazu gehören Massagen mit ätherischen Ölen, Ölbäder oder Öllämpchen in geschlossenen Räumen.

Ätherische Öle
Aromatische Öle, die normalerweise durch Destillation oder Pressen aus Pflanzenteilen gewonnen werden. Sie haben eine starke Wirkung und werden eingesetzt, um zu heilen oder bestimmte Geisteszustände zu schaffen.

Ayurveda
Indisches Heilsystem, das mit Hilfe von pflanzlichen Heilmitteln, Ernährung, Atemübungen, Reinigung, Yoga und Massage Gesundheit und Ausgeglichenheit fördert.

Betazustand
Der Zustand, in dem das Gehirn schnelle elektrische Muster aussendet, so genannte Betawellen. In diesem Zustand ist man rational und analytisch und auf Vergangenheit und Zukunft fixiert. Im Wachen befindet man sich normalerweise im Betazustand.

Cannonsche Notfallreaktion
Die körperliche Reaktion auf Stress und Bedrohung.

Chakras
Energiezentren des Körpers. Diese rotierenden Räder spiritueller Energie halten Körper und Geist in Balance und speichern die unsichtbare Lebensenergie, die die Yogis Prana nennen, die Chinesen Ch'i und die Japaner Ki.

Ch'i
Die unsichtbare Lebensenergie, die alles durchdringt; sie umgibt alles und ist in allem. Die indischen Yogis nennen sie Prana, auf Japanisch heißt sie Ki.

Endorphine
Biochemische Stoffe, die in der Hypophyse gebildet werden. Sie wirken schmerzstillend und verursachen Glücksgefühle. Man nennt sie auch „Glückshormone".

Klangtherapie
Heilmethode, in der mit Hilfe der Stimme, mit elektronischen Geräten oder Musikinstrumenten Klänge erzeugt werden, die die innere Balance des Körpers wiederherstellen und die Heilung unterstützen sollen.

Kundalini
Schlafende Energie, die im Wurzelchakra gespeichert ist. Yogis versuchen, sie zu aktivieren und durch die anderen Chakras aufwärts fließen zu lassen.

Mantra
Ein Klang, ein Wort oder eine Aussage, die man für sich stetig wiederholt. Mantras sind durch ihre Klänge wichtig, die im Körper vibrieren und damit das Bewusstsein verändern sollen.

Musiktherapie
Naturheilmethode, in der mit Musik Schmerzen und Ängste gelindert und die Genesung beschleunigt werden soll.

Prana
Die unsichtbare, universelle Lebensenergie, die alles durchdringt. Auf Chinesisch heißt sie Ch'i, auf Japanisch Ki.

Sushumna
Zentraler Energiekanal im Körper. Die sieben wichtigsten Chakras liegen entlang dieses Kanals und sind mit Nervenzentren an der Wirbelsäule verbunden.

Wachheit
Ein Geisteszustand, in dem man sich des gegenwärtigen Augenblicks stets voll bewusst ist. Er erhöht die Sensibilität, intensiviert die Wahrnehmungen und macht die Arbeit effizienter.

Winterdepression (SAD = Saisonal abhängige Depression)
Gemütskrankheit, bei der die Stimmung sich mit den Jahreszeiten ändert. Im Winter treten Depressionen auf, Körper und Geist arbeiten langsamer, man isst und schläft viel. Die Symptome verlieren sich mit dem Frühlingsanfang und können durch Zuführung zusätzlichen Lichts gelindert werden. Die Winterdepression ist klinisch noch nicht als Krankheit anerkannt.

Stressbewältigung

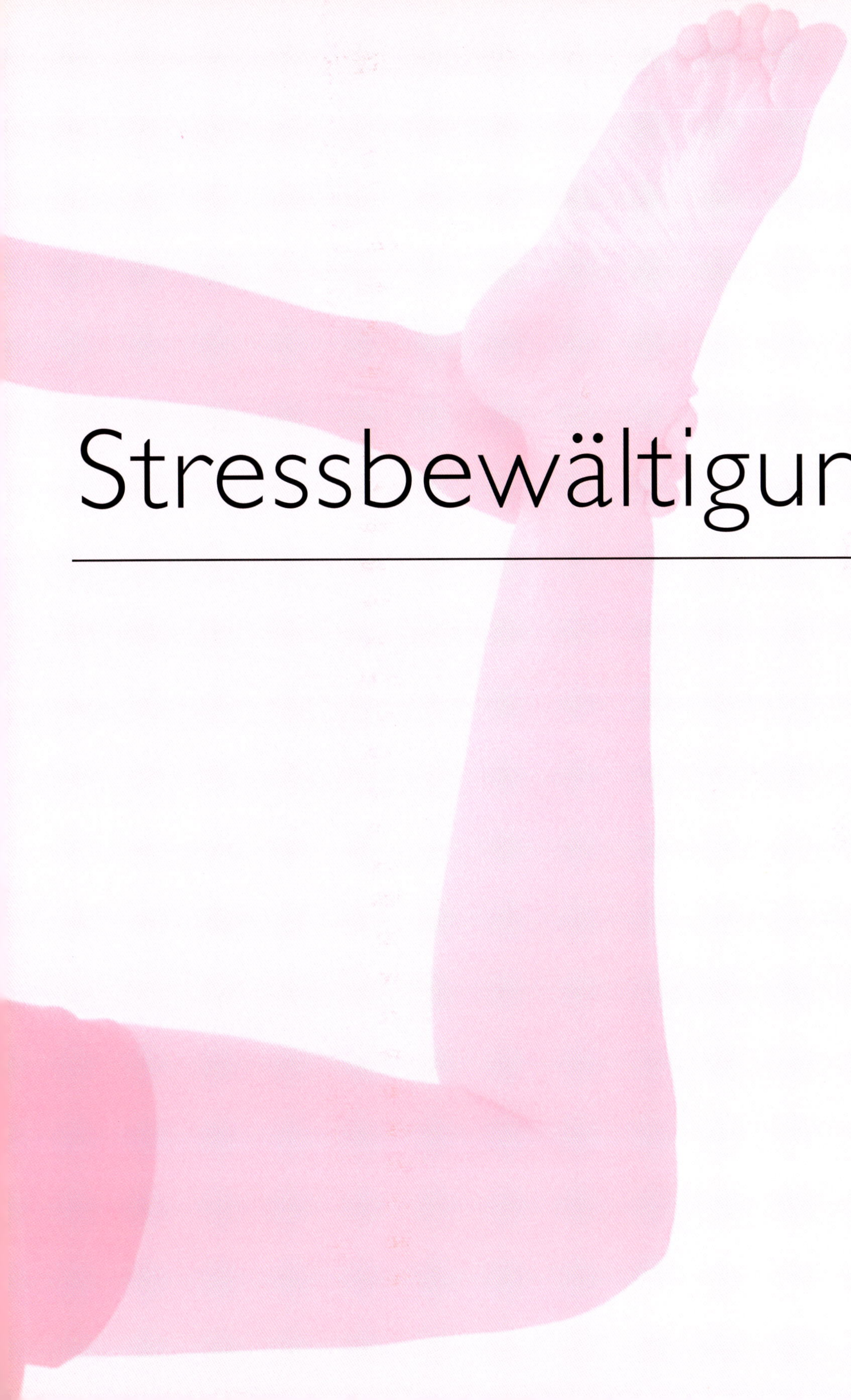

Einleitung

Gesundheit und Wohlbefinden gehen Hand in Hand. Doch allzu oft geraten wir in einen Teufelskreis aus Stress und Belastungen, der unsere Leistungsfähigkeit einschränkt und uns müde, besorgt und unglücklich macht. Dieses Kapitel will Ihnen zeigen, wie Sie dennoch gesund bleiben und zu mehr Vitalität und Seelenfrieden finden können.

Um Stress langfristig zu mildern und das Wohlbefinden zu steigern, benötigen wir Phasen der geistigen und körperlichen Entspannung. Nur so können wir die Auswirkungen von Stress bekämpfen, unser körperliches und geistiges Gleichgewicht wiederherstellen und ein gesundes, glückliches Leben führen.

Dieses Kapitel will Ihnen zeigen, wie einfach, aber wirkungsvoll sich Entspannungstechniken in Ihren Alltag integrieren lassen. Zunächst jedoch beschreibt es die schädlichen Auswirkungen von zu starker Belastung auf Körper und Geist. So können Sie leichter erkennen, was Ihr Wohlbefinden untergräbt,

Meditation ist eine beliebte Technik, um inneren Frieden zu finden und das allgemeine Wohlbefinden zu steigern.

und entsprechende Änderungen in Ihrem Leben vornehmen. Danach werden verschiedene Techniken aus dem östlichen und westlichen Kulturkreis vorgestellt, die dazu dienen, das natürliche Gleichgewicht zwischen Körper und Geist wiederherzustellen. Ein letzter Abschnitt schließlich untersucht verschiedene Lebensstile und Umwelteinflüsse, die zu Belastungen führen können.

Die Verbindung zur Natur wiederherzustellen, kann Ihnen helfen, den Druck des Alltags abzumildern. Ein eindrucksvoller Sonnenuntergang etwa kann sehr belebend wirken.

Bedenken Sie stets: Viele körperliche, geistige und emotionale Probleme lassen sich vermeiden, wenn man etwas liebevoller mit sich selbst umgeht. Das ist der beste Weg, sich weiterzuentwickeln und sein Leben lebenswert zu gestalten.

Stress: das Problem

Die zunehmenden Anforderungen des modernen Lebens sind eine starke Belastung für uns. Ein klein wenig Stress kann sich zwar durchaus positiv auswirken – als eine natürliche Reaktion auf Gefahr besitzt er anspornenden Charakter –, aber anhaltender Stress belastet Körper, Geist und Seele und reduziert unser Wohlbefinden.

Ursachen

Die Ursachen für Stress, die so genannten Stressoren, sind zahlreich – sie reichen vom einfachen Telefonklingeln bis zu lebensbedrohlichen Situationen wie einem Autounfall. Wichtige Ereignisse wie Umzüge, Geburt, Hochzeit, Scheidung oder Tod, Umwelteinflüsse wie Lärm, Schmutz oder Reizüberflutung, schlechte Ernährung, zu wenig Schlaf und zu wenig Bewegung sind nur einige stressauslösende Faktoren. Ihr Temperament, Ihre Verfassung und Ihre Erfahrungen mildern deren Auswirkungen zwar ab, doch je mehr Stressoren auf Sie einwirken, desto weniger kommen Sie dagegen an.

Wirkungsphasen

Stress hat eindeutige körperliche Auswirkungen; manchmal dauert es jedoch Jahre, bis man sie bemerkt. In den 1950er-Jahren definierte der in Österreich gebürtige Arzt Hans Selye in der menschlichen Reaktion auf Langzeitstress drei Phasen der Anpassung.

1. Alarmphase

Wenn man Stressoren ausgesetzt ist, wird sofort die so genannte Cannonsche Notfallreaktion ausgelöst. Der Körper schüttet Stresshormone aus, und es kommt zu:

- Erhöhung von Herzfrequenz und Blutdruck
- Anhebung von Blutzucker- und Cholesterinspiegel
- Beschleunigung von Atmung und Transpiration
- Erhöhung der Muskelspannung
- Unterbrechung des Verdauungsprozesses
- Unterdrückung des Immunsystems und
- emotionaler Anspannung

Ein ständig läutendes Telefon kann eine arge Lärmbelästigung sein und mit der Zeit zu Stress führen.

2. Widerstandsphase

Ist die Ursache für den Stress behoben, kehrt der Körper zu seiner normalen Funktionsweise zurück. Währt der Stress jedoch an, gewöhnt sich der Körper an die Situation, und obschon wir meinen, alles funktioniere wieder normal, verbraucht er Energiereserven, was auf die Dauer dazu führt, dass er nicht mehr effizient arbeitet und wir müde, reizbar und lethargisch werden.

3. Erschöpfungsphase

Langzeitstress verändert das hormonelle Gleichgewicht und führt zu Erschöpfung. Das Immunsystem arbeitet nicht mehr richtig, Stoffwechsel und Zellerneuerung werden verlangsamt; man altert schneller, nimmt zu und steht unter einem erhöhten Risiko degenerativer Erkrankungen.

Stress kann somit viele, auf die Dauer äußerst ernsthafte Beschwerden verursachen, er selbst ist jedoch keine Krankheit. Stress wird durch standardisierte Reaktionen auf schwierige Situationen und durch einen ungesunden Lebenswandel ausgelöst – eine schlechte Angewohnheit, die man ablegen kann, wenn man sorgfältiger und kontrollierter lebt.

Der ausgeglichene Körper

Körperlich und geistig gesund sind wir nur dann, wenn sich unsere biochemischen, strukturellen und psychologischen Funktionen im Gleichgewicht befinden. Unausgeglichenheit in einem der Bereiche kann Probleme in den anderen verursachen. Daher müssen wir für eine optimale Gesundheit unseren Körper als Einheit betrachten.

Der Körper ist ein energetisches System, das gut ausbalanciert sein muss, um richtig zu funktionieren. Jede Art kardiovaskulären Trainings – auch Spazierengehen – hält den Körper gesund.

Eine Entspannungsstrategie

Die Schlüssel zur Entspannung sind Erkenntnis und Konsequenz. Wir müssen erkennen, wann wir zu starken Belastungen ausgesetzt sind, und uns dann Zeit für uns selbst nehmen. Wer sich in hektischen Zeiten bewusst entspannen kann und langfristige Strategien für den Umgang mit Stress entwickelt, hat sein Leben besser im Griff.

Vorteile

Entspannung kann vielen Stresssymptomen entgegenwirken. Sie senkt den Adrenalinspiegel, vermindert so die Belastung des kardiovaskulären Systems und senkt den Blutdruck. Wir atmen langsamer und kontrollierter. Die Muskeln sind weniger angespannt, die Verdauung wird angeregt, das Immunsystem aktiver und wir sind weniger krankheitsanfällig.

Schlaflosigkeit, gepaart mit ständiger Müdigkeit, kann ein Zeichen dafür sein, dass das Immunsystem belastet ist und man sein Leben verändern sollte.

Stress erkennen

Stresssymptome offenbaren sich hauptsächlich in unserem Verhalten, unserem Gefühlsleben und unsererem körperlichen Befinden. Wenn Sie regelmäßig mehr als fünf der hier aufgeführten Symptome verspüren, sollten Sie etwas dagegen unternehmen.

Verhalten:

- exzessiver Alkohol- oder Nikotingenuss
- Appetitlosigkeit oder Essgier
- Desinteresse an sozialen Kontakten

Gefühlsleben:

- Launenhaftigkeit, grundlose Wut und Reizbarkeit
- Entscheidungs-, Konzentrations- oder Gedächtnisschwierigkeiten
- Gefühle der Überforderung und des Unvermögens
- Depressionen
- Weinerlichkeit
- Humorlosigkeit

Nacken- und Rückenschmerzen sind zwei von vielen Stresssymptomen.

körperliches Befinden:

- ständige Müdigkeit
- Schlaflosigkeit
- Schwerfälligkeit
- Muskelverspannungen, Rücken- oder Kopfschmerzen
- Hautprobleme
- hoher Blutdruck
- Zittern und Panikattacken
- Atembeschwerden wie Asthma, flache Atmung oder Hyperventilation
- Verdauungsstörungen, Sodbrennen, Aphthen, nervöser Durchfall oder Verstopfung

Stress lässt sich nicht immer vermeiden; wenn Sie aber wissen, was ihn verursacht, sind Sie schon einen großen Schritt weiter auf dem Weg zu einem ruhigeren Leben, denn dann können Sie entsprechende Maßnahmen ergreifen.

Entspannung

Lernen Sie, sich in Stressphasen zu entspannen. Denken Sie an eine Situation, die für Sie Ruhe bedeutet, etwa in der Sonne oder in der Badewanne zu liegen. Sobald Sie sich unter Druck fühlen, visualisieren Sie diese Situation; Ihr Geist assoziiert sie mit Frieden und schon bald fühlen Sie sich entspannt.

Protokoll führen

Obwohl Sie Ihre Stresssymptome kennen, wissen Sie möglicherweise nicht genau, was sie verursacht. Ein Protokoll kann Ihnen dabei helfen, Stressmuster im Alltag zu erkennen.

1

Fertigen Sie sich einen Stundenplan an, der nach Stunden oder Tageszeiten (z.B. Frühstück, Vormittag, Mittagessen, Nachmittag, Abend) eingeteilt ist.

2

Notieren Sie alle Tätigkeiten des Tages und wie Sie sich dabei gefühlt haben.

3

Tragen Sie jedes Stresssymptom in den Plan ein. Wenn möglich, notieren Sie dazu, was unmittelbar zuvor passiert ist.

4

Am Ende der Woche beurteilen Sie, wann Sie sich gestresst und wann entspannt gefühlt haben.

	Montag	Dienstag	Mittwoch	Donnerstag	Freitag	Samstag	Sonntag
Frühstück							
Vormittag							
Mittagessen							
Nachmittag							
Abend							

TEIL I: DEN KÖRPER ENTSPANNEN

Entspannungstechniken

Effiziente, kontrollierte Atmung und die Fähigkeit, bewusst zu Entspannen, sind für die Bekämpfung von Stress besonders wichtig. Einfache Atemtechniken und Übungen zur Muskelentkrampfung verringern die geistigen und körperlichen Auswirkungen von Stress und fördern das Wohlbefinden. Berührungs- und Bewegungstherapien beleben den Energiehaushalt und sorgen für ein Gefühl tiefer Entspannung.

Zur körperlichen Entspannung kann man auf die unterschiedlichsten Techniken zurückgreifen. Sie müssen sie nicht alle täglich anwenden, aber es lohnt sich, so viele wie möglich auszuprobieren, um herauszufinden, welche speziell für Sie die wirksamsten und angenehmsten sind. Für manche dieser Techniken benötigen Sie einen Partner, aber Sie können Massagen oder Reflexzonenbehandlungen auch selbst anwenden.

Wenn Sie einige passende Entspannungsübungen für sich entdeckt haben, ist es wichtig, sich daran zu gewöhnen, regelmäßig zu trainieren, wie bei jeder Sportart auch. Um wirklich gute Erfolge zu erzielen, müssen Sie die Entspannung in Ihren Tagesablauf integrieren und sie nicht als Pause vom täglichen Einerlei betrachten. Die kurze Zeit, die Sie morgens oder abends damit verbringen, Ihre Muskeln zu entspannen und Ihren Atem zu kontrollieren, zahlt sich im Laufe des Tages aus. Manche finden es praktischer, die Entspannungsübungen abends durchzuführen, da sie helfen, die Ereignisse des Tages loszulassen, und auf den Schlaf vorbereiten. Wenn das auch auf Sie zutrifft, vermeiden Sie körperliche Anstrengung unmittelbar nach dem Essen und in den Stunden, bevor sie zu Bett gehen.

Entspannte, kontrollierte Atemübungen morgens vor der Arbeit bringen Sie in die richtige Stimmung für einen erfolgreichen Tag.

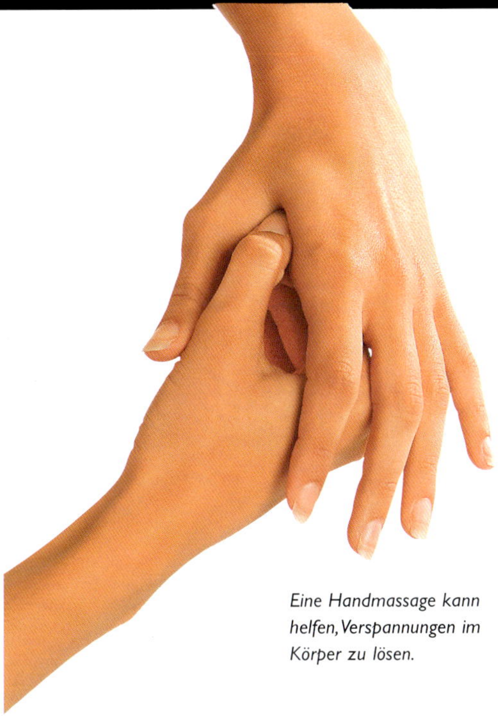

Eine Handmassage kann helfen, Verspannungen im Körper zu lösen.

Der richtige Ort

Wie bei jeder anderen Form von Bewegung sind eine angemessene Umgebung und Kleidung ebenso wichtig wie regelmäßiges Üben. Wenn möglich, suchen Sie sich ein gemütliches Zimmer, in dem Sie nicht abgelenkt werden. Tragen Sie locker sitzende Kleidung, in der Sie sich frei bewegen und atmen können.

Irgendwann werden Sie feststellen, dass regelmäßiges Üben Ihnen hilft, mit Stress im Alltag umzugehen. Dennoch werden Sie sich mit unterwarteten Krisen am Arbeitsplatz und zu Hause auseinander setzen müssen. In solchen Momenten kann es hilfreich sein, ein paar Minuten Pause mit Atemübungen oder Selbstmassage zu verbringen, um die Konzentration auf eine positive Lösung des Problems zu lenken. Welche Übungen Sie auch wählen, sie werden Ihre Gesundheit und Ihr Wohlbefinden fördern und Ihnen helfen, die Herausforderungen des Lebens leichter und stressfreier zu meistern.

Diese Yoga-Position, das Namaste Mudra (Gebetshaltung der Hände) hinter dem Rücken, dehnt die Schulter- und Armmuskulatur und weitet den Brustkorb.

Atmung

Unsere Atmung ist ein Indiz für unseren Gesundheitszustand und unser allgemeines Befinden. Sind wir besorgt, atmen wir flach und schnell, sind wir entspannt, wird unsere Atmung langsamer und tiefer. Jahrelanger Stress und eine ungesunde Lebensweise haben dazu geführt, dass die meisten Menschen heute flach und schnell atmen.

Atmen ist lebenswichtig. Beim Atmen wird Sauerstoff in den Blutkreislauf aufgenommen und unsere Energieproduktion angeregt. Atmen geschieht automatisch und unbewusst, aber man kann es auch steuern. Bei akutem Stress kann man sich schnell dadurch beruhigen, dass man sich eine Minute Zeit dafür nimmt, seine Atmung zu kontrollieren.

Korrektes, effektives Atmen sollte bis in die Tiefen der Lungen hineinreichen.

Die Auswirkungen falscher Atmung

Wenn unser Stresspegel steigt, neigen wir dazu, nur noch in das obere Drittel unserer Lungen zu atmen. Dadurch sinkt der Kohlendioxidgehalt, der für das Säure-Base-Gleichgewicht des Blutes wichtig ist, und schädliche Gifte werden nicht mehr ausgeatmet. Das hat direkte negative Auswirkungen auf Nerven und Muskeln und kann zu Müdigkeit, Herzklopfen und Panikattacken führen. Die richtige Atmung, kann diese Symptome abschwächen; zudem sorgt sie dafür, dass unsere Herzfrequenz, unser Blutdruck und der Gehalt an Stresshormonen in unserem Körper sinken.

Gesundes Atmen

Tiefes Atmen und ein langsamer Puls sind anerkannte Indizien für unsere Gesundheit: Je tiefer wir atmen, desto besser wird das Gewebe mit Sauerstoff versorgt; das Herz wird gestärkt und kann langsamer schlagen.

Richtiges Atmen

Um eine gesunde Atmung zu erlernen, müssen wir uns unserer üblichen Atmung erst einmal bewusst werden. Ist sie zu schnell oder zu flach, kann Ihnen die folgende Übung – die so genannte Bauchatmung – dabei helfen, zu einer natürlicheren Atmung zu finden. Sie nutzt das Zwerchfell, um die Lungen mit möglichst wenig Anstrengung zu füllen und zu leeren.

1

Setzen Sie sich bequem hin, die Augen offen oder geschlossen. Legen Sie eine Hand auf den Brustkorb, die andere auf das Zwerchfell, direkt unter dem Brustbein. Atmen Sie langsam durch die Nase ein; versuchen Sie, so zu atmen, dass sich die Hand auf dem Brustkorb möglichst wenig bewegt.

2

Halten Sie ein paar Sekunden lang die Luft an, dann atmen Sie langsam durch die Nase aus. Atmen Sie so viel Luft wie möglich aus.

3

Wiederholen Sie die Übung einige Minuten lang, bis Sie sich ruhig fühlen.

Nasale Wechselatmung

Diese Übung macht Ihnen jeden Ihrer Atemzüge bewusst. Legen Sie Daumen und Ringfinger rechts und links neben Ihre Nase und beugen Sie Zeige- und Mittelfinger nach innen, sodass sie den Handballen berühren. Halten Sie Ihr rechtes Nasenloch zu und atmen Sie durch das linke ein. Halten sie dann Ihr linkes Nasenloch zu, öffnen Sie das rechte und atmen Sie dadurch aus. Wiederholen Sie diese Übung einige Male; hören Sie jedoch auf, falls Ihnen schwindelig wird.

Die nasale Wechselatmung hilft Ihnen, Klarheit und mentale Ausgeglichenheit zu erlangen.

Lebenskraft

Viele östliche Philosophien gehen davon aus, dass die Luft nicht nur Sauerstoff, sondern auch lebensnotwendige Energie enthält – in Indien heißt sie Prana, in China Ch'i und in Japan Ki. Durch Atemübungen kann man diese Energie speichern und Körper wie Geist revitalisieren.

Die Muskeln entspannen

Wenn wir unter Druck stehen, ziehen sich unsere Muskeln zusammen; die Blutversorgung ist behindert und wir fühlen uns müde und verspannt. Haltung, Bewegungsradius und Körperfunktionen werden negativ beeinflusst. Damit wir uns entspannen können, müssen wir die Verspannungen lokalisieren und versuchen, sie zu lösen.

Systematische Muskelentspannung

Diese Entspannungstechnik, die alle wichtigen Muskelgruppen anspricht, beruhigt und hilft uns, Verspannungen zu lösen. Führen Sie die Übung zu einem ruhigen Zeitpunkt durch, wenn Sie nicht gestört werden.

1

Ziehen Sie die Schuhe aus und lockern Sie eng sitzende Kleidung. Legen Sie sich auf eine Matte auf den Boden, den Kopf durch ein Kissen oder ein Handtuch gestützt. Schließen Sie die Augen und konzentrieren Sie sich darauf, langsam zu atmen. Betonen Sie das Ausatmen.

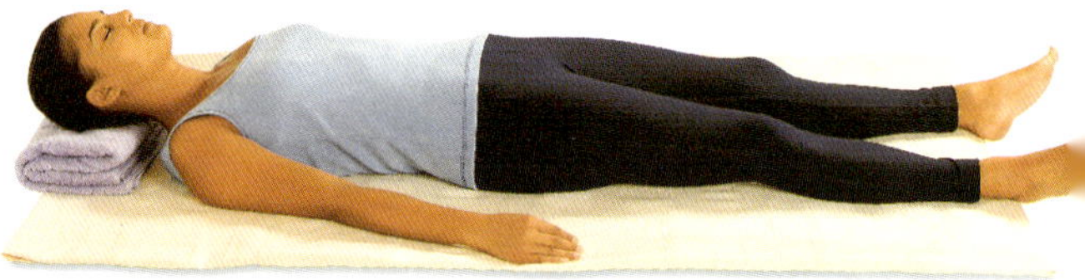

2

Spannen Sie die Muskeln Ihres rechten Fußes. Halten Sie die Spannung einige Sekunden, dann lösen Sie sie. Verfahren Sie ebenso mit der Muskulatur der Wade und des Oberschenkels. Dann wechseln Sie das Bein.

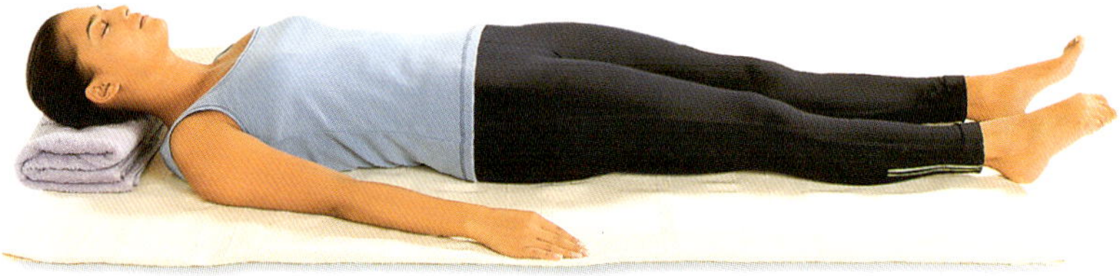

3

Spannen und entspannen Sie die Muskeln in Händen und Armen, erst auf der rechten, dann auf der linken Seite.

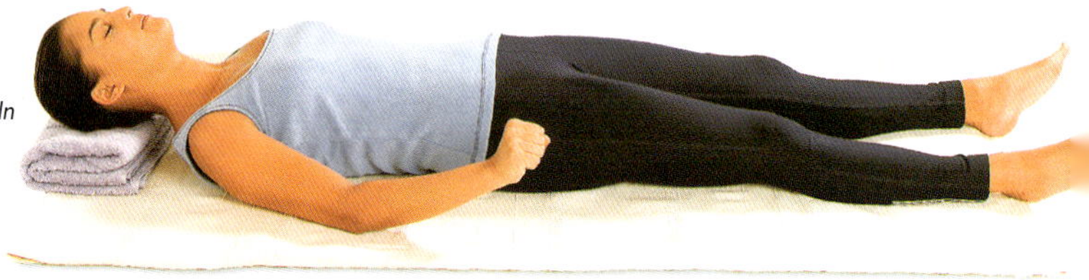

4

Spannen und entspannen Sie Ihr Gesäß, dann Ihre Bauchmuskeln.

5

Ziehen Sie die Schultern hoch, halten Sie diese Position für einige Sekunden; senken Sie dann die Schultern wieder ab. Wiederholen Sie den Vorgang 3-mal und wiegen Sie dann den Kopf vorsichtig von einer Seite zur anderen.

6

Gähnen Sie und schürzen Sie dann die Lippen. Runzeln Sie die Stirn, ziehen Sie die Nase kraus und lassen Sie wieder locker. Ziehen Sie die Augenbrauen hoch. Dann entspannen Sie die Gesichtsmuskeln.

7

Konzentrieren Sie sich wieder auf Ihre Atmung. Bewegen Sie Finger und Zehen, beugen Sie die Knie, rollen Sie sich vorsichtig auf die Seite und kommen Sie langsam wieder hoch.

F. M. Alexander-Technik

Die F. M. Alexander-Technik schult das Selbstbewusstsein und verbessert Balance, Haltung und Koordination. Wer lernt, sich korrekt zu halten und zu bewegen, kann seine Muskelanspannung verringern und die Funktionsweise seiner Körpersysteme verbessern.

Die Technik besteht aus drei Phasen: Lösen unerwünschter Spannungen, Trainieren neuer Haltungs- und Bewegungsformen sowie Erlernen neuer körperlicher und geistiger Reaktionsmöglichkeiten. Man sollte die Alexander-Technik von einem qualifizierten Lehrer erlernen und sie regelmäßig üben.

Isolationstank und Wassertherapie

Ein Isolationstank ist ein schalldichter Tank, der mit hoch gesättigtem, warmem Salzwasser gefüllt ist, auf dem der Körper mühelos schwimmt. Man kann sich darin völlig von äußeren Reizen abschirmen. Körper und Geist können tief entspannen und das Gehirn schüttet Endorphine, die so genannten Glückshormone, aus. Da heißes Wasser allein schon die Blutgefäße erweitert und infolgedessen den Blutdruck senkt, kann aber auch oft schon ein einfaches heißes Bad sehr entspannend wirken.

Massage

Massagen können Stress und Muskelverspannungen auf sehr einfache und effiziente Weise lindern. Diese beruhigende Therapie löst Verkrampfungen und vermindert Ängste. Es gibt verschiedene Arten von Massagen, viele davon sind als Ergänzungstherapien anerkannt.

Körperliche Wirkungen von Massagen

Sanfte Massagen stimulieren die Nervenenden in unserer Haut, die daraufhin Nachrichten an das Gehirn übermitteln. Dieses wiederum reagiert mit der Ausschüttung von Endorphinen, die ein Gefühl des Wohlbefindens hervorrufen. Zudem sprechen Massagen die Körpersysteme an, die Blutdruck, Herzfrequenz, Verdauung und Atmung kontrollieren – damit wirken sie nicht nur entspannend, sondern sind auch gesund.

Eine Massage kann den Gehalt an Stresshormonen im Blutkreislauf senken.

Nacken- und Schultermassage

Nacken und Schultern sind besonders anfällig für Verspannungen. Wer müde ist, sackt in sich zusammen und belastet dadurch vor allem diese Körperregionen. Äußerst wohltuend sind in diesen Situationen Partnermassagen; Sie können sich aber auch selbst massieren.

Massiert werden

Suchen Sie sich ein warmes, gemütliches Zimmer, ziehen Sie sich aus und legen Sie sich hin. Ihr Partner gibt ein paar Tropfen Massageöl auf seine angewärmten Handflächen und massiert die Haut um Ihre Schulterblätter einige Minuten lang sanft durch. Dann legt er oder sie die Hände zwischen Ihre Schulterblätter und fährt, ohne starken Druck auszuüben, vorsichtig mit den Daumen rechts und links an Ihrer Wirbelsäule und Ihren Schulterblättern entlang. Die Massage kann durch leichten Druck auf die Schulterblätter beendet werden, was auch tief liegende Verspannungen löst.

Selbstmassage

Ziehen Sie Ihre Schultern hoch, dann so weit es geht nach hinten; halten Sie die Position einige Sekunden lang. Legen Sie dann eine Hand auf einen Oberarm und kneten Sie die Muskeln kräftig durch; nähern Sie sich dabei langsam Ihrem Hals. Drücken Sie die Finger in den Nacken und arbeiten Sie sich mit kreisenden Bewegungen langsam zur Schädelbasis vor. Halten Sie Ihren Hinterkopf fest und kreisen Sie mit den Daumen über die Schädelbasis.

Schnelle Hilfe bei Kopfschmerzen

Streichen Sie mit den Fingerspitzen über Ihre Stirn, von der Mitte zu den Schläfen. Legen Sie dann die Hand flach auf die Stirn, die Finger in der Horizontalen, und streichen Sie sanft Richtung Haaransatz. Wiederholen Sie die Übung mit der anderen Hand und fahren Sie fort, bis die Spannung nachlässt.

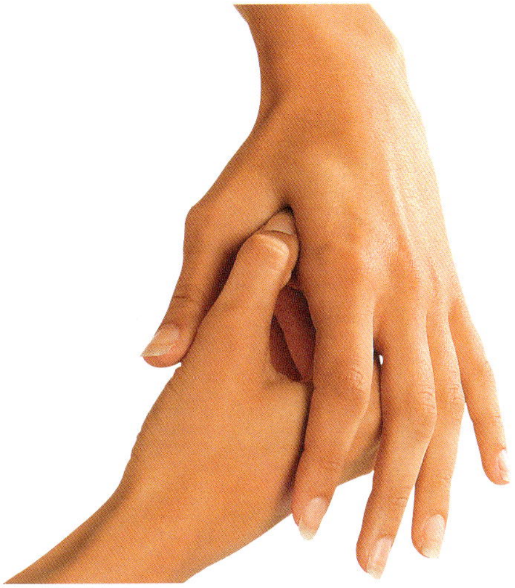

Regelmäßige Handmassagen können Gelenkprobleme und Arthritis lindern.

Handmassage

Massieren Sie das Gewebe zwischen Daumen und Zeigefinger etwa eine Minute lang, indem Sie leichten Druck ausüben, und zwar möglichst nah an der Stelle, an der sich die beiden Knochen treffen. Wiederholen Sie die Übung an der anderen Hand. Diese Technik wird in der Akupressur eingesetzt.

Achtung

Massieren Sie keine Schwellungen, Brüche, blaue Flecken oder entzündete Haut. Bauch, Beine und Füße sollten im ersten Drittel der Schwangerschaft nicht massiert werden. Wenn Sie unter Krampfadern, Rückenschmerzen oder Thrombosen leiden, konsultieren Sie vor einer Massage Ihren Arzt.

Lebensenergie tanken

Viele Philosophien gehen davon aus, dass Anspannungen den Energiefluss blockieren, sodass unser Körper nicht revitalisiert werden kann. Unterschiedliche Therapieformen versuchen, diese Blockaden zu lösen und das Gleichgewicht des Körpers wiederherzustellen.

Yoga

Yoga (siehe auch Seite 68–129) wird in Indien seit mehreren Tausend Jahren praktiziert und ist heute auf der ganzen Welt bekannt. Es gibt verschiedene Yoga-Schulen; im Westen ist Hatha-Yoga die beliebteste. Sie umfasst Körperübungen und Atemtechniken, die den Körper so vorbereiten, dass der Geist ohne Behinderungen oder Blockaden meditieren kann.

Die richtige Atmung ist beim Hatha-Yoga unerlässlich; bei korrekter Ausführung passen sich sogar unsere Bewegungen dem Atemrhythmus an. Alle Übungen sind darauf ausgerichtet, den Körper zu kräftigen, und sollten zwischen zwanzig Sekunden und zwei Minuten gehalten werden. Jeder kann Yoga trainieren, egal wie alt oder fit man ist. Zu Beginn ist es jedoch ratsam, einen Kurs bei einem erfahrenen Lehrer zu besuchen. Tägliches Training steigert Energie und Ausdauer, strafft die Muskeln, verbessert Verdauung und Konzentrationsfähigkeit und hilft beim Entspannen sowie im Umgang mit dem täglichen Stress.

Natarajasana oder der kosmische Tänzer kräftigt die Muskulatur in den Beinen, den Füßen und dem unteren Rücken und schult den Gleichgewichtssinn.

Vorsichtsmaßnahmen

Wenn Sie unter Rückenschmerzen, hohem Blutdruck oder einer Herzkrankheit leiden, sprechen Sie mit Ihrem Arzt, bevor Sie eine neue Trainingsmethode ausprobieren. Einige Yoga-Übungen etwa sollten während der Schwangerschaft oder Menstruation vermieden werden, andere sind bei bestimmten Krankheiten nicht angebracht – fragen Sie Ihren Yoga-Lehrer.

T'ai Chi Ch'uan strafft und kräftigt die Muskulatur, regt die Tätigkeit der inneren Organe an und verbessert Haltung und Durchblutung.

T'ai Chi Ch'uan

Diese alte chinesische Kampfsportart will mit Abfolgen langsamer, fließender Bewegungen und bestimmten Atemtechniken das Gleichgewicht des Ch'i wiederherstellen und Gesundheit sowie Vitalität fördern.

Der Fluss des *Ch'i*

Die chinesische Philosophie lehrt das Konzept des Yin und Yang, der gegensätzlichen, sich ergänzenden Kräfte, deren Ausgeglichenheit im Körper wesentlich für unser Wohlbefinden ist. Erst die Wechselwirkungen zwischen Yin und Yang ermöglichen es der Lebensenergie Ch'i oder Qi, frei zu fließen, sodass wir uns gesund und vital fühlen.

Reflexzonenmassage

Schon lange werden Hand- und Fußmassagen zur Entspannung und Gesundheitsförderung eingesetzt. Reflexzonenmasseure gehen davon aus, dass sich der gesamte Körper in den Händen und Füßen widerspiegelt. Durch die Ausübung von Druck auf bestimmte Reflexpunkte, die einzelnen Körperteilen zugeordnet sind, werden Nervenimpulse zum Gehirn geschickt. Von dort wird die Wirkung an die jeweiligen Körperteile weitervermittelt. Je nachdem welcher Griff angewandt wird, kann der Masseur somit Organe anregen oder beruhigen, die Durchblutung fördern, Schmerzen lindern oder zur Entspannung beitragen.

Wenn unser Körper an irgendeiner Stelle unangenehm schmerzt oder krank ist, kann ein guter Reflexzonenmasseur mit Hilfe von Diagnostikkarten feststellen, welchen Teil des Fußes er massieren muss.

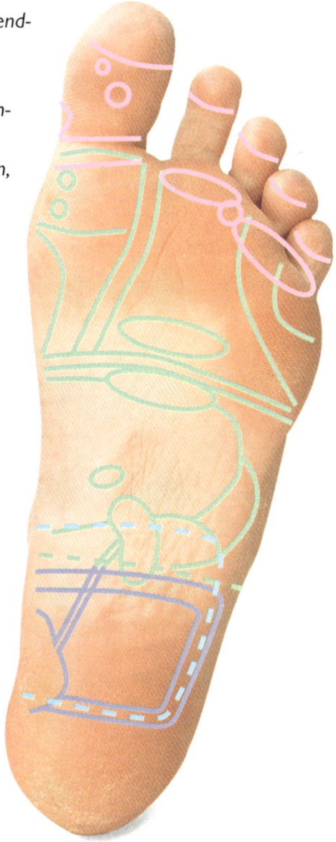

TEIL 2: GEIST UND SEELE ENTSPANNEN

Übungen für den Geist

Gedanken, Stimmungen, Gefühle und Überzeugungen haben einen enormen Einfluss auf unsere allgemeine Gesundheit, die Heilmechanismen und das Immunsystem unseres Körpers. Um wirklich gesund zu sein, müssen wir daher den Geist ebenso pflegen wie den Körper. Es gibt die unterschiedlichsten Übungen zur geistigen Entspannung und zum Stressabbau. Wie man auf Stress reagiert, ist bis zu einem gewissen Grad eine Frage des Typs, aber es gibt Methoden, das Selbstbild zu verbessern und mit den Herausforderungen und Schwierigkeiten des Lebens besser umgehen zu lernen.

Die in diesem Kapitel vorgestellten Techniken zeigen Möglichkeiten zur Entspannung des Geistes, mit deren Hilfe man seine Reaktion auf Stress steuern kann und lernt, sich und seine Herausforderungen in einem anderen Licht zu betrachten.

Konzentrieren Sie all Ihre Sinne auf ein Musikstück, das Sie besonders mögen, um Ruhe zu finden.

Den Geist entspannen

Die Entspannung des Geists ist die natürliche Ergänzung zur Entspannung des Körpers, und um mit Stress umgehen zu können, muss man beides beherrschen. Wer mit Meditation oder anderen Arten der Gedankenkontrolle nicht vertraut ist, mag diese Dinge zunächst befremdlich finden – wie bei allen Übungsformen werden sie durch regelmäßiges Training jedoch schon bald ganz selbstverständlich.

Für eine wirksame geistige Entspannung benötigt man ebenso wie für körperliche Entspannung eine ruhige, gemütliche Umgebung. Meditation und Visualisierung fallen den meisten Menschen zudem leichter, wenn sie ihre Sinne auf etwas Entspannendes konzentrieren können, etwa auf eine friedvolle Musik, ein beruhigendes Bild oder einen vertrauten Duft. Diese Dinge müssen nicht wirklich vorhanden sein – schon die Erinnerung an sie kann dabei helfen, sich zu entspannen und den Geist zu kontrollieren.

Wer etwas Übung darin hat, die Reaktionen seines Geistes zu steuern, kann trotz aller vorhandenen Störungen entspannen; die Vorteile im Umgang mit Stress liegen auf der Hand.

Man sollte jedoch nicht nur seinen Geist entspannen und seine Reaktionen auf Stress steuern lernen, sondern auch das Bild von sich selbst und seinem Leben korrigieren. Die wenigsten Menschen merken, wie destruktiv es ist, stets über die eigenen Unzulänglichkeiten nachzudenken, über Dinge, die sie nicht erreicht haben, oder sogar über solche, die noch gar nicht geschehen sind. Darüber nachdenken zu lernen, was man geschafft hat, und sich realistische Ziele zu setzen, ist daher eine weitere hilfreiche Methode, unnötigen Stress zu vermeiden.

Den Geist können wir jedoch nicht nur aus uns selbst heraus entspannen; auch zwischenmenschliche Beziehungen beeinflussen unser geistiges Wohbefinden und können uns, wenn sie gut sind, in schwierigen Zeiten stützen. Die Beziehungen zur Familie und zu Freunden auszubauen und zu festigen, ist daher ebenfalls wichtig für die innere Ausgeglichenheit.

Visualisieren Sie in besonders schwierigen Situationen einen Lieblingsplatz, um sich in eine positive Grundstimmung zu versetzen.

Meditation

Meditation kann den Geist sehr wirksam zentrieren und somit zu Entspannung, Ruhe und innerem Frieden beitragen. Sie hilft, die eigenen Probleme aus der Distanz heraus zu betrachten und dadurch neue persönliche Perspektiven zu entdecken. Auf diese Weise wird sie zu einer wirksamen Methode bei der Bewältigung von Stress.

Was ist Meditation?

Es gibt verschiedene Arten der Meditation, aber alle beruhigen den Geist. Ihr Ziel ist, den Geist so zu steuern, dass er Ruhe und Frieden erfährt, statt ständigem Stress ausgesetzt zu sein. Wenn er ruhig und in der Gegenwart verankert ist, reagiert er weder auf negative Erinnerungen, noch sorgt er sich um die Zukunft – zwei wichtige Ursachen für Stress. Meditationstechniken lassen sich in zwei grundsätzliche Gruppen einteilen:

Meditation ist eine praktische und wirkungsvolle Möglichkeit, mit Stress umzugehen.

1. Konzentrations-Meditation

Bei dieser Methode fokussiert man die Aufmerksamkeit auf etwas Bestimmtes, etwa den Atem, ein Bild oder einen Satz, um seinen Geist zu beruhigen und seine Aufmerksamkeit und Klarheit weiterzuentwickeln.

2. Achtsamkeits-Meditation

Bei der auch Vipassana-Meditation genannten Methode ist man sich seiner Umgebung voll bewusst, aber von ihr gelöst. Der oder die Meditierende richtet die Aufmerksamkeit auf alle Sinneswahrnehmungen, ohne über sie nachzudenken; man nimmt wahr, ohne zu werten. Das bedeutet, man erlebt, was im Hier und Jetzt geschieht, und erreicht einen ruhigeren, klareren, passiv beobachtenden Geisteszustand. Man betrachtet die Welt sozusagen durch ein Weitwinkelobjektiv – die Perspektive wird vergrößert und die Aufmerksamkeit breiter.

Meditation und Gehirn

Das Gehirn ist der Computer des Körpers, das Zentrum aller Gedanken, Gefühle und Sinneswahrnehmungen sowie die Koordinationsstelle aller Körperfunktionen. Durch das Rückenmark sendet und empfängt es Botschaften zu und von allen Körperteilen. Die Gehirnzellen kommunizieren durch winzige elektrische Impulse miteinander. Meditation beeinflusst diese elektrischen Aktivitäten und sorgt dafür, dass Alphawellen ausgesendet werden – Gehirnwellen, die mit tiefer Entspannung und Wachsamkeit einhergehen. Sie mildern die gewohnten Stressreaktionen, die Gefahren und Schwierigkeiten mit sich bringen, ab.

Im Alphazustand dominiert der Teil des Nervensystems, der die automatischen Körperfunktionen steuert – wie Atmung, Schwitzen, Speichelfluss, Verdauung und Herzfrequenz. Die Cannonsche Notfallreaktion wird außer Kraft gesetzt.

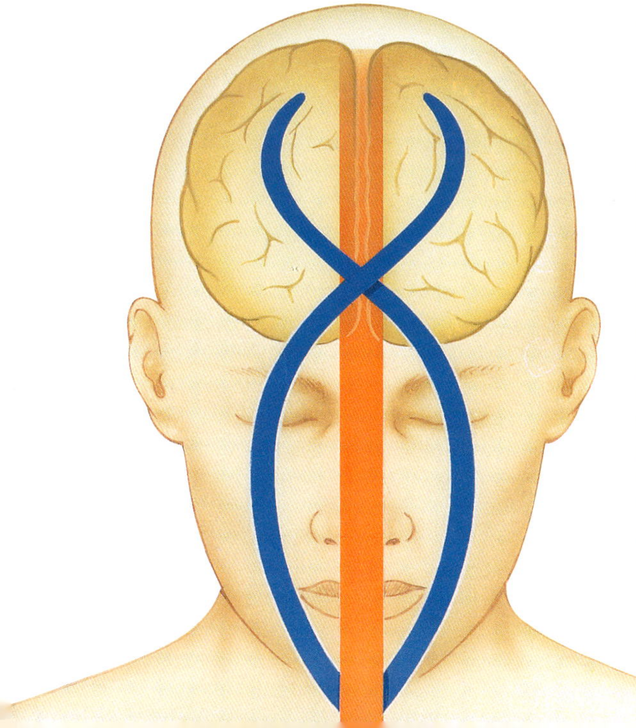

Das Gehirn produziert vier verschiedene Arten von Wellen, die den körperlichen Zustand anzeigen: Alpha (bei tiefer Entspannung), Beta (wach), Delta (im Tiefschlaf) und Theta (im leichten Schlaf).

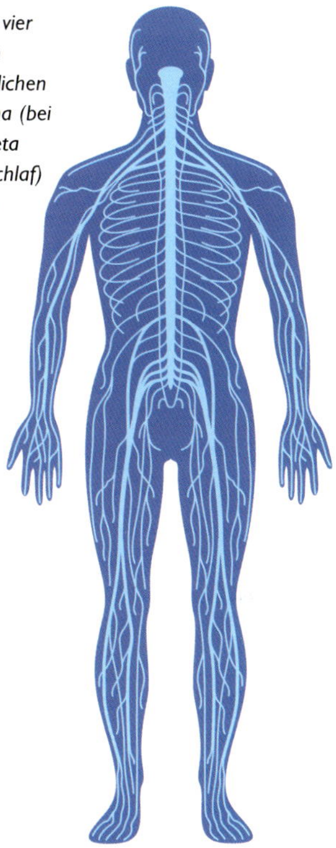

Vorteile der Meditation

Den Geist steuern zu können, statt sich von ihm steuern zu lassen, macht das Leben friedlich und harmonisch. Wer regelmäßig meditiert, ist weniger ängstlich, ruhiger, geistig reger und kann seine Zeit und seine Energien besser einteilen. Forschungen zeigen, dass Meditation folgende Wirkungen haben kann:

- einen entspannteren Körper
- bessere Schlafgewohnheiten
- niedrigeren Blutdruck und langsameren Puls
- weniger Stresshormone im Blut
- eine bessere Durchblutung

Wie man meditiert

Es hilft, sich von einem Meditationslehrer zeigen zu lassen, wie man einen meditativen Zustand erreicht, aber wenn man diszipliniert genug ist, kann man es auch selbst lernen. Es gibt keine „richtige" Art zu meditieren, aber einige Rahmenbedingungen sollten erfüllt sein:

- Suchen Sie sich einen ruhigen Ort, an dem Sie nicht gestört werden.
- Meditieren Sie regelmäßig, am besten 15 Minuten täglich, immer zur gleichen Zeit. Meditation am Morgen hält Sie den ganzen Tag ruhig und zentriert; Meditation am Abend hilft Ihnen, den Tag loszulassen.
- Meditieren Sie nicht mit vollem Magen.
- Nehmen Sie eine bequeme Haltung ein (am besten im Sitzen, damit Sie nicht einschlafen).
- Finden Sie einen Konzentrationspunkt, um sich von Ihrer Umgebung zurückzuziehen.

Alltagsgegenstände wie Pflanzen, Kerzen oder Bilder können den Fokus einer Objekt-Meditation bilden.

Den Geist fokussieren

Manch einem fällt es zunächst schwer, sich zu konzentrieren, aber das legt sich mit zunehmender Übung. Wenn Sie merken, dass Ihre Aufmerksamkeit abschweift, bringen Sie sie zum Konzentrationspunkt zurück. Beim Erreichen eines meditativen Zustands können Ihnen folgende, bewährte Methoden behilflich sein:

Über ein Objekt, zum Beispiel eine Blume, zu meditieren kann helfen, den Geist konzentriert und die Aufmerksamkeit fokussiert zu halten.

Objekt-Meditation

Konzentrieren Sie sich auf ein bestimmtes Objekt, etwa einen Kristall, eine brennende Kerze oder eine Blume. Spüren Sie die Anwesenheit des Objekts und konzentrieren Sie sich auf seine Beschaffenheit.

Man kann seine Konzentration aufrecht erhalten und die Meditation unterstützen, indem man ein Mantra spricht.

Mantra-Meditation

Wählen Sie ein bestimmtes Wort oder einen Satz aus und wiederhohlen Sie es oder ihn immer wieder (Seite 152).

Tastsinn

Das rhythmische Abtasten einer Perlenschnur oder das Reiben eines Stoffstücks kann Sie ebenso in den Meditationszustand versetzen.

Atmung

Eine weitere Methode ist, sich auf seine Atmung zu konzentrieren. Zählen Sie bei jedem Ausatmen „Eins".

Aktive Meditation

Auch rhythmische Übungen wie Schwimmen, Gehen oder T'ai Chi Ch'uan können den Geist zentrieren und dabei sogar Energie spenden.

Übung: schnelle und einfache Meditation

1

Setzen Sie sich bequem hin mit aufrechter Wirbelsäule. Schauen Sie nach unten, aber fokussieren Sie dabei nichts.

2

Lassen Sie die Augenlider so weit sinken, wie es sich gut anfühlt, aber schließen Sie die Augen nicht ganz.

3

Schauen Sie weiterhin nach unten. Nehmen Sie wahr, dass Sie langsamer und tiefer atmen.

4

Nach ein paar Minuten richten Sie ihre Augen wieder auf einen bestimmten Punkt. Sie sollten sich nun erfrischt und ruhig fühlen.

Achtung

Wenn Sie eine psychiatrische Behandlung hinter sich haben, konsultieren Sie zunächst Ihren Arzt, bevor Sie mit dem Meditieren beginnen. Zu langes Meditieren kann Depressionen und Isolierung verursachen.

Visualisierung

Visualisierung ist eine Technik, die mit Hilfe der Vorstellungskraft Stress und Krankheiten zu bewältigen sucht, motivieren kann und dabei hilft, negative Einstellungen abzulegen. Sie bildet einen wichtigen Teil vieler Entspannungsmethoden und fördert positives Denken.

Selbsthilfe

Die Kunst der Visualisierung lässt sich bei einem professionellen Lehrer erlernen, aber man kann sich die Technik auch selbst beibringen. Zu Beginn sollten Sie etwa 15–20 Minuten täglich üben, entweder nach dem Aufwachen oder vor dem Zubettgehen. Wenn Sie mehr Übung haben, können Sie es immer dann tun, wenn Sie es für nötig befinden.

Suchen Sie sich einen ruhigen, ungestörten Ort. Atmen Sie langsam und entspannen Sie sich. Dann konzentrieren Sie sich auf ein frei gewähltes Bild, etwa einen lauschigen Garten oder einen wohlig weichen Strand. Versuchen Sie, sich Geräusche, Düfte und visuelle Details der Szene vorzustellen und nehmen Sie die Atmosphäre in sich auf, bis Sie sich ganz entspannt fühlen. Unter Umständen kann es hilfreich sein, dabei positive Affirmationen zu wiederholen, zum Beispiel „Ich bin entspannt“ oder „Ich habe alles im Griff“. In einer Stressphase kann Ihnen diese Übung helfen, den Überblick zu behalten.

Wenn wir uns eine ruhige, friedliche Szene, etwa einen menschenleeren Sandstrand, vorstellen, können wir leichter entspannen und Stress oder Sorgen einfacher abbauen.

Situationsangst

Viele Menschen sind vor wichtigen Anlässen nervös oder aufgeregt. Visualisierungen helfen dabei, sich sicherer zu fühlen. So können Sie zum Beispiel mehrere Tage vor einem Vorstellungsgespräch damit beginnen, sich auszumalen, wie souverän Sie die Situation meistern werden. Auch in akuten Stresssituationen können Visualisierungen hilfreich sein: Erwecken Sie vor ihrem inneren Auge eine spannungsgeladene Situation zum Leben und ersetzen Sie diese dann durch ein beruhigendes, positives Bild.

Um innerlich ruhiger zu werden, kann man sich kraftvolle, spannungsgeladene Szenen, wie etwa ein Gewitter, vorstellen und sie durch etwas Beruhigendes ersetzen, zum Beispiel einen Regenbogen.

Farben visualisieren

Farben können einen großen Einfluss auf Stimmung, Vitalität und Wohlbefinden haben. Gelb- und Rottöne wirken stimulierend, Grün und Blau beruhigen. Farbtherapeuten bestrahlen den Körper oftmals mit farbigem Licht, um körperliches, seelisches und spirituelles Wohlbefinden zu fördern. In dieser Übung werden Farben visualisiert, um den Geist zu beruhigen und sich zu entspannen.

1

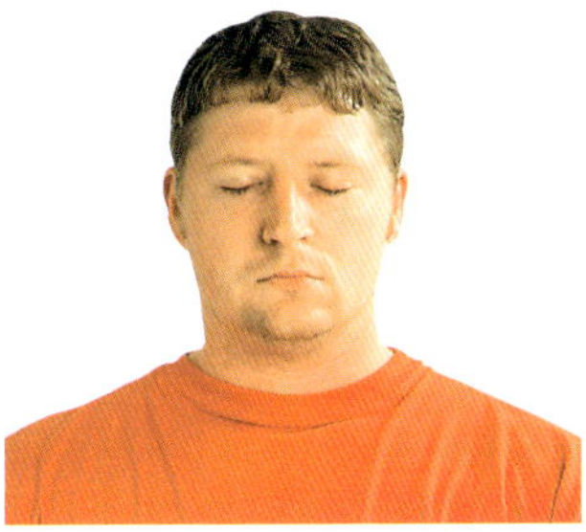

Setzen Sie sich bequem hin und schließen Sie die Augen.

2

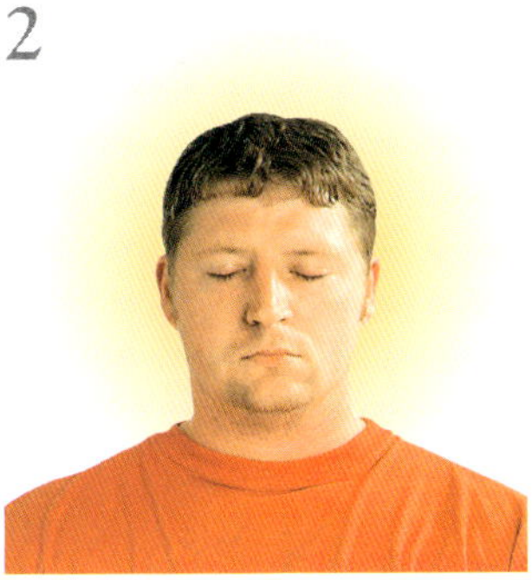

Imaginieren Sie eine Kugel aus goldenem Licht direkt über Ihrem Kopf. Sehen Sie, wie sich die Kugel langsam in Ihren Kopf hineinsenkt, bis sie Ihren gesamten Körper ausfüllt. Dann stellen Sie sich vor, dass dieses Licht Ihren Geist reinigt und heilt.

3

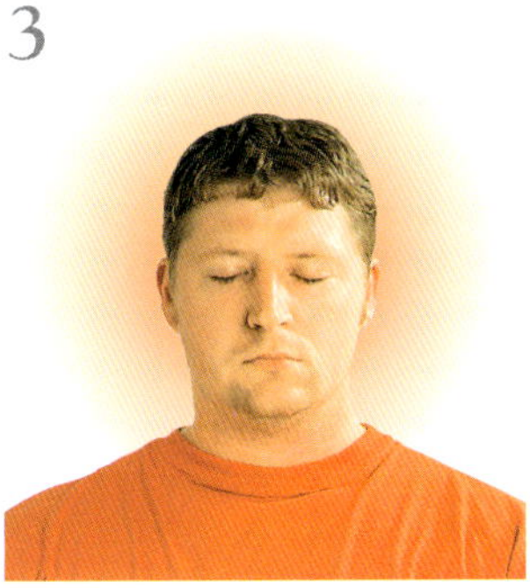

Wiederholen Sie die Übung, indem Sie rotes Licht visualisieren. Gehen Sie nach und nach das gesamte Farbspektrum durch – orange, gelb, grün, blau, indigo und violett –, bis Sie sich ganz entspannt fühlen.

Der Klang sich brechender Wellen kann besänftigend wirken und damit helfen, Stress abzubauen und innere Ruhe zu finden.

Musik und Klänge

Das therapeutische Potenzial von Musik und Klängen ist schon lange bekannt. Schallwellen beeinflussen Stimmung, Herzfrequenz und Atmung und fördern sogar die Ausschüttung von Endorphinen. Egal, ob Sie singen können oder nicht, schon das Singen allein löst Spannungen und unterstützt eine tiefe und rhythmische Atmung. Musik zu machen oder auf sie zu reagieren, kann eine direkte Verbindung zum eigenen Inneren herstellen, sodass man tiefen Emotionen Ausdruck verleihen kann. Sanfte, leise Musik beruhigt, laute Musik regt die Seele an.

Entspannungsmusik

Eine persönliche Zusammenstellung von Entspannungsmusik wirkt weitaus besser als eine fertig gekaufte. Wählen Sie ein ruhiges Musikstück aus, das mindestens zehn Minuten lang ist und mit dem Sie angenehme Erinnerungen verknüpfen. Wenn Sie möchten, fügen Sie einige Naturklänge hinzu, wie Vogelgezwitscher, sanftes Wind- oder Meeresrauschen.

Suchen Sie sich einen ruhigen Raum, entspannen Sie sich und spielen Sie die Musik ab. Versuchen Sie, in ihrem Rhythmus zu atmen, und stellen Sie sich eine angenehme Szene vor. Hören Sie die Musik möglichst einmal am Tag, und Sie werden bald in der Lage sein, sich in Stressphasen allein durch den Gedanken an die Musik zu beruhigen.

Allein das Anhören ruhiger Musik oder harmonischer Naturklänge kann Endorphine, die so genannten Glückshormone, freisetzen.

Therapeutische Berührungen

Eine der wirksamsten Methoden gegen Stress sind Berührungen. Körperkontakt muss nicht sexueller Natur sein. Es kann genauso wirksam sein, eine Katze zu streicheln oder jemanden in den Arm zu nehmen. Als Schnellrezept gegen Stress setzen Sie sich ruhig hin und berühren Sie mit dem Zeigefinger den Daumen derselben Hand. Auch Massagen sind eine anerkannte Möglichkeit zu entspannen und Stress zu mildern (Seite 206–207).

Geruchssinn

Manche Düfte können die Stimmung heben und für ein gesteigertes Wohlbefinden sorgen. Duftmoleküle gelangen durch die olfaktorischen Bahnen direkt ins limbische System, den Teil des Gehirns, der Erinnerungen, Instinkte und vitale Körperfunktionen steuert. Daher können manche Düfte fast vergessene Bilder wieder lebendig werden lassen. Zur Förderung der Entspannung bieten sich verschiedenste ätherische Öle an (Seite 246–247).

In Stressphasen können Sie die Erinnerung an Düfte und ihre assoziative Kraft nutzen, um ruhig und entspannt zu bleiben. Denken Sie an Ihren Lieblingsduft – frisch gemahlener Kaffee, Orangen, frisch gemähtes Gras – und Sie fühlen sich glücklicher, sorgloser und entspannter.

Ätherische Öle und der Duft von Räucherstäbchen können auf Körper und Geist entspannend wirken.

Kreative Entspannung

Kreative Aktivitäten, wie Malen oder Zeichnen, sind wunderbare Ventile für Gefühle und können sehr entspannend wirken. Dabei müssen keine großen Kunstwerke entstehen. Schon der kreative Akt an sich ist als Gegensatz zu Routinearbeiten entspannend. Machen Sie sich die unterschiedlichen Beschaffenheiten und Gerüche Ihrer Arbeitsmaterialien bewusst und genießen Sie diese Wahrnehmungen. Auch der Besuch einer Kunstausstellung kann entspannend sein, vor allem, wenn Sie ein Bild oder ein Gemälde entdecken, das eine besondere Bedeutung für Sie hat. Gehen Sie zu einer ruhigen Tageszeit dorthin, wenn Sie sich einfach hinsetzen und die einzelnen Werke ungestört betrachten können.

Weitere Techniken zur Steuerung des Geistes

Es gibt noch verschiedene andere Techniken, den Geist so zu trainieren, dass er die körperlichen Reaktionen auf Stress umkehren kann, darunter Hypnose, autogenes Training und Biofeedback.

Hypnotherapie

Hypnotische Trance kann eingesetzt werden, um negative Verhaltensmuster zu ändern oder positives Denken zu fördern. Unter Hypnose ist man sehr entspannt und offen für Vorschläge. Eine Theorie zur Erklärung dieses Phänomens geht davon aus, dass der rationale Teil des Gehirns unter Hypnose umgangen und die unbewusste, nicht-analytische Hälfte direkt angesprochen wird. Während der Hypnose kann der Therapeut das Unterbewusstsein mit Vorschlägen „füttern", wie spezielle Probleme gelöst werden können, etwa Nikotinsucht oder mangelndes Selbstvertrauen; oder er fragt nach Erlebnissen in der Vergangenheit, um aktuelle Probleme analysieren zu können. Der Hypnotherapeut versetzt Sie in einen Zustand tiefster Entspannung, den Sie in Stresssituationen selbst wiederherstellen können.

Selbsthypnose

Suchen Sie sich einen ruhigen Ort und setzen oder legen Sie sich hin. Entspannen Sie und atmen Sie langsam und tief. Schließen Sie die Augen und stellen Sie sich vor, dass Sie eine lange Treppe hinabsteigen, wobei Sie bei zehn anfangend rückwärts zählen. Wiederholen Sie positive Affirmationen zur Behandlung Ihres Problems oder lassen Sie ein zuvor von Ihnen besprochenes Band mitlaufen. Kommen Sie aus der Hypnose zurück, indem Sie die Treppe, abermals zählend, wieder hinaufsteigen.

Um in den Hypnosezustand zu gelangen, muss man sich einen ruhigen Ort vorstellen, zum Beispiel eine Treppenflucht, die aus dem Himmel herabführt.

Vorsicht

Hypnotherapie und autogenes Training können Schaden anrichten, wenn man unter Depressionen, Psychosen oder Epilepsie leidet. Konsultieren Sie daher vorab unbedingt einen qualifizierten Therapeuten.

Autogenes Training

Autogen bedeutet „aus eigener Kraft" und beschreibt, wie der Geist den Körper dazu bringen kann, das vegetative Nervensystem zu entspannen. Autogenes Training (AT) besteht aus sechs stillen, geistigen Übungen, die es uns ermöglichen, die körperlichen Reaktionen auf Stress bewusst abzuschalten. Mit etwas Erfahrung erreicht man beim AT einen veränderten Bewusstseinszustand, der dem der Meditation ähnlich ist. Entspannung erreicht man dadurch, indem man sich auf Gewicht und Wärme der Arme und Beine konzentriert.

AT funktioniert am besten, wenn man es nach einem festgelegten Ablauf und mit gleich bleibenden Phrasen durchführt, wie „mein rechter Arm ist schwer, mein linker Arm ist schwer, meine beiden Arme sind schwer". Jede Übung entspannt einen anderen Körperbereich. Wer die Technik beherrscht, kann sie auch zu Hause anwenden. Sie muss regelmäßig durchgeführt werden, damit man sie nicht verlernt und sie dauerhaft wirken kann.

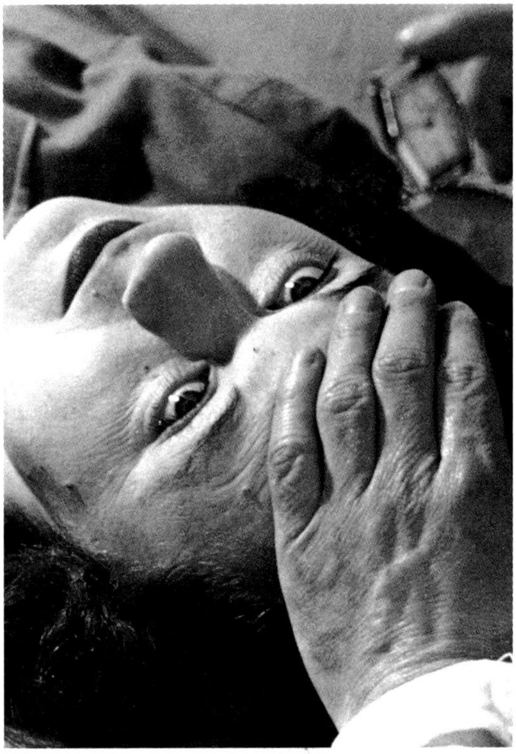

Unter Hypnose ist der Geist sehr entspannt und offen für Vorschläge, sodass der Therapeut die Gelegenheit erhält, negative Gedanken und Assoziationen durch positive zu ersetzen.

Biofeedback

Hierbei werden unbewusst ablaufende biologische Funktionen elektronisch aufgezeichnet und überprüft. Man kann damit auch die Reaktion auf Stress überprüfen. Dazu werden Sonden oder Elektroden am Körper befestigt und an ein Biofeedback-Gerät angeschlossen, das körperliche Reaktionen aufzeichnet. Währenddessen werden Entspannungsübungen durchgeführt, um die Körperfunktionen zu regulieren, bis man ganz entspannt ist.

Das Gespür für sich selbst

Die Selbstwahrnehmung ist ein Schlüssel zur Entspannung und Stressbewältigung. Was eine positive Grundhaltung herbeiführt, tut auch der Gesundheit gut. Man braucht Zuversicht gegenüber sich selbst und dem, was man erreichen will – dann kann man sein Leben und seine Beziehungen erfolgreich gestalten.

Das Selbstwertgefühl verbessern

Viele Menschen setzen die eigenen Fähigkeiten und Leistungen zu schnell herab, doch nur, wenn wir uns selbst etwas wert sind, können wir von anderen akzeptiert werden.

Der französische Apotheker Emile Coué entwickelte in den 1920er-Jahren die Autosuggestion. Sie ist eine einfache und sehr effektive Technik, mit deren Hilfe man seine Einstellung sich selbst gegenüber und seine Reaktionen auf andere verändern kann. Man muss dazu positive, im Präsens formulierte Aussagen regelmäßig wiederholen. Autosuggestion ist vor allem dann sehr wirksam, wenn man individuelle, sorgsam ausgewählte, auswendig gelernte Sätze als Teil der Meditation oder Visualisierung einsetzt.

Verbessern Sie Ihr Selbstwertgefühl, indem Sie sich Ihre guten Eigenschaften bestätigen und immer wieder positive Aussagen über sich selbst wiederholen.

Setzen Sie sich erreichbare Ziele: Machen Sie sich einen Plan oder notieren Sie einzelne Schritte, um das Gewünschte zu erreichen.

Ziele setzen

Veränderungen sind unvermeidlich, können aber auch belasten. Wenn man sich langfristige, positive Veränderungen vornimmt, ist es hilfreich, sich auf dem Weg dorthin kurzfristige, erreichbare Ziele vorzunehmen. Denken Sie zuerst darüber nach, was Sie in verschiedenen Lebensbereichen innerhalb eines bestimmten Zeitraums erreichen möchten; versuchen Sie aber nicht, zu viel auf einmal zu verändern. Schreiben Sie Ihre Ziele auf und notieren Sie für jedes mindestens drei Schritte, die Sie unternehmen können, um es zu erreichen. Belohnen Sie sich für jeden der Schritte, den Sie unternommen haben. Wenn ein Ziel unerreichbar scheint, müssen Sie sich vielleicht weitere Zwischenschritte zugestehen; möglicherweise war Ihr Ziel aber auch unrealistisch, sodass Sie es es neu abstecken müssen.

Hindernisse billigen

Um entspannt zu bleiben, muss man sich damit abfinden, dass man nur sich selbst steuern kann. Ständig die Umgebung kontrollieren zu wollen, ist zermürbend und selten erfolgreich. Wer akzeptiert, dass das Leben voller Hindernisse ist, kann leichter mit ihnen umgehen.

Belastungen weglachen

Lachen macht nicht nur Spaß, es trainiert außerdem Herz und Lungen. Forschungen lassen zudem vermuten, dass es den Blutdruck und die Stresshormonwerte senkt, die Muskeln entspannt, Schmerzen lindert und das Immunsystem stützt. Lachen fördert auch die Ausschüttung von Endorphinen, den körpereigenen Schmerzmitteln, und sorgt damit für allgemeines Wohlbefinden.

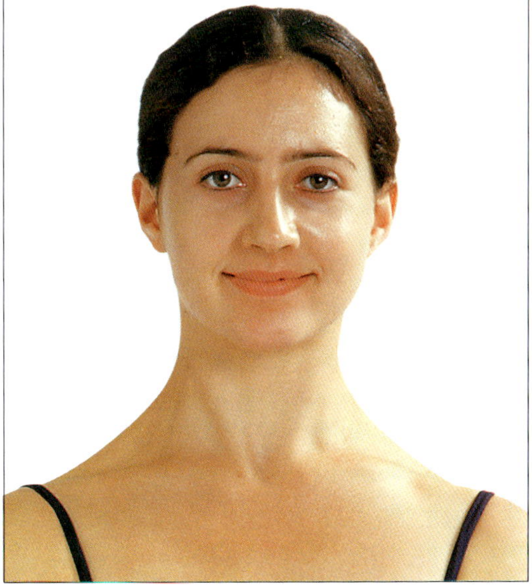

Den Augenblick leben

Kinder haben die wunderbare Fähigkeit, jeden Moment zu genießen, weil sie frei von der Last der Vergangenheit sind und sich noch keine Sorgen um die Zukunft machen. Als Erwachsene sind wir so sehr darauf trainiert, an hundert Dinge gleichzeitig zu denken, dass wir uns oft kaum daraus befreien können, um einfach ungebunden im Hier und Jetzt zu „sein“ . Viele östliche Philosophien legen Wert auf „Bewusstheit“ – sich der Gegenwart stets vollkommen bewusst zu sein, indem man sich auf das konzentriert, was man gerade tut.

Bewusstheit ist eine Technik, die man erlernen kann, aber man braucht ein wenig Übung, damit der Geist nicht immer wieder abschweift. Wenn Sie das nächste Mal eine unwillkommene Arbeit erledigen müssen, konzentrieren Sie sich gezielt darauf, anstatt vor sich hin zu träumen. Beachten Sie den Rhythmus Ihrer Arbeit. Wenn Sie sich voll und ganz auf den Moment einlassen, kann selbst die banalste Tätigkeit Ihren Geist zentrieren, und Sie fühlen sich ruhig und entspannt.

Bewusstheit kann man gut bei alltäglichen Arbeiten üben, zum Beispiel beim Abwaschen.

Positiver Wandel

Negative Gefühle verbrauchen Energie und führen zu Enttäuschungen und Sorgen. Positives Denken dagegen gibt Hoffnung, und sobald Sie es anwenden, werden Sie sich in vielerlei Hinsicht besser fühlen.

Mit etwas Übung kann man negative Gedanken in positive umwandeln. Denken Sie an eine Tätigkeit, die Ihnen Stress bereitet, etwa zur Arbeit fahren. Konzentrieren Sie sich zunächst auf die lästigen Aspekte. Sagen Sie dann diesen Gedanken, sie sollen verschwinden, und schalten Sie bewusst auf positive Gedanken um – denken Sie daran, dass man Fahrzeit auch zum Lesen, Meditieren oder Musikhören nutzen kann.

Mit etwas Übung wird es ganz selbstverständlich, eher an die positiven Dinge des Lebens zu denken, als an die negativen.

Dankbar sein

Wettbewerb und das Streben nach materiellem Erfolg verursachen in unserer Gesellschaft viel Stress; darüber vergisst man leicht die wirklich wichtigen Dinge des Lebens. Nehmen Sie sich einen Moment Zeit, um darüber nachzudenken, welche guten Dinge und Eigenschaften Sie besitzen. Vergessen Sie für einen Moment den Wettbewerb und fühlen Sie sich im Frieden mit sich selbst.

Ängste ablegen

Niemand weiß, was vor ihm liegt, und wir können oft die Gegenwart nicht richtig genießen, weil wir Angst vor der Zukunft haben. Hören Sie auf, sich zu sorgen, und genießen Sie, was Sie im Moment haben. Visualisierungsübungen, in denen Sie sich Bilder von der Zukunft schaffen, wie Sie sie sich erträumen, helfen dabei, sich auf die Zukunft zu freuen, statt sich vor ihr zu fürchten. Achten Sie aber auch hier darauf, dass Sie realistisch bleiben und nicht einfach fantasieren. Es kann auch hilfreich sein, eine festgelegte Zeit am Tag dafür zu reservieren, die eigenen Sorgen zu überdenken. Anschließend sollten Sie Ihre Sorgen dann aber konsequent beiseite legen.

Beziehungen

Gute Beziehungen zur Familie und zu Freunden bieten Ihnen emotionale Unterstützung und vermitteln ein positives Gefühl; dadurch reduzieren Sie Stress und entwickeln Ruhe. Um dies zu erreichen, müssen Sie Ihre Beziehungen aber auch pflegen.

Beziehungen pflegen

Hören Sie aufmerksam zu, wenn andere Ihnen etwas erzählen. Seien Sie freundlich und tolerant, verzeihen und vertrauen Sie. Sprechen Sie mit Ihren Freunden und Ihrer Familie, teilen Sie Ihre Freuden und Sorgen mit ihnen.

Freunde

Für viele Menschen in der westlichen Welt sind es eher die Freunde als die Familie, die emotionalen Halt geben, und ebenso wie Familienmitglieder sehen wir Freunde oft als etwas Selbstverständliches an. Es ist jedoch wichtig, ihnen zu zeigen, dass man sie schätzt, und dass sie bedeutsam sind.

Wenn Sie Zeit mit Ihrem Partner oder Ihrer Partnerin verbringen, können Duftkerzen eine wunderbar intime Atmosphäre zaubern.

Partner

Eine harmonische Partnerschaft bietet Unterstützung, Sicherheit und Erfüllung. Zu einem stressfreien Umgang miteinander gehört eine intakte körperliche und geistige Kommunikation. Dazu müssen Sie sich etwas Zeit füreinander nehmen. Vielleicht versuchen Sie einmal Folgendes:

- Sorgen Sie mit Kerzen und sanfter, ruhiger Musik für eine entspannende Stimmung.
- Geben Sie ein paar Tropfen aphrodisierendes ätherisches Öl, etwa Jasmin, in ein Massageöl und massieren Sie sich gegenseitig.
- Geben Sie ätherische Öle in die Badewanne oder in ein Duftlämpchen im Badezimmer, um einen sinnlichen Duft zu erzeugen.
- Nehmen Sie gemeinsam ein entspannendes Bad.
- Sprechen Sie über die schönen Dinge in Ihrem Leben und schmieden Sie Zukunftspläne.

Nehmen Sie sich Zeit für Ihre Kinder; genießen Sie es, mit ihnen zu spielen. Ihre Begeisterung und Vitalität wird auf Sie abfärben.

Streitgespräche

Beziehungen sind sehr viel offener und erfüllender, wenn man ehrlich zueinander ist. Sie sollten jedoch bei jeder Aussprache taktvoll bleiben und Kränkungen vermeiden.

- Planen Sie eine Zeit für Streitgespräche ein, aber verschieben Sie sie, wenn einer von Ihnen müde ist, Stress hat oder zu viel getrunken hat.
- Bedenken Sie zuvor genau, was Sie sagen möchten – falls nötig, notieren Sie sich die wichtigsten Punkte.
- Versuchen Sie, positiv zu sein, anstatt die negativen Aspekte einer Situation zu betonen.
- Diskutieren Sie nicht im Schlafzimmer, vor allem nicht kurz vor dem Zubettgehen, und möglichst auch nicht in einem anderen Zimmer, in dem Sie normalerweise entspannen.
- Wenn Sie zu einer gemeinsamen Lösung gekommen sind, bestätigen Sie sich gegenseitig Ihre Liebe.

Kinder

Kinder bereiten viele Mühen. Sie sind aber auch ein steter Quell der Freude und der bedingungslosen Liebe. Nehmen Sie sich Zeit für sie; sie werden allzu schnell erwachsen sein.

Trauer

Der Tod einer geliebten Person ist eine extreme Belastung. Trauer erhöht die Anfälligkeit für Krankheiten und macht das Leben schwerer erträglich. Trauernde durchlaufen verschiedene Stadien der Gemütsverfassung, bevor sie den Verlust akzeptieren können. Seinen Gefühlen Ausdruck zu verleihen, hilft dabei, den Schmerz zu lindern.

Wenn Sie trauern, verschließen Sie Ihre Gefühle nicht – das verlängert nur den Schmerz und kann Ihre geistige Gesundheit schädigen.

Veränderungen

Einige kleine Korrekturen im Lebenswandel und in der näheren Umgebung können sich ungeahnt positiv auf Ihre allgemeine Gesundheit und Vitalität auswirken. Wenn Sie darüber hinaus Ihren Beruf sowie Ihre Freizeit fest im Griff haben, können Sie Probleme leichter bewältigen und Ihr Leben besser kontrollieren.

Wenn wir unseren Geist entspannen, ist es wichtig, die Gegenwart zu genießen. Das bedeutet jedoch nicht, dass wir uns keine Gedanken über den nächsten Tag machen sollten. Kurz- und mittelfristig wird meist zu wenig geplant, dabei kann es für die körperliche und geistige Gesundheit einen großen Unterschied machen, ob wir den nächsten Tag oder die kommende Woche planen. Eine der grundlegendsten Veränderungen, die wir zugunsten unseres Wohlbefindens vornehmen können, ist die Ernährung. Schreiben Sie einmal einige Tage lang genau auf, was Sie zu sich nehmen; sollte Ihre Ernährung nicht ausgewogen sein, ist es ratsam, sie umzustellen. Das mag Ihnen zunächst schwer fallen, doch die positiven Auswirkungen werden bald ersichtlich sein und Ihnen die Umstellung erleichtern.

Das durchschnittliche Bewegungspensum eines Bewohners der Ersten Welt liegt heute deutlich unter dem, was als gesundes Maß für einen Erwachsenen gilt, dabei ist es überraschend einfach, eine beachtliche Menge an Bewegung in den Tagesablauf zu integrieren. So dürfte es den meisten Menschen, zusätzlich zu den Übungen, die man morgens oder abends durchführen kann, relativ leicht fallen, an einem durchschnittlichen Arbeitstag mehr zu laufen.

Da die Arbeit einer der häufigsten Gründe für Stress ist, überrascht es nicht, dass man vor allem hier wirksame Veränderungen vornehmen kann. Paradoxerweise wird der Tag langfristig produktiver, wenn man lernt, kurze Arbeitspausen einzuplanen und abends richtig abzuschalten. Und wenn man in den Pausen zum Entspannen heimgeht oder aus anderen Gründen tagsüber viel Zeit daheim verbringt, sollte es dort so friedlich wie möglich sein.

Die Stressquellen in unserem Alltag und unserer Umgebung scheinen nie versiegen zu wollen, doch mit etwas Planung, Voraussicht und einer positiven Einstellung können wir aus jeder Sache und jeder Situation Frieden, Freude und Ruhe schöpfen.

Versuchen Sie, kein Sklave Ihrer Uhr zu werden – nutzen Sie jede Gelegenheit, die Dinge langsamer anzugehen, und genießen Sie, was der Tag bietet.

Ändern Sie Ihren Lebenswandel und beginnen Sie jeden Morgen mit einem 10-minütigen Fitnessprogramm – es fördert die Gesundheit und spendet Energie für den ganzen Tag.

Ernährung

„Man ist, was man isst“ – eine dieser lästigen Platitüden, die oftmals zutreffen. Wer regelmäßig Junkfood konsumiert oder zu viel Alkohol trinkt, fühlt sich müde, aufgedunsen und ausgelaugt. Eine ausgewogene Ernährung mit viel frischem Obst und Gemüse trägt dazu bei, dass wir uns wacher, vitaler und schwungvoller fühlen.

Ausgewogene Ernährung

Eine ausgewogene Ernährung beeinflusst Gesundheit und Vitalität enorm. Der Körper benötigt etwa 50 % Kohlenhydrate, 30 % Fett, 15 % Proteine und viele Ballaststoffe, Vitamine, Mineralien und Wasser.

Kohlenhydrate

Kohlenhydrate sind die wichtigsten Energielieferanten für den Körper. Einfache Kohlenhydrate wie Zucker liefern sofort Energie, haben aber keinen Nährwert. Hochpolymere Kohlenhydrate sind gesünder, weil sie langsamer abgebaut werden.

Lebensmittel mit hochpolymeren Kohlenhydraten enthalten viele Ballaststoffe, Mineralien und Vitamine.

Fette

Fette sind wichtig für Wachstum und Verdauung, aber zu viel Fett führt zu Übergewicht und ernsthaften gesundheitlichen Problemen.

Lebensmittel mit einem hohen Fett- und Proteingehalt, wie Milch, Käse, Schokolade und Schinken, genießt man am besten nur in kleinen Mengen.

Proteine (Eiweiße)

Der Körper benötigt Proteine für Erhalt, Reparatur und Wachstum der Zellen. Oft nimmt man aber viel mehr Proteine zu sich, als man benötigt, und diese werden dann leider in Fette umgewandelt.

Hülsenfrüchte, Reis und Nüsse enthalten viel Ballaststoffe, Kohlenhydrate und Proteine und sind besonders wichtig für die Ernährung.

Ballaststoffe

Die in Nüssen, Hülsenfrüchten, Reis, Getreide und Vollkornprodukten enthaltenen Stoffe verhindern Verstopfungen, senken den Cholesterinspiegel und schützen vor Darmerkrankungen.

Vitamine und Mineralien

Diese Stoffe werden zwar nur in geringen Mengen benötigt, sind aber unverzichtbar.

Entspannende Ernährung

Lebensmittel mit einem hohen Gehalt an Kalzium, Magnesium und Vitamin B_6 wirken entspannend. Grüne Blattgemüse, Milch und Milchprodukte, Aprikosen, Bananen, Nüsse und Hefeextrakt beruhigen den Geist. In Fleisch, Milch und Eiern ist Tryptophan enthalten, eine essenzielle Aminosäure. Sie wird in die wichtige Gehirn-Chemikalie Serotonin umgewandelt, die die Stimmung hebt und den Schlaf reguliert.

Was man essen sollte

Eine gesunde Ernährung besteht aus viel Obst, Gemüse, Vollkornprodukten und Hülsenfrüchten sowie wenig Fleisch- und Milchprodukten. Die folgenden Richtlinien basieren auf den Ernährungsgewohnheiten der Menschen des Mittelmeerraums, die eine besonders hohe Lebenserwartung haben.

- Die Hälfte der täglichen Nahrung sollte aus hochpolymeren Kohlenhydraten bestehen.
- Essen Sie mindestens fünf Portionen Obst und Gemüse am Tag, vorzugsweise aus ökologischem Anbau.
- Verwenden Sie möglichst fettarme Milchprodukte.
- Essen Sie mindestens einmal pro Woche frischen Fisch.
- Nehmen Sie weniger rotes Fleisch und Käse zu sich.
- Essen Sie möglichst viele Ballaststoffe.
- Reduzieren Sie Ihren Salzkonsum.
- Nehmen Sie weniger Zucker zu sich.
- Essen Sie viel Frisches und so wenig Fertiggerichte wie möglich.
- Trinken Sie wenig Alkohol; versuchen Sie, zwei alkoholfreie Tage in der Woche einzulegen.
- Nehmen Sie genügend Flüssigkeit zu sich, um Gifte auszuschwemmen – mindestens zwei Liter Wasser pro Tag.
- Beschränken Sie Ihren Konsum an Kaffee, Tee, Erfrischungsgetränken und Schokolade.

Wann man essen sollte

Gesunde Ernährung bedeutet, die richtigen Lebensmittel zur richtigen Zeit zu sich zu nehmen: Das Frühstück setzt den Stoffwechsel in Gang und hebt den Blutzuckerspiegel; wenn Sie nicht frühstücken, fühlen Sie sich müde und können sich nicht konzentrieren. Das Mittagessen sollte die größte Mahlzeit des Tages sein, da um diese Zeit der Stoffwechsel am aktivsten ist. Abends sollten Sie etwas Leichtes essen, spätestens zwei Stunden vor dem Zubettgehen, da es am Ende des Tages für den Körper schwierig ist, eine große Mahlzeit zu verdauen.

Wie man essen sollte

Ein geruhsames Essen ist viel angenehmer als ein schneller Imbiss im Stehen und unendlich viel entspannender. Genießen Sie Ihre nächste Mahlzeit. Setzen Sie sich hin und erleben Sie die verschiedenen Geschmacksrichtungen. Wenn Sie ein Glas Wein dazu trinken, schlucken Sie ihn nicht sofort hinunter, sondern lassen Sie ihn sich im Mund entfalten. Wenn Sie sich Zeit zum Genießen nehmen, essen Sie nicht so leicht zu viel, und Sie kauen gründlicher, was der Verdauung zugute kommt.

Genussmittel

Genussmittel wie Tee, Kaffee, Schokolade und Zucker wirken wie ein Raketenantrieb auf den Körper; sie verleihen ihm sehr schnell Energie, die aber ebenso schnell verbraucht ist, denn sie stimulieren die Nebennieren, wo Hormone produziert werden, die die Körperzellen rasch mit Glukose versorgen. Man gerät leicht in einen Teufelskreis, da man immer mehr von diesen Genussmitteln benötigt, um den gleichen Effekt zu erzielen, bis man abhängig ist. In den Stimulanzien sind außerdem Gifte enthalten, mit denen der Körper nur in begrenztem Umfang zurechtkommt. Wenn der Stoffwechsel gestört ist, befindet sich der Körper in ständiger Alarmbereitschaft, und man wird anfällig für Angstzustände, Erschöpfung und Stimmungsschwankungen.

Nach acht Uhr abends sollte man höchstens noch eine leichte Mahlzeit einnehmen, damit die Verdauung reibungslos funktioniert.

Man fühlt sich sehr viel ruhiger und gesünder, wenn man die Abhängigkeit von Genussmitteln wie Kaffee, Tee, Schokolade und Zucker reduziert.

Genussmittelverzehr reduzieren

Um sich entspannt zu fühlen, muss man den Konsum von Genussmitteln begrenzen. Notieren Sie drei Tage lang, welche Genussmittel Sie verzehren, und seien Sie ehrlich, was die Mengen betrifft. Finden Sie heraus, unter welchen Umständen Sie sie benötigen und achten Sie darauf, ob sich ein Muster zeigt. Versuchen Sie, diese Verhaltensmuster durch gesündere zu ersetzen, etwa indem Sie anstelle eines Schokoriegels ein Stück Obst essen. Die meisten Menschen können nicht komplett auf Genussmittel verzichten. Wer sie reduzieren möchte, sollte schrittweise vorgehen, also den Konsum stufenweise so weit reduzieren, bis er verzichtbar wird. Wahrscheinlich fühlen Sie sich an den ersten Tagen erschöpft und haben Kopfschmerzen, aber wenn Sie durchhalten, werden Sie sich bald besser und gesünder fühlen.

Nikotin- und Alkoholabhängigkeit sind nur schwer zu überwinden; oftmals benötigt man dafür professionelle Hilfe oder eine Gruppentherapie.

Obstschale

Sorgen Sie dafür, stets eine gut gefüllte Obstschale bereitstehen zu haben. Wenn es Sie das nächste Mal nach einem Snack gelüstet, greifen Sie nicht zur Schokolade, sondern zu frischen, saftigen Früchten.

Bewegung

Eines der ersten Dinge, die wir unter Stress vernachlässigen, ist Bewegung. Regelmäßige körperliche Betätigung wirkt jedoch nachgewiesenermaßen sehr entspannend. Zudem befreit sie Körper und Geist, hebt die Stimmung und das Selbstwertgefühl, vermindert Sorgen, fördert den Schlaf, senkt hohen Blutdruck und hilft bei Diäten.

Wie Bewegung beim Entspannen hilft

1. Bewegung macht Appetit. Wer sich regelmäßig bewegt, isst daher oft besser, und eine gute Ernährung hilft dem Körper, Stress zu bewältigen.
2. Durch Bewegung werden Endorphine freigesetzt, körpereigene Schmerzmittel, die Ängste abbauen und für ein entspannendes Gefühl und bessere Laune sorgen.
3. Bewegung regt den Abbau von Adrenalin an, das sich unter Stress im Körper ansammelt.
4. Durch die Tätigkeit der Muskeln arbeiten die Körpersysteme wirkungsvoller, und Gifte können bekämpft werden.
5. Körperliche Aktivität hebt das körperliche Selbstbewusstsein.
6. Bewegung zwingt Sie, sich Zeit für sich zu nehmen und sich von den Anforderungen des Alltags zu lösen, was wiederum Stress reduziert. Gleichmäßige Bewegungsformen wie Walken, Joggen oder Schwimmen bieten eine wunderbare Gelegenheit zum Nachdenken, Meditieren und geistigen Entspannen.
7. Regelmäßige Bewegung macht müde und man schläft besser (wobei Anstrengung unmittelbar vor dem Zubettgehen auch zu anregend wirken kann).
8. Bewegung fördert die Tiefenatmung, die der Schlüssel zur Entspannung ist. Durch tieferes Atmen gelangt mehr Sauerstoff ins Gehirn und die geistige Ausdauer wird gekräftigt.

Yoga ist eine gute Möglichkeit, die körperliche Gesundheit zu festigen und gleichzeitig Stress abzubauen.

Anfangen

Wählen Sie eine Bewegungsart, die Ihnen Spaß macht und die zu Ihnen passt, dann fällt das Durchhalten leichter. Und freuen Sie sich auf das Training als Gelegenheit zum Abschalten, statt es als Belastung anzusehen. Wenn Sie mindestens sechs Monate lang ein regelmäßiges Programm durchhalten, ist die Wahrscheinlichkeit hoch, dass Sie noch viel länger dabeibleiben. Bedenken Sie die Grenzen Ihres Körpers und fordern Sie sich nicht zu sehr. Bauen Sie Ihre Fitness langsam auf, vor allem, wenn Sie lange nichts getan haben.

Die Fitness verbessern

Fit zu werden muss nicht viel Zeit oder Geld kosten, und Sie brauchen auch keinem Verein beizutreten. Schon zehn Minuten Gartenarbeit, Schwimmen oder Radfahren am Tag können die Fitness stark beeinflussen, das Stressniveau senken und dafür sorgen, dass man sich kräftiger, gesünder und glücklicher fühlt. Manche Bewegungsarten lassen sich leicht in den Tagesablauf integrieren: Laufen oder radeln Sie zur Arbeit; nehmen Sie die Treppe statt des Aufzugs; steigen Sie eine oder zwei Haltestellen früher aus dem Bus aus und laufen Sie den Rest; gehen Sie regelmäßig mit dem Hund spazieren; gehen Sie am Wochenende mit den Kindern in einen Park; oder legen Sie einfach Musik auf und tanzen Sie durch die Küche.

Vorsicht

Wenn Sie normalerweise viel sitzen, wenn Sie schwanger oder über 45 Jahre alt sind, wenn Sie unter zu hohem Blutdruck oder zu hohen Cholesterinwerten leiden, herz- oder lungenkrank sind, stark rauchen oder Übergewicht haben, sprechen Sie mit Ihrem Arzt, bevor Sie mit einem intensiven Fitnessprogramm beginnen.

Beim Fahrradfahren bekommt man viel frische Luft und trainiert das kardiovaskuläre System.

Arbeitswelt

Die meisten von uns verbringen einen Großteil des Tages bei der Arbeit, und es wurde nachgewiesen, dass die Arbeitszeit stetig zunimmt. Man kann die vorherrschende Arbeitsethik oder das Arbeitsumfeld zwar selten verändern, aber man kann Prioritäten setzen und sich strenge Abläufe angewöhnen, um die Zeit so gut wie möglich zu nutzen.

Den Tag organisieren

Wenn Sie zu den Menschen gehören, die morgens aus dem Haus hetzen und dann noch einmal umkehren müssen, weil sie etwas vergessen haben, oder wenn Sie einen Großteil des Arbeitstags damit verbringen, hierhin und dorthin zu hasten, bis Sie völlig erschöpft nach Hause zurückkehren, müssen Sie sich neu organisieren und Ihren Alltag besser in den Griff bekommen.

Experimentieren Sie dazu mit folgenden Möglichkeiten:

- Bereiten Sie so viel wie möglich abends vor – legen Sie sich beispielsweise Ihre Kleidung bereit und decken Sie den Frühstückstisch.
- Stehen Sie mindestens zehn Minuten früher auf als üblich, damit Sie genügend Zeit für das haben, was Sie sonst zur Eile veranlasst.
- Schalten Sie nicht den Fernseher ein, das lenkt nur ab und sorgt für Verspätungen.
- Gehen Sie nicht ans Telefon, wenn Sie nicht einen wichtigen Anruf erwarten.
- Gehen Sie Ihre geistige Checkliste durch, bevor Sie das Haus verlassen, damit Sie nichts vergessen.

Eine Checkliste kann einen geschäftigen Tag organisieren helfen – Sie können sie an den Kühlschrank heften, damit Sie nichts vergessen.

Bei der Arbeit

Ein fester Arbeitsablauf hilft, Ziele zu definieren und abends den Arbeitsstress hinter sich zu lassen. Stellen Sie regelmäßig einen Wochenplan auf und denken Sie die ersten 15 Minuten jedes Arbeitstags darüber nach, was Sie an diesem Tag erreichen möchten. Eine Liste aufzustellen, kann hilfreich sein, aber machen Sie sie nicht zu lang, denn sonst kann sie erschrecken und demotivieren.

- Versuchen Sie nicht, zu viele Dinge gleichzeitig zu erledigen.
- Setzen Sie Prioritäten und erledigen Sie das Wichtigste zuerst.
- Schieben Sie nichts auf, was Ihnen unangenehm ist – Sie werden sich besonders gut fühlen, wenn Sie es erledigt haben.
- Planen Sie eine halbe Stunde am Tag für Unerwartetes ein.
- Delegieren Sie so viele Aufgaben wie möglich – Sie müssen nicht alles selbst machen.
- Wenn Sie nicht delegieren können, bitten Sie um Hilfe.
- Lernen Sie, höflich „Nein" zu sagen, ohne das Gefühl zu haben, sich rechtfertigen zu müssen.
- Meetings sollten beim Thema bleiben – setzen Sie ihre Dauer im Voraus fest.
- Geben Sie Gesprächspartnern Bescheid, wenn Sie sich verspäten; wenn Sie einen Termin absagen müssen, tun Sie es so früh wie möglich.
- Rekapitulieren Sie am Ende des Tages, was Sie geschafft haben, und beglückwünschen Sie sich dazu.

Das Telefon im Griff

- Wenn Sie mehrere Anrufe zu tätigen haben, fassen Sie sie zu Gruppen zusammen, damit Sie effizient bleiben.
- Wenn Sie nicht gestört werden möchten, schalten Sie den Anrufbeantworter ein und das Handy aus.
- Wenn Sie zu Hause arbeiten, legen Sie sich einen zweiten Anschluss zu und nehmen Sie den Geschäftsapparat außerhalb der Bürozeiten nicht ab.
- Gehen Sie nicht kurz vor oder während der Mahlzeiten ans Telefon.

Lassen Sie Ihr Leben nicht vom Telefon bestimmen – nehmen Sie nur ab, wenn es Ihnen passt, und rufen Sie nur dann an, wenn Sie wirklich Zeit haben.

Arbeitsplatz

Ein unordentlicher Schreibtisch erschwert effektives Arbeiten. Räumen Sie Ihren Schreibtisch nach jedem Arbeitstag auf. Benutzen Sie Ablagen für Posteingang, Postausgang und zu bearbeitende Unterlagen, halten Sie alles, was Sie brauchen, griffbereit und werfen Sie unnütze oder defekte Dinge umgehend weg.

Innehalten

Wir werden heute von der Uhr regiert und müssen ständig irgendwelche Termine einhalten. Als Sklaven der Zeit müssen wir ständig eilige Dinge erledigen und machen häufig Fehler, anstatt darüber nachzudenken, was wir erreichen möchten. Einen Moment lang innezuhalten und nachzudenken gibt einem die Möglichkeit, bewusster zu handeln und situationsgerechter zu reagieren; eine Pause gibt Ihnen die Gelegenheit, „Nein" zu sagen, und nicht zu viele Dinge auf einmal erledigen zu wollen.

Pausieren

Es ist allgemein bekannt, dass stundenlanges Arbeiten ohne regelmäßige Pausen gesundheitsschädlich und gelegentlich auch gefährlich sein kann – die Konzentration lässt nach, man wird müde, gereizt und arbeitet unproduktiv. Viele Bürostühle sind schlecht für die Haltung, und wenn man zu lange auf einen Bildschirm starrt, kann das die Augen belasten und zu Nacken- und Rückenschmerzen führen. Stehen Sie mindestens einmal pro Stunde auf, strecken Sie sich und laufen Sie umher. Nehmen Sie sich Zeit zum Mittagessen und essen Sie möglichst nicht am Schreibtisch. Sie haben einen rechtlichen Anspruch auf regelmäßige Pausen und arbeiten produktiver, wenn Sie sie einhalten.

Nehmen Sie sich bei der Arbeit Zeit für schmackhafte und gesunde Zwischenmahlzeiten, um Energie zu tanken.

Zeit zum Abschalten

Fallen Sie nicht auf den Irrglauben herein, dass Sie mehr schaffen, wenn Sie länger am Arbeitsplatz bleiben. Das Gegenteil ist weitaus wahrscheinlicher. Extrem lange zu arbeiten oder gar Arbeit mit nach Hause zu nehmen, ist kontraproduktiv. Es ist wichtig, Arbeit und Freizeit zu trennen, denn wenn Sie die Zeit, die Sie zu Hause verbringen, entspannend gestalten, kehren Sie erfrischt an Ihre Arbeit zurück und können sich voll darauf konzentrieren.

Schnell entspannt am Arbeitsplatz

Wenn ein herannahender Termin Sie plötzlich in Panik versetzt, beruhigen Sie sich ganz bewusst. Unterbrechen Sie Ihre Arbeit, schließen Sie die Augen und atmen Sie langsam und tief ein und aus. Spüren Sie, wie Sie entspannen und Ihr Herzschlag langsamer wird. Alternativ dazu können Sie auch die schnelle Meditation von Seite 215 durchführen.

Auszeit: Urlaub

Urlaub ist eine gute Möglichkeit auszuspannen und neue Energie zu tanken, aber oft genug wird auch der Urlaub zum Stress. Geistige und körperliche Vorbereitung auf den Urlaub vereinfacht den Umgang mit eventuellen Schwierigkeiten. Wählen Sie vor allem eine Urlaubsart, die zu Ihnen und Ihrer Familie passt, und finden Sie schon im Voraus möglichst viel über Ihr Reiseziel heraus, damit Sie wissen, wohin der Urlaub geht und was Sie einpacken müssen. Entspannen und beruhigen Sie sich bereits ein paar Tage zuvor ganz bewusst.

Zu Hause entspannen

Unser Wohnumfeld hat einen enormen Einfluss auf unser Wohlbefinden. In einer unordentlichen, ungepflegten Wohnung fühlt man sich gestresst; eine helle, aufgeräumte Wohnung hingegen, die zu Ihnen und Ihrer Familie passt, schafft eine glückliche, positive und liebevolle Atmosphäre, in der man sich gut entspannen kann.

Licht und Raum

Natürliches Licht ist für unsere Augen optimal. Nutzen Sie daher so viel Tageslicht wie möglich und stellen Sie Schreibtische ans Fenster. Sorgen Sie zudem für eine geräumige, luftige, helle Umgebung; sie wirkt sehr entspannend.

Geräusche

Lärm kann ein extremer Stressfaktor sein. Schauen Sie nur fern, wenn Sie eine Sendung wirklich sehen möchten, und schalten Sie das Gerät während des Essens aus. Beruhigen Sie Ihre Seele lieber mit schöner Musik.

Um eine gelassene Atmosphäre zu schaffen, vermeiden Sie hartes, grelles Licht; setzen Sie abends lieber weiches Licht oder Kerzen ein.

Zehn Tipps für eine ordentliche Wohnung

1. Ziehen Sie an der Haustür die Schuhe aus – dann bleibt der Schmutz draußen.
2. Erledigen Sie die unangenehmsten Arbeiten immer zuerst.
3. Stellen Sie in jedes Zimmer einen Papierkorb.
4. Sortieren Sie einmal im Monat Krimskrams aus und machen Sie einmal im Jahr Tabula rasa. Was Sie im vergangenen Jahr nicht benutzt haben, brauchen Sie wahrscheinlich nicht.
5. Halten Sie Arbeitsflächen frei von unnötigen Gegenständen.
6. Stauraum ist wichtig – wenn nötig, schaffen Sie sich weitere Schränke an.
7. Halten Sie Ihre Kinder zum Aufräumen an.
8. Damit nicht dauernd irgendetwas herumliegt, stellen Sie im Wohnzimmer eine Kiste für „Fundsachen" auf.
9. Räumen Sie nach dem Essen sofort ab; verschieben Sie den Abwasch nicht auf den nächsten Tag.
10. Stellen Sie einen Putzplan auf, in dem alle Familienmitglieder ihre Aufgaben haben.

Feng Shui

Feng Shui ist die alte chinesische Kunst, Arbeits- und Wohnumgebung so zu gestalten, dass die universale Lebensenergie Ch'i (Seite 209) frei fließen kann. Landschaften, Gebäude und Räume haben demnach einen ganz spezifischen Energiefluss. Feng Shui löst durch Veränderungen der Raumaufteilung Blockaden und Behinderungen des Ch'i, damit es ungehinderter fließen kann. Ein Feng-Shui-Spezialist kann jeden Raum in Ihrem Haus genau einschätzen und Änderungen vorschlagen, etwa eine neue Farbgebung oder ein Umstellen der Pflanzen und Möbel. Um den Energiefluss in Ihrem Wohnbereich zu verbessern, räumen Sie Krimskrams weg und sorgen Sie für ausreichend freie Flächen.

Halten Sie Ihre Kinder zur Mithilfe im Haushalt an.

Umwelt

Viele Menschen leben heutzutage in lauten, verschmutzten und überfüllten Städten, die viel Beton, aber nur wenig Grünflächen zu bieten haben. Man muss aber nicht auf dem Land leben, um von der Natur zu profitieren. Gehen Sie zur Entspannung im Park spazieren, oder setzen Sie sich in den Garten und genießen Sie Ihre Umgebung.

Frische Luft

Die beste Entspannung wird uns an der frischen Luft zuteil. Licht ist bewiesenermaßen ein entscheidener Regulationsfaktor der „inneren Uhr", die die Hormonproduktion und den Schlaf steuert. Verbringen Sie die Ferien am Meer oder in den Bergen, um möglichst viel Licht und frische Luft zu tanken.

Pflanzen versorgen die Umgebung mit Sauerstoff und entziehen der Luft Kohlendioxid und andere Gifte.

Parkspaziergänge

Ein Spaziergang im Park bringt Sie wieder in Kontakt mit der Natur. Versuchen Sie, den Kreislauf der Natur bewusst mitzuerleben, indem sie einen bestimmten Park das ganze Jahr über aufsuchen. Nehmen Sie sich Zeit, um die unterschiedlichen Farben und Düfte der Bäume und Blüten wahrzunehmen. Atmen Sie tief ein und nehmen Sie viel frische Luft auf.

Gartenarbeit

Gartenarbeit ist eine wunderbar entspannende Tätigkeit, die körperliche Spannung abbaut und dadurch den Pegel der Stresshormone im Körper senkt. Darüber hinaus ist der Umgang mit Pflanzen gut für die Seele. Anfänger können sich auf pflegeleichte Pflanzen konzentrieren. Wenn Sie keinen Garten haben, bepflanzen Sie Blumenkästen.

Halten Sie sich Topfpflanzen, um den Sauerstoffgehalt in Ihrer Wohnung zu erhöhen.

Jahreszeiten

Klimaanlagen und Zentralheizungen haben Wirkungen der Jahreszeiten vielfach nivelliert, doch es ist ratsam, sich ihrer wieder bewusst zu werden. Im Frühling, der Zeit der Erneuerung und des Aufbruchs, kann man von vorne beginnen, sein Leben neu ordnen und Veränderungen herbeiführen. Der Sommer, der mit Licht und Freude assoziiert wird, bringt Unbeschwertheit und Sorglosigkeit. Im Herbst, der Zeit der Erfüllung und des Überflusses, ist es Zeit, darüber nachzudenken, was man erreicht hat, und dankbar dafür zu sein. Der Winter schließlich bringt Zeit für Ruhe, Rückzug und Reflexion über die Vergangenheit.

Die Wetterlaunigkeit bekämpfen

Allzu oft ist unsere Stimmung vom Wetter abhängig – bei Sonnenschein sind wir glücklich, bei Regen frustriert. Sehen Sie die verschiedenen Wetterlagen stattdessen lieber positiv: Nehmen Sie die kühlende Frische von Schnee wahr, den Regen, der die Felder nährt, oder die Tatsache, dass ein Sturm die Luft reinigt.

Zeitgefühl

Der Körper besitzt ein natürliches Zeitgefühl, ohne dass wir es merken. Überlegen Sie einmal, wie oft Sie wirklich wissen müssen, wie spät es ist.

Legen Sie am Wochenende und wenn Sie von der Arbeit nach Hause kommen, die Uhr ab und lassen Sie sich nicht unter Zeitdruck setzen.

Gut schlafen

Die tiefe Ruhe des Nachtschlafs ist sehr wichtig für das körperliche und emotionale Wohlbefinden. Schlaf ist oft die beste Methode, mit Krankheiten oder Stress fertig zu werden. Wenn man schläft, repariert und regeneriert sich der Körper, und der Geist arbeitet im Traum unerledigte Probleme auf.

Was ist Schlaf?

Schlaf ist ein natürlicher Zustand der Bewusstlosigkeit, in dem die elektrische Aktivität des Gehirns rhythmischer verläuft als im Wachzustand und weniger auf Reize von außen reagiert. Die beiden wichtigsten Schlafzustände sind der Tiefschlaf, in dem der Körper sich regeneriert, und die ihn unterbrechenden Phasen des REM-Schlafs (rapid eye movement), in denen wir am meisten träumen.

Wer sich daran gewöhnt, vor dem Zubettgehen regelmäßig zu entspannen und den Tag loszulassen, ist auf dem besten Weg zu einer ausgeglichenen Nachtruhe.

Wie viel Schlaf?

Die Menge an Schlaf, die man benötigt, um ausgeruht zu sein, variiert von Mensch zu Mensch und nimmt mit dem Alter ab: Die meisten Erwachsenen kommen mit sieben bis acht Stunden zurecht; älteren Menschen genügen oft fünf oder sechs Stunden pro Nacht.

Schlafprobleme

Der Schlaf leidet schnell, wenn wir gestresst sind. Zu wenig Schlaf aber macht uns müde und missmutig, und so wird Schlafmangel selbst zu einem Stressfaktor, wodurch sich ein Teufelskreis bildet, der nur schwer zu durchbrechen ist. Es gibt unterschiedliche Arten der Schlaflosigkeit: Manch einer kann nachts nicht einschlafen, ein anderer wacht des Öftern auf und wieder ein anderer ist morgens zu früh wach.

Besser Schlafen

- Gehen Sie niemals hungrig zu Bett, aber nehmen Sie unmittelbar vor dem Zubettgehen auch keine großen Mahlzeiten mehr ein.
- Bananen, Milchgetränke und Vollkornkekse wirken beruhigend und sind daher ideale Betthupferl.
- Koffein, Alkohol und Nikotin stören den Schlaf. Trinken Sie vor dem Zubettgehen eine Tasse warmen Kräutertee – Kamille ist besonders wirkungsvoll.
- Bewegung während des Tages hilft, Stresshormone abzubauen. Mindestens drei Stunden vor dem Zubettgehen sollten Sie extreme sportliche Betätigungen jedoch vermeiden.

Trinken Sie vor dem Zubettgehen etwas Schmackhaftes und Beruhigendes.

Gute Gewohnheiten

- Hören Sie spätestens eine Stunde vor dem Zubettgehen auf zu arbeiten.
- Ein warmes Bad vor dem Schlafen entspannt die Muskeln und beruhigt den Körper.
- Gehen Sie jeden Tag um die gleiche Uhrzeit zu Bett und stehen Sie zur gleichen Zeit auf.
- Das Schlafzimmer sollte keine Ausweitung des Wohn- oder Arbeitszimmers sein – halten Sie es ruhig und warm.

- Sollten Sie überhaupt nicht schlafen können, stehen Sie wieder auf, wechseln Sie das Zimmer und lesen Sie etwas oder schauen Sie sich etwas Ruhiges im Fernsehen an, bis Sie schläfrig werden.

Träume sind wichtig

Wir alle träumen, auch wenn wir uns später vielleicht nicht mehr daran erinnern. Träume sind ein psychologisches Sicherheitsventil; mit ihrer Hilfe bewältigen wir Probleme, Gefühle und Ängste, um täglich wieder von Neuem beginnen zu können.

Natürliche Entspannungshilfen

Naturheilmittel können Stress sehr effektiv abbauen und das Gleichgewicht zwischen Körper und Geist wiederherstellen. Sie fördern außerdem auf angenehme Weise das Wohlbefinden und werden seit Jahrtausenden auf der ganzen Welt angewendet.

Aromatherapie

Ätherische Öle werden aus Pflanzen, Blüten und Harzen destilliert. Da der Geruchssinn direkt mit der Erinnerung verknüpft ist und unsere Stimmung beeinflusst (Seite 219), können ätherische Öle beim Entspannen helfen und somit unsere Gesundheit fördern. Unter anderem können sie Depressionen, Schmerz und Spannungen lindern sowie guten Schlaf ermöglichen. Die Öle können inhaliert, dem Badewasser oder Massageöl beigegeben oder in einer Duftlampe verdunstet werden.

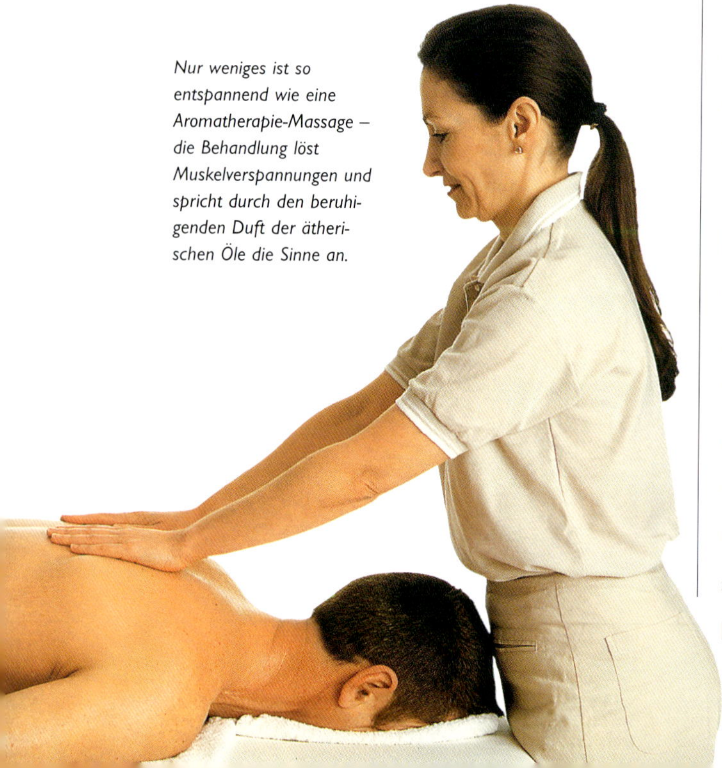

Nur weniges ist so entspannend wie eine Aromatherapie-Massage – die Behandlung löst Muskelverspannungen und spricht durch den beruhigenden Duft der ätherischen Öle die Sinne an.

Massage

In der Aromatherapie-Massage werden die entspannenden Eigenschaften verschiedener Öle mit den Vorzügen der Berührung kombiniert. Verdünnen Sie wenige Tropfen von zwei oder drei ätherischen Ölen in einem Trägeröl, etwa Süßmandel-, Aprikosen- und Jojobaöl. Für eine Ganzkörpermassage geben Sie sechs Tropfen ätherisches Öl auf 15–20 ml Trägeröl.

Bäder

Geben Sie nur garantiert nicht reizende, reine ätherische Öle direkt ins Badewasser; wenn Sie unsicher sind, verdünnen Sie sie zunächst in einem Trägeröl. Geben Sie fünf Tropfen in die Wanne, dann rühren Sie das Badewasser um, bevor Sie hineinsteigen. Öle im Badewasser werden eingeatmet und teilweise über die Haut aufgenommen, sodass Sie sofort wirken.

Zehn entspannende ätherische Öle

Bergamotte *(Citrus Bergamia):* wohltuend und aufmunternd; hilft bei Anspannung und Depressionen.

Jasmin *(Jasminunm officinale):* anregend oder beruhigend, je nach Bedarf; hervorragendes Antidepressivum und Aphrodisiakum.

Kamille *(Chamaemelum nobile):* beruhigend; hilft bei Schlaflosigkeit.

Lavendel (*Lavandula angustifolia*): sehr vielseitig einsetzbares und beliebtes Öl; entspannend, antidepressiv und schmerzstillend.

echte Melisse *(Melissa officinalis):* wird seit langem gegen Melancholie eingesetzt; wirkt ausgleichend auf die Gefühle.

Rosmarin *(Rosmarinus officinalis):* erfrischend und stimulierend.

Sandelholz *(Santalum album):* wirkt antidepressiv und aphrodisisch.

Vetiver *(Vetiveria zizanioides):* wirkt ausgleichend auf das Nervensystem; hilft bei Schlaflosigkeit.

Wachholder *(Juniperus communis):* gut gegen Erschöpfung und zur Steigerung des Selbstbewusstseins.

Ylang Ylang *(Cananga odorata):* beruhigend und aphrodisisch; hilft gegen Panikattacken.

Vorsicht

- Verdünnen Sie die Öle stets, bevor Sie sie benutzen.
- Einige Öle dürfen in der Schwangerschaft nicht angewandt werden.
- Wenn Sie chronische Beschwerden wie Herzkrankheiten, Diabetes oder hohen Blutdruck haben, fragen Sie Ihren Arzt, bevor Sie ätherische Öle benutzen.
- Viele Öle eigenen sich nicht für Kleinkinder, informieren Sie sich vorher.
- Manche Öle vertragen kein Sonnenlicht.
- Inhalieren Sie keine Öle, wenn Sie Atemwegsprobleme, wie Asthma o. ä., haben.
- Wenden Sie die Öle nie innerlich an, außer nach Verschreibung.

Duftlampen

Die einfachste Möglichkeit, ätherische Öle zu nutzen: Geben Sie ein paar Tropfen in eine mit Wasser gefüllte Schale und stellen Sie sie auf die Heizung oder über eine Kerze.

Bestimmte Öle heben die Stimmung, verbessern die Konzentrationsfähigkeit und wirken entspannend.

Phytotherapie

Die Phytotherapie nutzt Heilpflanzen zum Erhalt und zur Förderung von Gesundheit und Vitalität. Zwar werden auch viele synthetische Medikamente aus Pflanzen gewonnen, aber in der Phytotherapie wird die ganze Pflanze benutzt, weil in dieser komplexen Mischung Synergien stecken sollen, die besser wirken als einzelne Teile.

Anwendung

Heilpflanzen werden meist in Form von Aufgüssen und Tinkturen oder als Absud verwendet. Sie können auch zu Salben, Massageölen und Cremes verarbeitet und Kompressen beigefügt werden. Viele Produkte sind fertig im Reformhaus erhältlich.

Absud

Harte Pflanzenteile werden in Wasser ausgekocht, um die Wirkstoffe herauszulösen. Die Flüssigkeit wird dann gefiltert und heiß oder kalt getrunken. Für einen Sirup lassen Sie den Sud einkochen und fügen Sie Zucker hinzu.

Pflanzliche Heilmittel helfen, Stress auf natürliche Weise zu bekämpfen. Nehmen Sie aber nie mehr als die empfohlene Dosis ein.

Aufguss

Ein Aufguss ist ein Kräutertee. Man übergießt die Kräuter mit kochendem Wasser und lässt sie zehn Minuten ziehen. Die gefilterte Flüssigkeit kann heiß oder kalt getrunken werden. Sie ist 24 Stunden lang im Kühlschrank haltbar und kann wieder erwärmt werden.

Tinktur

Für Tinkturen werden die Heilpflanzen in einer Mischung aus Alkohol und Wasser eingeweicht. Der Alkohol fungiert als Konservierungsstoff und extrahiert die medizinisch wirksamen Bestandteile aus der Pflanze.

Vorsicht

- Holen Sie fachmännischen Rat ein, wenn Sie schwanger sind oder unter chronischen Erkrankungen wie Herzkrankheiten, Diabetes oder hohem Blutdruck leiden.
- Wenn Sie andere Medikamente einnehmen, konsultieren Sie vor der Anwendung von Heilpflanzen einen Naturheilkundler.

Beliebte Heilpflanzen zur Entspannung

Eisenkraut *(Verbena officinalis):* beruhigendes Nerventonikum; hilft bei Schlaflosigkeit, löst Verspannungen und lindert Depressionen.

Gingko *(Gingko biloba):* verbessert die Durchblutung und die Aktivität von Neurotransmittern im Gehirn; hilfreich bei Tinnitus.

Helmkraut *(Scutellaria lateriflora):* beruhigendes Nerventonikum; reduziert Ängste und Unruhe.

Johanniskraut *(Hypericum perforatum):* bekanntes Antidepressivum mit wenig Nebenwirkungen.

Kamille *(Chamaemelum nobile):* fördert die Entspannung und beruhigt die Verdauung.

Lavendel *(Lavandula angustifolia):* hebt die Stimmung und hilft gegen Verstopfung und Kopfschmerzen.

Roter Sonnenhut *(Echinacea purpurea):* stärkt das Immunsystem.

Winterlinde *(Tilia cordata):* wirksames Entspannungsmittel; reduziert Ängste und Unruhe.

Bachblüten

Der englische Arzt und Homöopath Edward Bach hat in den 1920er-Jahren Blütenessenzen produziert, indem er Aufgüsse herstellte und die gefilterte Flüssigkeit mit Weinbrand konservierte.

Er ging davon aus, dass die Blüten emotionale Erkrankungen heilen könnten, die ihm zufolge der Hauptgrund für körperliche Erkrankungen waren. Bach definierte sieben Geisteszustände (Angst, Unsicherheit, Desinteresse an der Gegenwart, Einsamkeit, Überempfindlichkeit, Mutlosigkeit und Verzweiflung sowie übertriebene Sorge um das Wohl anderer), die er in 38 negative Gefühle unterteilte, die jeweils mit einer bestimmten Pflanze in Verbindung stehen. Bachblüten sollen die Harmonie zwischen Körper und Geist wiederherstellen – dass sie wirken ist unbestreitbar, aber man weiß nicht, warum. Sie wirken nicht auf biochemischem Wege. Einige Therapeuten glauben, dass der Körper durch die Energie der Pflanze zur Selbstheilung angeregt wird.

Glossar

Adrenalin
Hormon, das vom Nebennierenmark produziert wird, um den Körper auf die Cannonsche Notfallreaktion vorzubereiten. Es besitzt weitreichenden Einfluss auf Durchblutung, Muskeln und Stoffwechsel.

Aminosäuren
Organische Verbindungen in den Proteinen. Essenzielle Aminosäuren können vom Körper nicht selbst hergestellt werden und müssen über die Nahrung aufgenommen werden.

Ch'i
Die universelle Lebensenergie in der Traditionellen Chinesischen Medizin (japanisch *Ki*); ähnlich dem Prana im Ayurveda.

Cholesterin
Fettähnliche Substanz in Blut und Gewebe; zu hohe Werte können die Wände der Blutgefäße schädigen, zur Verdickung der Arterien führen und im schlimmsten Fall schwere Herzprobleme verursachen.

Endorphine
Körpereigene Schmerzmittel.

Genussmittel
Genussmittel, wie Nikotin, Alkohol, Zucker, Tee, Kaffee und Schokolade, haben eine anregende Wirkung auf Geist oder Körper.

Hormon
Substanz, die in einem Teil des Körpers produziert wird, durch die Blutbahn zu anderen Organen oder ins Gewebe gelangt und dort Strukturen oder Funktionen beeinflusst.

Hyperventilation
Anormal schnelles Atmen, kann zur Bewusstlosigkeit führen, wenn der Säuregehalt des Blutes dramatisch abfällt.

Immunsystem
Jenes Körpersystem, das für die Abwehr von Krankheiten zuständig ist.

Kardiovaskukläres System
Umfasst das Herz und die Blutgefäße.

Neurotransmitter
Chemikalien, die von den Nervenenden abgegeben werden, um Impulse zwischen Nerven, Muskeln und Drüsen zu übermitteln.

Proteine (Eiweiße)
Eiweiße bilden das strukturelle Material des Körpers und regulieren in Form von Enzymen und Hormonen seine Funktionen.

Serotonin
Neurotransmitter, dessen Konzentration im Gehirn einen wichtigen Einfluss auf die Stimmung nimmt.

Stoffwechsel
Chemischer Prozess im Körper, der Wachstum und Funktionieren des gesamten Systems sicherstellt.

Vegetatives Nervensystem
Teil des Nervensystems, der für die automatischen Körperfunktionen zuständig ist, wie Atmung, Schwitzen, Speichelfluss, Verdauung und Herzfrequenz. Das sympathische Nervensystem aktiviert die Alarmreaktionen und bereitet auf Aktivitäten vor; das parasympathische System ist für Wiederaufbau und Erhalt der körperlichen Ressourcen zuständig.

Zentrales Nervensystem
Das umfangreiche Netzwerk von Nervenzellen, die in Form von elektrischen Impulsen Informationen an alle Körperteile übermitteln und körperliche Aktivitäten ermöglichen.

Nützliche Adressen und Internetseiten

Die folgenden Adressen stellen nur eine kleine Auswahl dar. Zu allen Themen finden Sie im Internet zahlreiche Websites, die Ihnen weitere Informationen und Adressverzeichnisse zur Verfügung stellen.

Pilates

Studios

Pilates Training Berlin
Eduardo Laranjeira
Hackescher Markt 2–3
D–10178 Berlin
Telefon.: 030-25 76 27 39
Fax: 030-567 64 84
E-Mail: mail@pilates-training.berlin.de
Homepage: www.pilates-training-berlin.de

Body Control/Pilates Studio
Elisabeth Urban
Sasselstr. 191c
D–22159 Hamburg
Telefon: 040-644 05 16
E-Mail: zabie@t-online.de

Springs Pilates Studio Köln
Krefelder Str. 18
D–50670 Köln
Telefon: 02 21-16 79 46-7
Fax: 02 21-16 79 46-8
E-mail: info@pilates-studio-koeln.de
Homepage: www.pilates-studio-koeln.de

Websites mit zahlreichen Informationen und Adressen von Studios und Trainern in Europa:

www.contrology.de
Adressen von qualifizierten Pilates-Studio®-Trainern und Certification Centern in Europa

www.pilates-studio.com
Adressen von Pilates-Trainern weltweit, die das Zertifikat des The Pilates Studio® erhalten haben

www.pilatespolestar.de
Adressen von Trainern deutschlandweit, die das Pilates-Polestar-Konzept umsetzen; Links zu weiteren europäischen Ländern

Yoga

Informationen und Adressverzeichnisse erhalten Sie bei:

Berufsverband der Yogalehrenden in Deutschland (BDY)
Jüdenstr. 37
D–37073 Göttingen
Telefon: 05 51-488 38 08
Fax: 05 51-488 38 60
E-Mail: info@yoga.de
Homepage: www.yoga.de

Informationen zu Yoga in Österreich und der Schweiz finden Sie unter www.yoga.at und www.yoga.ch.

F. M. Alexander-Technik

Informationen und Adressverzeichnisse erhalten Sie bei:

G. L. A. T. Gesellschaft der Lehrer/innen der F. M. Alexander-Technik e.V.
Postfach 5312
D–79020 Freiburg
Telefon und Fax: 07 61-38 33 57
E-Mail: kontakt@alexander-technik.info
Homepage: www.alexander-technik.org

Informationen zur F. M. Alexander-Technik in Österreich und der Schweiz finden Sie unter www.alexander-technik.at und www.alexandertechnik.ch.

Weitere Websites zu den in diesem Buch enthaltenen Themen finden Sie unter:

www.hypnose-dgh.de

www.ifhypno.de

www.oegatap.at

www.hypnotherapie.or.at

www.sgat.ch

www.smsh.ch

Register